古典文獻研究輯刊

三　編

潘美月・杜潔祥　主編

第 **16** 冊

兩《唐書》書法暨筆法比較研究
——兼論《新唐書》闢佛刪史

郝　至　祥　著

國家圖書館出版品預行編目資料

兩《唐書》書法暨筆法比較研究——兼論《新唐書》闢佛刪
史／郝至祥著 — 初版 — 台北縣永和市：花木蘭文化出版社，
2006〔民 95〕

目 4+204 面；19×26 公分（古典文獻研究輯刊 三編；第 16 冊）
ISBN：978-986-7128-71-3（精裝）
ISBN：986-7128-71-0（精裝）
1. 唐書－研究與考訂
624.101   95015582

古典文獻研究輯刊   ISBN：978-986-7128-71-3
三 編 第十六冊   ISBN：986-7128-71-0

兩《唐書》書法暨筆法比較研究
——兼論《新唐書》闢佛刪史

作 者 郝至祥
主 編 潘美月 杜潔祥
企劃出版 北京大學文化資源研究中心
出 版 花木蘭文化出版社
發 行 所 花木蘭文化出版社
發 行 人 高小娟
聯絡地址 台北縣永和市中正路五九五號七樓之三
         電話：02-2923-1455／傳真：02-2923-1452
電子信箱 sut81518@ms59.hinet.net
初 版 2006 年 9 月
定 價 三編 30 冊（精裝）新台幣 46,500 元

兩《唐書》書法暨筆法比較研究
——兼論《新唐書》闢佛刪史

郝至祥 著

作者簡介

郝至祥，祖籍江蘇淮安，民國 63 年 1 月 2 日生於臺中縣清水鎮。現任臺中縣私立華盛頓高中專任教師。畢業於私立東海大學附屬小學、台中市市立西苑國中（現改制為高中）、私立立人高中、私立逢甲大學中文系、私立逢甲大學中文研究所碩士班。主要研究領域兩唐史、經學。

提　要

　　撰寫的原因是唐朝文治武功昌盛，正史有後晉劉昫的《舊唐書》及宋・歐陽修、宋祁編修《新唐書》。為何《新唐書》無法完全取代《舊唐書》，而成為兩書並存於正史的現象？所以本書透過書法、筆法的比較，最後從歐陽脩闢佛思想檢驗其對修史的影響。

書法問題：

　　「書法」是指史書書寫體例，目的以一致寫作方式彰顯歷史的命義與價值。如〈本紀〉依《春秋》書四時，記日食、災異，乃至征伐、祭祀。歐陽脩以《春秋》微言大義治史，故《新唐書》〈本紀〉書法便有特定的意義與指涉。本文透過改元、日食、朔日、書「殺」、籍里的書法進行比較，指陳兩書書法的差異。

筆法問題：

　　「筆法」是文學技巧，包含文法學、修辭學及文章學等範疇。劉知幾謂「夫史之者，以敘事為先。」故正史修撰須重視敘事的方法，而敘事的方法即為文學技巧的發揮。本文從兩書引用筆記小說的狀況，分析宋祁事增的價值。從兩書敘事與文字特色，討論宋祁文省的意義。

闢佛刪史問題：

　　兩《唐書》對佛教的記載比例懸殊。原因是《舊唐書》記載而《新唐書》刪除者甚多，歐陽脩乃史學大家，一代大師，何以發生此一刪史現象，與闢佛的思想有關。修史的態度影響史書呈現的面貌，使《舊唐書》不能輕言捨棄的原因。

目錄

自 序
第一章 緒 論 …………………………………………… 1
　第一節 導 言 ………………………………………… 1
　第二節 歷代《論語》學概述 ……………………… 3
第二章 劉氏注疏的學術背景 …………………… 23
　第一節 乾嘉考據學概述 ………………………… 23
　第二節 揚州學派概述 …………………………… 31
第三章 《論語正義》的作者及其成書 ………… 39
　第一節 作者生平及其著作 ……………………… 39
　第二節 《論語正義》的撰述動機 ……………… 44
　第三節 《論語正義》的成書經過 ……………… 50
　第四節 《論語正義》的刊刻及版本 …………… 51
第四章 《論語正義》的注疏體例 ……………… 55
　第一節 章節的編次 ……………………………… 55
　第二節 注疏的體例 ……………………………… 58
　第三節 注疏的方式 ……………………………… 65
第五章 《論語正義》的思想內涵 ……………… 83
　第一節 導 論 …………………………………… 84
　第二節 《論語正義》闡發孔門要義－成己成物之道· 92
　第三節 《論語正義》疏釋孔子之性與天道思想 …… 99
　第四節 《論語正義》論仁與聖 ……………… 112
　第五節 《論語正義》論學的重要 …………… 119
　第六節 《論語正義》論禮的意義 …………… 121
　第七節 餘 論 ………………………………… 123
第六章 《論語正義》的價值與缺失 ………… 127
　第一節 《論語正義》的價值 ………………… 127
　第二節 《論語正義》的缺失 ………………… 138
第七章 結 論 ………………………………… 145
附錄一：《論語正義》兼採眾說之例 ………… 149
附錄二：《論語正義》考辨《齊》、《古》、《魯》三家之
　　　　例 ……………………………………… 157
附錄三：《論語正義》以歷史眼光釋經之例 … 167
附錄四：《論語正義》疏釋精當之例 ………… 171
附錄五：《論語正義》疏義不當之例 ………… 191
參考書目 ……………………………………… 195

第四節　兩《唐書》的編修與特色 ……………………………… 30
　壹、《舊唐書》的編寫 …………………………………… 30
　貳、《新唐書》的編寫 …………………………………… 33
　小　結 ……………………………………………………… 38
第三章　兩《唐書》書法考論 …………………………………… 41
　第一節　兩《唐書》改元書法考論 ………………………… 42
　　壹、歷來學者的說法 …………………………………… 42
　　貳、兩《唐書》書改元的類型 ………………………… 44
　　參、兩《唐書》書改元問題 …………………………… 47
　　肆、兩《唐書》書改元失誤之處 ……………………… 55
　　小　結 …………………………………………………… 57
　第二節　兩《唐書》書朔考論 ……………………………… 57
　　壹、兩《唐書》的日食記載 …………………………… 57
　　貳、兩《唐書》書朔比較 ……………………………… 61
　　小　結 …………………………………………………… 67
　第三節　兩《唐書》記人物籍里考論 ……………………… 67
　　壹、兩《唐書》記人物籍貫之一般情形 ……………… 67
　　貳、兩《唐書》書人物籍貫之特殊狀況 ……………… 69
　　小　結 …………………………………………………… 71
　第四節　兩《唐書》書「殺」考論 ………………………… 71
　　壹、兩《唐書》相同部分 ……………………………… 71
　　貳、兩《唐書》不同部分 ……………………………… 74
　　參、析　論 ……………………………………………… 79
　　小　結 …………………………………………………… 88
　第五節　兩《唐書》論贊研究 ……………………………… 89
　　壹、《舊唐書》論贊 …………………………………… 90
　　貳、《新唐書》的論贊 ………………………………… 96
　　參、分　析 ……………………………………………… 99
　　小　結 …………………………………………………… 101
　第六節　兩《唐書》避諱考論 ……………………………… 101
　　壹、避唐代皇帝諱 ……………………………………… 101
　　貳、私人避諱 …………………………………………… 106
　　參、析　論 ……………………………………………… 107
　　小　結 …………………………………………………… 108
第四章　兩《唐書》筆法考論 …………………………………… 109
　第一節　兩《唐書》引用筆記小說的情形 ………………… 109
　　壹、《舊唐書》引用筆記小說的情形 ………………… 110
　　貳、《新唐書》引用筆記小說的情形 ………………… 112

　　　參、兩《唐書》引用筆記小說問題 …………………………115
　　　小　結 ………………………………………………………118
　第二節　兩《唐書》敘事與文字特色 ……………………………118
　　　壹、《舊唐書》的筆法 ………………………………………120
　　　貳、《新唐書》的筆法 ………………………………………123
　　　參、問題分析 …………………………………………………131
　　　小　結 ………………………………………………………133
　第三節　兩《唐書》數字記述考論 ………………………………134
　　　壹、時間標示不清或省略 ……………………………………135
　　　貳、數量出入 …………………………………………………137
　　　參、卒年出入 …………………………………………………139
　　　小　結 ………………………………………………………140
　第四節　兩《唐書》引文考論 ……………………………………140
　　　壹、兩《唐書》引文情形 ……………………………………141
　　　貳、析　論 ……………………………………………………148
　　　小　結 ………………………………………………………150
第五章　《新唐書》的闢佛刪史 ………………………………………151
　第一節　歐陽修的闢佛思想 ………………………………………151
　　　壹、歐陽修〈本論〉要旨 ……………………………………151
　　　貳、韓愈與歐陽修闢佛思想差異 ……………………………154
　　　參、歐陽修晚年學佛 …………………………………………155
　　　小　結 ………………………………………………………158
　第二節　《新唐書》的闢佛刪史 …………………………………158
　　　壹、《新唐書》闢佛刪史概況 ………………………………159
　　　貳、學者對《新唐書》闢佛刪史的評論 ……………………170
　　　小　結 ………………………………………………………172
　第三節　兩《唐書》摘引諫佛文章考論 …………………………172
　　　壹、兩《唐書》對佛教法難記載 ……………………………173
　　　貳、從諫佛文章看《新唐書》對佛教的觀點 ………………179
　　　小　結 ………………………………………………………182
　第四節　兩《唐書》對因果報應的觀點 …………………………183
　　　壹、《新唐書》模糊因果 ……………………………………184
　　　貳、儒家因果觀 ………………………………………………186
　　　參、佛教因果觀 ………………………………………………188
　　　肆、因果效用 …………………………………………………190
　　　小　結 ………………………………………………………191
第六章　結　論 …………………………………………………………193
參考書目 …………………………………………………………………199

第一章 緒 論

第一節 研究動機與目的

　　唐代三百年文治武功俱成，是中國歷史上輝煌的時代。就治史言，不僅官修制度日趨完備，各種史料編纂也不遺餘力，如編修前代史有《梁史》、《隋史》、《陳史》、《南史》的完成，當朝的實錄，國史的主要編寫通常也持續進行，由於安史之亂、黃巢之禍，使唐朝官史殘缺散佚，至後晉修《舊唐書》（以下簡稱爲《舊書》）時，所能參考的史料極爲有限，故宋人譏其「紀次無法，詳略失中，文采不明，事實零落」〔註1〕，因而有新史編纂的需求。宋代歐陽脩、宋祁等編修《新唐書》（以下簡稱爲《新書》）既成，《舊書》遂揚棄不用。

　　吳縝《新唐書糾繆》自序謂：「書自頒行，迨今幾三十載。」〔註2〕按序作於哲宗元祐四年，上溯至嘉祐五年，恰好是三十年。今《玉海》載嘉祐某年六月詔鏤《新唐書》，賜二府，下逮修書官。而《宋史‧仁宗本紀》，嘉祐七年四月，夏國主諒祚進焉求賜書，則鏤書之詔，疑在嘉祐三年〔註3〕。金廢帝天德三年尙以《新、舊唐書》自國子監印之並授諸學校，（《金史‧選舉志》），然自新書行而舊書漸微；及明，南北兩監本二十一史，皆不及《舊書》。逮明嘉靖十七年，聞人詮始重刻舊本，《舊書》賴以不墜。據文徵明序《舊書》，謂是書嘗刻於越州，卷後有教授朱倬名，倬忤秦檜，出爲越州教授，當是紹興初年，逮嘉靖已四百年矣。清乾隆中，復詔以新舊《唐書》幷列正史，遂入武英殿刊版中，而舊書始與新書並行於世。

〔註1〕見（宋）曾公亮〈進唐書表〉（《新唐書》〈佰衲本〉，台灣商務印書館，1980 年 1 月），
　　　　此文亦收於歐陽脩《歐陽脩全集》中。
〔註2〕《新唐書糾繆‧新唐書糾繆序》。
〔註3〕《宋史‧仁宗本紀》，卷九。

時至今日，由於敦煌學、唐代筆記小說的研究，使唐朝史料學更爲豐富，因此可以在歷來學者的研究成果上，擴大兩《唐書》在史料學、歷史編纂學上及其他比較研究的發展空間。書法、筆法之研究即在其中。

壹、研究動機

本文研究動機來自於學界研究兩《唐書》的三個態度，一是學界對兩《唐書》正面的評價。二是學界對兩《唐書》負面評價。三是學界持兩《唐書》不可偏廢的立場。其中持兩《唐書》不可偏廢的立場佔多數。

一、兩《唐書》不可偏廢

《舊唐書》編撰時由於唐末大亂，史料散佚，加上編次傳抄之訛誤，使該書在宋朝屢受批評，因而有修史之議。故《新唐書》一出，《舊唐書》便擯於正史之外不傳近四五百年之久。但《新書》並非盡善盡美，在當時即有批評之聲，如吳縝撰《新唐書糾繆》。便羅列《新書》諸多缺失。雖然《新書》有許多問題，仍不影響世人對此書的重視。至清代乾隆皇帝將《舊唐書》與《新唐書》併列於正史，似乎兩書不可偏廢成爲學術界公認的事實。是何種原因造成兩書不可偏廢的情形？是兩書同質性很低，因此互補性很高？還是史料處理的價值觀不同，使得詮釋歷史發展的角度不同，故比較兩書是本文撰寫的動機之一。

二、書法與筆法

「書法」是指史書書寫體例。如〈本紀〉依《春秋》書四時，記日食、災異，乃至征伐、祭祀，皆屬於書法的範疇。而每部正史撰修都有其書法風格，因此《新唐書》亦有其書法特色。歐陽脩以《春秋》微言大義治史，故《新唐書》〈本紀〉書法便有特定的意義與指涉。而學者多注意《新唐書》書法嚴謹，鮮少注意書法本身與事實之間的差距。

「筆法」爲文學技巧，包含文法、修辭及文章等範圍。劉知幾謂「夫史之美者，以敘事爲先。」〔註4〕故正史修撰需重視敘事的方法，而敘事的方法即爲文學技巧的發揮。《舊唐書》被譏爲「紀次無法，詳略失中，文采不明，事實零落」，固爲屬實，但仍有文字之老、補綴之功的地方，不能僅憑宋人之論擯棄《舊書》。

歐陽脩、宋祁皆爲文學家，而歐公更爲唐宋古文八大家，因此文學技巧滲入史書的撰寫。《新唐書》〈本紀〉近似大事年表，文句簡鍊。〈列傳〉爲宋祁修撰，其擅

〔註4〕見（唐）劉知幾著，清‧浦起龍釋《史通通釋》（台北‧里仁書局，1993年6月30日）〈敘事第二十二〉謂：「敘事之省，其流有二焉：『一曰省句，二曰省字。』」，頁167。

長文字學，撰史刻意求雅，故〈列傳〉中的敘述、對話、引文，皆「避俗就雅」。而後人所議論，卻又出自「文省」所造成的問題。兩書的差異是書法問題？亦是筆法問題，此為本文撰寫的另一個動機。

三、兩《唐書》優劣之分與不可偏廢之論

（一）以《舊唐書》較優者

學者持《舊唐書》較優者如楊循吉稱：

> 劉昫等撰述詳瞻，妙極模寫，足以上追《史》、《漢》，下包《魏》、《陳》。信乎良史者，無以加美矣！奈何宋之慶曆，又出新編，大有增損，《舊書》湮滅，君子不能無病諸。雲翳白日，日行空自如也，史可以新掩舊哉？〔註5〕

這類學者多以劉昫之長攻歐、宋之短者。《四庫全書總目》（以下簡稱《四庫總目》）謂「然其（《舊唐書》）本流傳不絕。〔註6〕儒者表昫等之長以攻修、祁之短者亦不絕。」偏《舊書》者大抵如此。

（二）以《新唐書》較優者

持《新唐書》較優者，如趙翼謂：「子京力矯其弊，寧簡勿冗，寧僻勿俗，於《舊書》各傳無一篇不改竄易換，大曰事多而文省，語短而意長過舊書甚遠，一經對勘，優劣自見。〔註7〕」所發揮者多為《新書》「事增文省」的筆削之力。

（三）以兩《唐書》不可偏廢者

「兩書不可偏廢」是至今公認的說法。《四庫全書總目》稱兩書：「蓋瑕瑜不掩之作。黨新書者必謂事事勝舊書，黨舊書者又必謂事事勝新書，皆偏見也。我皇上獨秉睿裁，定於正史之中，二書並列，相輔而行，誠千古至公之道，論史諸家可無庸復置一議矣。〔註8〕」如王鳴盛即抱持「二書不分優劣」的觀點。〔註9〕

兩《唐書》各有優點固無疑問，但何以修《新唐書》之後，《舊唐書》仍不可偏廢？且以歐陽脩學術上的重要性，《新書》實應取代《舊書》。其結果是兩書不可偏廢，這對《新書》及歐陽脩治史有何意義？故有詳加探賾之必要。

〔註5〕見（清）王鳴盛著《十七史商榷》，卷六十九，「兩書不分優劣」。王鳴盛對兩《唐書》持「不分優劣」的態度。引楊氏之語是認為他的說法「矯枉過症，不得其平。」

〔註6〕見《四庫全書總目提要・史部・正史類一》，卷四五。

〔註7〕（清）趙翼著《陔餘叢考》（台北：新文豐出版公司），卷十一。

〔註8〕見註6。

〔註9〕同註5。

貳、研究目的

　　基於上述三個動機，兩《唐書》的價值、互補關聯、史料詳略、書法慣例、文筆差異、闢佛問題等領域，應重新給予認識、分析，以了解兩書各自書法、筆法特色，及「不可偏廢」的原因。研究目的共有五項，如下：

一、建立客觀的比較方法

　　研究兩《唐書》時，若兩書互相參看勢必浪費時間精力，學者多會參考沈炳震編的《新舊唐書合鈔》〔註10〕（以下簡稱《合鈔》）。此書取兩書之長，重爲編纂，新舊兩書資料可以直接對照，便於治史。

　　然此書亦有兩個問題，一是混亂體制，張舜徽謂：「既混亂了新舊二書原來的體制，也沒有自己建立新的義例。作爲沈氏一人求知的功力而看，誠然值得珍重的勞動成果；如果用成家的著述去要求它，又不能算是史學界出色的作品。〔註11〕」二是難見兩書優劣，清末錢保塘《清風室文鈔》卷十〈跋新舊唐書合鈔〉說：

　　　　然《舊書》之可議者，在例不在文；《新書》之可議者，在文不在例。

　　　惟用《新書》而注以《舊書》，則兼取兩書所長而去其短。今紀傳既主《舊

　　　書》，則於蕪雜乖史體處，勢不能不備載無疑，仍不足以饜讀者之意，殊

　　　不及彭氏注《五代史記》之善。〔註12〕

由此可知《新舊唐書合鈔》因體例不一，使兩書優劣難以區別。更重要的是《合鈔》保留新舊異同詳略之處；事件相同者，便難見書法或筆法上的差異。

　　因此，兩《唐書》比較必須兼顧兩書體例完整、互見兩書優劣。故客觀的比較方法應具備兩要素，一是能保留兩書原始面貌進行分析，即比較時能區別兩書書法或筆法優劣，此爲質量的比較。二是能將質量的比較轉換量化的差異。即由數據上反應書法、筆法或闢佛專題的現象。

二、歐陽脩的闢佛與學佛

（一）歐陽脩的闢佛

　　歐陽脩的學術思想受韓愈影響極深。昌黎倡爲古文，歐公自爲學，謂：「始者非三代兩漢之書不敢觀，非聖人之志不敢存。〔註13〕」故於其文，當以「文以載道」。

〔註10〕（清）沈炳震著：《新舊唐書合鈔》（鼎文書局，1972年）。

〔註11〕見張舜徽著《中國古代史籍校讀法》（里仁書局，1988年10月20日初版）第三編下，第三章第四節。

〔註12〕（清）錢保唐著《清風室文鈔》（上海書店出版社，叢書集成續編，1994年），卷十，〈跋新舊唐書合鈔〉

〔註13〕宋·歐陽脩著《歐陽修全集》（楊家駱主編　世界書局　1991年），〈文集〉，卷三〈答李玉〉。

不僅文學理論、文學創作，史學亦深受薰化。如（唐）韓愈作《順宗實錄》五卷，歐陽脩爲《新唐書》，昌黎《實錄》採摭無遺。

而更重要的是歐公對「道統」的繼承，唐朝佛老二說仍盛行，孔孟之道不爲時人所重。故韓愈作〈原道〉意欲重振孔孟仁義之說。而宋初學者聞韓氏而起者，一必尚古文，二必闢佛老。所以古文與闢佛，往往相從而行。故闢佛思想表現於史書自所難免。

（二）歐陽脩的學佛

此外，一般學者咸公認歐公闢佛思想，多忽略其晚年學佛之事。也因爲所舉證資料屬旁證，無法證明歐公直接親近佛法〔註 14〕。故學界多抱持「歐公自號六一居士，則一時之風氣，有身在其中而不自知者矣〔註 15〕」的消極態度。事實上，歐公學佛確有其事，雖不及闢佛思想鮮明，但對於歐公學術思想是重要轉折，應予以重視。

因歐陽脩學術思想鮮明、著作豐富。故歐公治史是本於《春秋》的經學思想。《舊唐書》多據國朝舊史，史學思想並未架構成完整的體系，而是呈現階段性的發展。兩類不同的史學思想便產生文本重經義（指《新唐書》）或重事實（指《舊唐書》）的差異〔註 16〕。兩者不同的史學思想，影響兩《唐書》不同的面貌。

三、兩書修撰的外圍因素

兩書文本比較之外，應考察其撰修時間的外部問題，包括唐朝官修正史的保存情形、宋代史官制度、史學思想等。因此客觀的比較方式並非判定孰優孰劣，而是從內部研究與外部研究的綜合成果，解釋兩書文本呈現錯綜複雜的相關或排斥現象。

四、書法問題

「書法」指史書書寫慣例。特定的書法代表褒貶的價值意義或簡化事實的陳述。兩《唐書》各有其書法原則，《舊唐書》較混亂，《新唐書》較統一。從史料的對比中，可以呈現書寫風格一致或混亂的現象，並辨別兩書書法的適宜性。

五、筆法問題

兩書筆法呈現不同的特色，其優缺點亦有不同。如《四庫全書總目》對《新唐書》是「今觀所述，大抵長慶以前，本紀惟書大事，簡而有體。列傳敘述詳明，贍而不穢，頗能存班、范之舊法。長慶以後，本紀則詩話、書序、婚狀、獄詞委悉具

〔註 14〕詳見本文第五章第一節「歐陽脩的闢佛思想」。

〔註 15〕何澤恆著《歐陽脩之經史學》（台大博士班論文集），頁 49。

〔註 16〕所謂「重事實」是針對保留史料原貌而言，而非歷史事實。因爲《舊唐書》迴護之筆是原始資料的原貌，非歷史事實。

書，語多支蔓。〔註17〕」即《舊書》筆法有時期的差別。《四庫全書總目》對《新唐書》則謂：「然歐、宋之作新書，意主文章，而疏於考證，牴牾踳駁，本自不少。〔註18〕」

宋祁撰寫《新書》〈列傳〉是全新創作，應能解決《舊書》「紀次無法，詳略失中，文采不明，事實零落」的缺陷，卻產生「牴牾踳駁」與「文省」之失。故兩書筆法問題的釐清便有助於我們取捨兩書的資料。

兩《唐書》成書於不同時代、不同的學術風氣、文學思潮及哲學思想。所以唐朝史料在兩書中便呈現不同的風貌。兩《唐書》比較絕非單純就筆法、書法進行齊頭式的比較，這樣的方式會忽略不同文化氛圍對兩書文本的影響。本文最主要的目的是在這兩種不同的文化氛圍下，兩書的編修者是否誠實的編修唐史？在史料與史書，事實與文省之間取得平衡。

所以本文依循上述五點目的，將本文分為四部份，第一部分是處理兩《唐書》的外圍因素，如唐代國史、《春秋》對兩書的影響、宋代史學的背景等。第二部份是為書法研究，包含改元問題、書「殺」問題等。第三部份是筆法問題，處理筆記小說、文字特色等研究。第四部份是歐陽脩闢佛刪史研究。

第二節　研究範圍與方法

壹、研究範圍

一、兩《唐書》文本

本文研究主體為《舊唐書》與《新唐書》兩本正史的文史資料。所以兩《唐書》的研究範圍，以〈本紀〉與〈列傳〉兩部份為主，〈志〉、〈表〉涉及典章制度，與本文書法、筆法較少關聯，故〈志〉、〈表〉暫不處理。另外本文使用的底本為《百衲本二十四史》，再據他本校勘。

二、書法研究

史書書法範圍廣泛，本文擬就兩《唐書》改元、朔日（包含日食）、人物籍里、書「殺」書法、避諱、論贊等六個範圍深入研究。除避諱研究包括〈本紀〉與〈列傳〉兩部份，其餘五者則以〈本紀〉為主要範圍。

三、筆法研究

〔註17〕見註6。
〔註18〕見《四庫全書總目提要‧正史類》，卷四六，《新唐書糾繆》條。

　　筆法研究主要是分析兩書敘事方式的異同，故從兩書採用筆記小說，分析兩書引用時，對材料取捨潤飾的情形。此外從整體敘事風格，文字特色探究兩書筆法技巧的優劣。另外，從兩書引文分析其引用的原則與方式，包括詔令奏議、詩文等文類的引用。

四、《新唐書》闢佛刪史

　　趙甌北謂《新唐書》增加重要事蹟者近兩千條，爲《新書》重要的價值之一。《舊唐書》納入正史也在於史料的豐富。但《新書》並非在完整保留《舊書》的情況下增加史料，而是增加新資料的同時，對《舊書》屢有刪減。就《新書》刪減的幅度而言，佛法事蹟的記載是刪多增少。

　　事實上已有學者注意《新唐書》不立玄奘、慧能等高僧列傳的現象，而民初印光法師更言《新唐書》刪《舊唐書》佛法事蹟近兩千條。

　　故討論《新唐書》闢佛刪史，先從歐陽脩闢佛談起，歸納其闢佛的原因、理論基礎、對抗方式。從闢佛思想再與《新唐書》闢佛現象比較，分析歐陽脩闢佛對《新唐書》造成的影響。闢佛現象主要是對於佛法事蹟的記載方式、材料取捨、思想的批評等，就具體的事項有法師列傳、兩書反映的佛教文化、文人與僧侶交遊等部份。

貳、研究方法

　　張舜徽在《中國古代史籍校讀法》中提出閱讀正史的方法之一是橫的聯繫，即面的聯繫〔註19〕。而兩《唐書》研究屬於面的聯繫，將兩書分成一組加以對照。而對照的方法則是藉助電腦程式資料庫進行（可詳見本節「資料庫設計」）。

一、時間與事件聯繫

　　兩《唐書》分屬兩個資料表，由一個主表「兩唐書比較表」連結（見下圖），左上區塊爲《舊唐書》資料，右上角爲《新唐書》資料。聯繫的方式，〈本紀〉採時間的聯繫，若《舊唐書》史料時間有誤，再依事件聯繫。〈列傳〉則採事件聯繫依相同人物列傳進行，兩書中任一書無此記載則單獨標出，即可查驗史書增損情形。原則上兩書〈本紀〉、〈列傳〉分開繫聯。若史料書於《舊唐書》〈本紀〉及《新唐書》〈列傳〉者，則另做表連結。採用這種方法是希望在保留兩書體例下進行比較工作，便可以比較兩書相同、相近及相異的資料。

二、專題類別與資料篩選

　　基於前述書法筆法所設定的研究範圍，依類別分爲書日食、記引文、書改元、

〔註19〕同註11，頁226。

書殺等類別篩選。便可將比較過的原始資料篩選出適用的材料。而書法與筆法類別參考王鳴盛、趙翼等論點所作的考證設計，一方面檢驗其論點是否屬實，另一方面將前人成就透過量化予以表現。

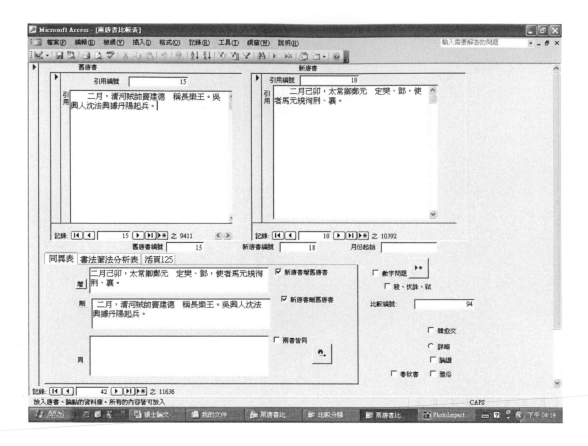

三、勤作札記

張舜徽謂讀史需「勤作札記，未可輕言著述。〔註20〕」故本文研究時使用的箚記採用三類表格形式，一是書法筆法分析表，紀錄比對後的結果，供研究參考。二是兩書異同表，分為三個輸入欄，為兩書相同、《新書》刪《舊書》、《舊書》留《新書》刪三欄，即可整理出兩書刪減的大致形情。三是想法集，包括研究心得、兩《唐書》資訊等。

故研究方法即重視原書體例的重要，因此在不破壞文本下進行比較。同時兩書相同、相近、相異處一目了然。

〔註20〕同註11，頁240。

參、資料庫設計

　　兩《唐書》資料庫使用微軟 Microsoft Access 軟體建立。《新唐書》約一百七十萬字，依段落分成一萬筆資料。《舊唐書》約一百五十萬字，依段落分成九千五百筆資料。而兩《唐書》比較表截至目前已有一萬一千六百筆資料，比對近百分之七十。

一、設計需求

　　資料庫每筆資料可依定義做分類，例如《新唐書·高祖本紀》武德元年十月書：

> 十月壬申朔，日有食之。己卯，李密降。壬午，朱粲陷鄧州，刺史呂子藏死之。乙酉，邵江海降。己亥，盜殺商州刺史泉彥宗。辛丑，大閱。是月，竇抗罷。〔註21〕

這條材料有日食，「壬申朔，日有食之」。有書「死之」，有書「殺」，「己亥，盜殺商州刺史泉彥宗。」可以分屬於朔日日食、書「殺」兩個類別。經由整理時的定義，或搜尋時給予定義，便可彙整出需要的研究資料。

　　除兩《唐書》各自的資料表外，比較資料表連結前兩個表格而建構兩《唐書》全文比較資料。朔日資料、書「殺」等資料是在此類比較中篩選而成。也有依研究類別單獨設計表格，如本文兩《唐書》佛教比較資料、改元資料等。

二、優　點

　　中研院翰典資料庫或寒泉資料庫，這兩者以關鍵字進行檢索而摘引段落。但每筆資料符合關鍵字並非研究適用，如研究僧侶，檢索「僧」字，牛僧儒即符合關鍵字，但非研究適用者。且每次搜尋一次關鍵字就要存檔，會重複儲存相同的資料，造成硬碟空間的浪費。

　　本文使用資料庫，先依關鍵字整理出初步資料，再將初步資料整理為有效樣本。如佛法事蹟即是以「佛」、「浮圖」、「浮屠」、「僧」、「尼」、「經」、「菩薩」、「蘭若」等字詞整理而成。而每筆資料由原始資料表（即《舊唐書》、《新唐書》資料表）篩選出來，以便分析。比單純用 Word 作的表格整理要省時省力。

三、缺點與補強

　　兩《唐書》資料表缺點是每筆資料依段落設計，故每筆資料以段落作定義而非以事件作定義。以段落作定義，增加每筆材料的複雜性。以前面敘述武德元年為例，該段記錄七件事情，七件事情置於七個欄位是最理想的方式，但會失去整月紀事的完整。故資料庫兩書〈本紀〉部份以「月份」為欄位，〈列傳〉則以翰典分段為準。在兩《唐書》比較中再設計兩《唐書》有相同者、《新唐書》增而《舊唐書》無者及

〔註21〕《新唐書》，卷一。

《新唐書》刪《舊唐書》三者，使資料庫更爲完整。

上述問題克服後，建立的資料庫不僅滿足論文的檢索，可再與唐代筆記小說或《資治通鑑》的資料連結，增加檢索的範圍。

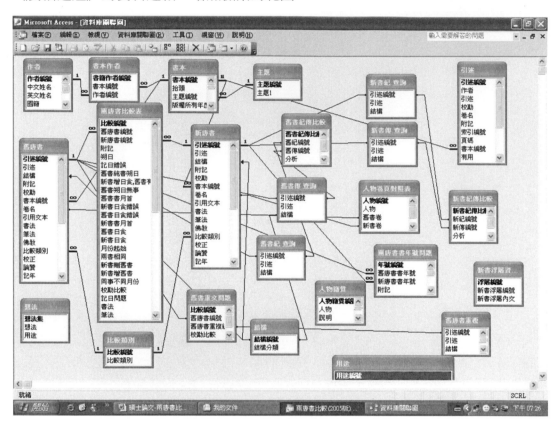

第三節　兩《唐書》歷代研究成果述要

本節主要介紹歷來兩《唐書》研究工作的發展概要。約略可分爲兩期，一是從宋代到清末，二是民國以後。其研究方向由筆記型式的考證專著轉向多元化發展，有〈志〉、〈表〉、〈列傳〉研究，另外，學者已注意兩《唐書》與筆記小說的關係。

壹、宋代到清代兩《唐書》學的發展

《新唐書》頒行後到清代，研究兩《唐書》學者輩出，但以史料考證居多，如下：

一、宋・吳縝《新舊唐書糾謬》

《新唐書》成後，吳縝逐獨立成《新舊唐書糾謬》共二十卷，指出《新唐書》

之失有八〔註22〕，所駁者凡四百餘事，王明清《揮後錄》卅六條謂「指摘瑕疵」，《四庫提要》則謂「雖未免有意吹求，然亦多中其失」，甚爲中肯。

二、清・沈炳震著《新舊唐書合鈔》（台北：鼎文書局，一九七二年）

此書共二百六十卷，大抵紀傳以《舊唐書》爲主（宣宗以後從《新書》）而以《新書》附註於正文之下，至於諸志、曆、天文、五行、地理、兵、儀衛，皆用《新書》正文；而樂、職官、輿服、經籍、刑法，則本於《舊書》；禮、選舉、食貨則新舊參比；表則從《新書》增復詳爲訂訛。一九七二年，鼎文書局將《新舊唐書合鈔》重刻，並附編十六種，此十六種多散見於各流行專書中，可稱「研究新舊唐書之彙刊」，亦方便翻閱。

三、清・趙翼著《廿二史劄記》（華正書局）

有關唐史的部份在卷十六至卷二十，卷十六討論有《舊唐書》源委、唐史散失、《新唐書》書法。卷十七比較兩書史料增刪情形。卷十八則是討論筆法，如《新書》改《舊唐書》文義、新書盡刪駢體舊文、《新書》好用韓柳文等。卷十九、二十討論史實、制度、唐代社會現象等，這五卷中以卷十六、十七、十八與本文研究主題有關。

四、清・趙翼著《陔餘叢考》（附於華正書局《廿二史劄記》中。）

唐史資料在卷十至卷十二，兩部份爲書法、筆法、兩《唐書》史料處理研究。如卷十《新舊唐書》書年號各有得失、《新唐書》文筆等。

五、清・王鳴盛《十七史商榷》（台北：藝文印書館，一九六六）

《舊唐書》、《新唐書》部分爲卷六十九至九十二，含考證、書法分析等，詳盡豐富，論點中肯。

六、詹宗祐〈《舊唐書》史文校正整理初稿──本紀之部〉收於《建國學報》第十七期。

主要校正大陸中華書局出版的《舊唐書》之錯誤。

七、〈新舊唐書述要〉（收於鼎文書局《新舊唐書合鈔》並附編十六種。）

主要分爲《舊唐書》、《新唐書》兩部份，討論史料、書法、筆法等，是兩《唐書》入門文獻。

八、趙紹祖著《新舊唐書互證》收於鼎文書局《新舊唐書合鈔》並附編十六種，及《叢書集成》（新文豐出版公司）。

〔註22〕其八有：（一）責任不專。（二）課程不立。（三）初無義例。（四）終無審覆。（五）多採小說而不精擇。（六）務因舊文而不推考。（七）刊修者不知刊修之要，而各徇私好。（八）校勘者不舉校勘之職而惟務苟容。

　　該書以事件為軸心，考證兩《唐書》記載問題，共計一千一百三十二件事。

貳、民國以後兩《唐書》學的發展

　　兩《唐書》學的研究方向由筆記型式的資料考證轉向多元化發展。歐陽修史學、經學之學亦與《唐書》研究有關。《唐書》研究大致可分為考證、《唐書》與唐筆記小說關係研究、《唐書》某傳某志的研究。

一、學位論文

（一）何澤恆《歐陽脩之經史學》，（台灣大學中文研究所碩士論文，1980 年 6 月）與本文相關的部份有該文導論中討論歐陽修〈本論〉之闢佛。其餘尚有上篇第三章 歐陽修之《春秋學》；下篇第一章《新唐書》，以後者與本文討論的主題有關。

（二）楊果霖《新舊唐書藝文志研究》（中國文化大學中國文學研究所碩士論文，1993 年）。

二、單篇著作

（一）嚴耕望著〈舊唐書本紀拾誤〉，此文收於《唐史研究叢稿》（香港：新亞研究所，1969 年）。
　　　主要是訂正《舊唐書》本紀史料錯誤，共計一百五十四條。

（二）曹仕邦著〈《舊唐書》立僧傳之暗示作用〉，收於《港台學者隋唐史論文精選》，（黃約瑟主編，三秦出版社發行）
　　　此文主要闡明《舊唐書》立玄奘、神秀、一行代表佛教譯經、禪宗、密藏三個發展方向。

（三）吳懷棋著《宋代史學研究》（黃山書社出版 1992 年 8 月印刷）
　　　本書第二章討論歐陽脩史學思想，分為北宋的《春秋》學和《新五代史》編修、歐陽脩的理學與史學、歐陽脩的疑古辨偽等三節。
　　　該文主要討論三個主題，一是人物郡望與現籍、二是《新唐書》數字觀念模糊、三是對兩書作評價。

（四）嚴耕望〈新舊兩唐書史料價值比論〉（收於《新亞學報》第十八期）

（五）章群《通鑑、新唐書引用筆記小說研究》（文津出版社出版，1999 年 6 月 1 刷）
　　　此專著分為三部份，第一部分處理《通鑑》與筆記小說的關係。第二部份處理《新唐書》與筆記小說的關係，共找出一百條與列傳相關資料。第三部份是筆記小說在群書總集分類表，全篇皆以表格製程。

　　從上述分析可以發現，兩《唐書》的研究仍以考證佔多數，而書法及筆法所佔的比例較少。此外書法與筆法的研究多屬於筆記形式，而非以論文形式發表，因此論述較缺乏客觀及科學的舉證方式。若再從兩《唐書》與其他領域的交集，有《新唐書》與歐陽脩史學研究，兩《唐書》與筆記小說研究，《新唐書》與宋代史學的研究等方面，其中以《新唐書》與歐陽脩史學的研究佔多數。因此，本文的研究價值在於以論文形式討論、科學方法論證進行，並在兩《唐書》與各研究領域取得交集。

第二章　兩《唐書》編寫背景

　　兩《唐書》的比較，外部研究包含幾個要素，一是唐朝所留下的官方資料，二是兩書的史學思想，三是宋代修史制度，四是兩《唐書》編修情形。

　　由於戰亂與唐晚期皇帝不上朝的慣例，至後晉以後僅存九朝實錄與柳芳國史。從客觀因素上，兩《唐書》皆面臨官方史料不足的問題。因此，不得不從民間的史料筆記找尋資料。所以《新唐書》不僅引用筆記小說，《舊唐書》亦如此，僅史料筆記的數量不及《新書》豐富。

　　兩書的史學思想，主要強調歐陽脩繼承啖助解經之學，使慶曆學風為之一變。歐公《春秋》學不僅有〈辯左氏〉、〈春秋三論〉、〈春秋或問〉、〈石鷁論〉等論著，同時也滲入史學領域，《新五代史》、《新唐書》皆可見承襲《春秋》的影響。

　　宋代文治大興，而官方修史也有可觀的成績，如正史中的《五代史記》、《新唐書》，實錄與《唐會要》、《五代會要》，及編年體《資治通鑑》等。不僅數量增長，同時是質量的提升。另外，編修官由他職兼領則是另一個宋代修史的現象。

　　兩《唐書》修撰仍取決於史料豐富與否。對史料的考量便影響兩書編寫的原則與態度。故《舊唐書》被宋人譏為「紀次無法，詳略失中，文采不明，事實零落」即是史料不足的結果。而後人論歐宋之失為「事增文省」，便是史料豐富後的編纂態度。

第一節　唐朝國史的編寫
壹、起居注、實錄與國史撰修

　　實錄與國史的作用是紀錄當朝帝王、大臣的言行事蹟，以作為往後修正史依據。〔註1〕國史發展因各時期也有所不同。魏晉前後，國史明確代表本朝史的意義。南

〔註1〕此節主要參考謝保成《隋唐五代史學》（廈門大學出版社，1995年2月第1次印刷）

北朝時，國史已普遍專指本朝史。隋文帝時禁絕「民間撰集國史」，至唐時國史與史館制度同步發展。作爲本朝國史，唐代有泛指與專指兩層涵義。泛指是一部皇帝《實錄》和前後相續的唐史；專指爲前後相續的唐史。中唐以後，國史漸爲《實錄》的代名詞，不再是指前後相續的唐史。

因爲在唐代以前，這三者尚未成爲一個有機體。唐朝修史的特色之一是將起居注、史館、監修合起來，建立一完備的史官制度。〔註2〕

貞觀三年閏十二月（西元630年1月），於禁中建置長設的修史機構——史館，其任務爲修本朝國史。它是有系統的組織，有明確的規章，把史料累積、史書編纂結合起來，並加以制度化。而宰相兼修國史從房玄齡開始，此後多成爲定制。而監修國史時不是宰相者有令狐德棻。同時兼任者有高宗時褚遂良、韓瑗、來濟，中宗景龍初的書巨源、記處訥、楊再思等，睿宗景雲初的竇懷貞、劉幽求、魏知古等，玄宗尚有張說、姚元之並修國史。宣宗大中八年（854年）監修國史有魏謨、鄭朗、崔鉉。而史館的撰修編制，最初2-3人，文宗大和六年（832年）曾以4人充任。至宣帝大中八年（854年）史館撰修共4人成爲定制。

一、《起居注》和《時政記》

唐初曾沿隋制，置起居舍人2人。太宗貞觀二年（628年）移其職於門下省，改爲起居郎〔註3〕。而此時多以給事中、諫議大夫兼知起居注，或知起居事。每日上朝，仗下入閣，太宗與宰相參議政事，令起居郎1人執筆。在高宗顯慶三年（658年）又於中書省置起居舍人2人。所記則是天子言動，以事繫日，以日繫月，以月繫年，並記歷數、典禮、文物、遷拜旌賞、誅伐黜免以及時政損益。最有名的例子是唐太宗想看《起居注》的內容。貞觀九年（635年），太宗就提出要「親自觀覽，用知得失」，被諫議大夫朱子奢上表諫止。〔註4〕其後，太宗一再要求觀覽，終未實現。高宗永徽以後，皇帝下朝後，百官退出，不再預聞機務。起居注只能於制敕之內採錄，無他事可記。故有《時政記》的提出，武則天長壽二年（693年），針對這個現象，姚璹謂：

> 仗下所言軍國政要，宰相一人專知撰錄，號爲時政記，每月封送史
>
> 館。〔註5〕

〔註2〕如北魏時期，有史館而無修史機構。南北朝時，南朝梁已有宰相掌國史；北魏置著作局，有監修國史出現，後又別置史局；北齊置史館或史閣，並監修國史。（參考註1）
〔註3〕《舊唐書‧職官志二》，卷四三，謂「掌起居注，錄天子之言動法度，以修記事之史」。
〔註4〕《唐六典》，卷九，《中書省》。
〔註5〕《舊唐書‧姚璹傳》，卷八九。

所以宰相撰《時政記》由姚璹開始。但造成的後果則是「推美讓善之義行，而信史直書之義闕。〔註6〕」此後《時政記》的撰修則時斷時續。雖然武宗以前諸帝實錄修纂未絕，由於《起居注》、《時政記》的保存，才使《舊唐書》在寶貴的資料上修撰。

《起居注》有多少已不可考。見於《新唐志》的只有溫大雅的《大唐創業起居注》三卷、《開元起居注》三千六百八十二卷（失撰者名）以及姚璹的《時政記》四十卷。

《大唐創業起居注》三卷，不出於史官及史館，是唯一保留至今的唐代起居注。主要是紀錄唐高祖李淵建國過程中的事蹟，起自隋煬帝大業十三年（617年）五月，止於唐高祖武德元年（618年）。由於溫大雅跟隨李淵起兵且掌文瀚。因此史料豐富詳備，又因涉及機密，記述更為詳實可靠。

《開元起居注》，于休烈奏請求地方訪史籍時提到，曾藏於興慶宮史館，安史之亂時被焚〔註7〕。《新唐書》所載恐為史館重加賜賞而購得。姚璹的《時政記》四十卷亦如此。

二、唐代《實錄》與編修者

唐代所修的《實錄》，共十六帝二十六部列表如下。本表據謝保成《隋唐五代史學》第五章第一、二節內容及兩《唐書》有關國史及實錄記載繪製，其意義是了解唐朝修實錄的大致情形。

世　次	實錄名稱	監修者	卷　數	撰修時間	備　註
高　祖	《高祖實錄》	許敬播撰、房玄齡監修，許敬宗刪改	二十卷	貞觀十四年（640）至十七年	
太　宗	《今上實錄》	房玄齡監修	二十卷	貞觀時	
	《貞觀實錄》	長孫無忌監修	二十卷	高宗永徽元年	
高　宗	《皇帝實錄》	許敬宗撰	三十卷（一作二十卷）	高宗顯慶四年（659）	《唐會要》修國史書二十卷
	《高宗實錄》	（待考）	一百卷	武則天時所修	
	《高宗後修實錄》	1. 令狐德棻 2. 劉知幾、無競續成	三十卷	完成於武則天長安中（701～704）	此書兩次修成，北宋時存此一部。

〔註6〕《唐會要》，卷五六，「起居郎起居舍人」。
〔註7〕《舊唐書‧于休烈傳》，卷一四九。

	《高宗實錄》	（修纂不可考）	三十卷	（修纂不可考）	《新唐志二》著錄，修纂不可考
武則天	《聖母神皇實錄》	宗秦客	十八卷	修成於則天垂拱四年（688）至天授初的二三年	
	《則天實錄》	1. 魏元忠、武三思、祝欽明、徐彥伯、柳沖、書成慶、崔融、岑羲、徐堅撰	三十卷	1. 中宗神龍元年纂修，次年成書。 2. 玄宗開元四年重修。	劉、吳的作用在第二次修史上。
中　宗	《中宗實錄》	1. 岑羲 2. 劉知幾、吳兢	二十卷	1. 睿宗太極元年 2. 玄宗開元四年	
睿　宗	《太上皇實錄》	劉知幾、吳兢	十卷	先天元年	
	《睿宗實錄》	劉知幾	二十卷	（待考）	卷數暫從《唐會要》
玄　宗	《今上實錄》	劉知幾	二十卷	開元九年至十八年	史館外修成
	《開元實錄》	（失人名）	四十七卷		
	《玄宗實錄》	令狐峘撰，元載監修	一百卷	成于代宗大曆三年（768）	于休烈曾提及
肅　宗	《肅宗實錄》	元載監修（修纂不詳）	三十卷	大曆十二年以前（777）	
德　宗	《建中實錄》	沈既濟修纂	十卷	大曆十四年（779）至建中二年（781）十月	
	《德宗實錄》	蔣乂、韋處厚、孤獨郁、樊紳、林寶等同修，裴進上	五十卷	元和二年至元和九年	
順　宗	《先帝實錄》	韋處厚	三卷	成于元和六年	
	《順宗實錄》	韓愈撰	五卷		有詳本、略本之分。
憲　宗	《憲宗實錄》	韋處厚、路隨、沈傳師、鄭瀚、宇文籍、蘇景胤、陳夷行、李漢、蔣系。	四十卷	長慶二年至大和四年	其新本與舊本為牛李黨爭的表現。
穆　宗	《穆宗實錄》	路隨上表，撰修者有蘇景胤、王彥威、陽漢公、裴休等。	二十卷	成於文宗大和七年。	
敬　宗	《敬宗實錄》	陳商、鄭亞撰，李讓夷監脩。	十卷	成於宣宗大中八年	

文宗	《文宗實錄》	盧耽、蔣偕、王渢、盧告、牛叢撰，魏暮監脩。	四十卷		
武宗	《武宗實錄》	韋保衡監修	三十卷	成於咸通十一年至十三年之間	至五代時，《五代會要·前代史》謂「唯有一卷，餘皆闕略。」

　　僖宗時，除修成《武宗實錄》外，其後再無實錄。原因正值黃巢之亂，政局動盪，無暇顧及修史。昭宗大順二年（891），監修國史杜能讓以宣、懿、僖數帝《實錄》未修，奏請柳（王此）、裴庭裕、孫泰、李允、鄭光庭等修《宣宗實錄》。由於「條例未立」，加之「日歷與起居注，不存一字」，致使「儒學之士，閣筆未就〔註8〕」。光化初年，裴贄監修《懿宗》、《僖宗實錄》，「雖聞略述，未見流傳。〔註9〕」昭宗、哀帝死於朱溫之手，自無實錄撰修。唐代最後五帝的實錄，實際上未修成或未修，加之《武宗實錄》到五代後晉時僅剩一卷，共缺晚唐六帝實錄。北宋仁宗慶曆中，宋敏求才「補唐武宗以下六世實錄百四十八卷〔註10〕」。

三、「國史」編撰

　　唐代「國史」亦始於太宗朝，先為紀傳體裁，中唐以後逐漸變為編年體。

（一）紀傳體

　　《史通·古今正史》敘述在房玄齡、許敬宗、敬播自立編年體後謂：

> 貞觀初，姚思廉始撰紀傳，粗成三十卷。至顯慶元年，太尉長孫無忌與于志寧、令狐德棻、著作郎劉胤之、楊仁卿、起居郎顧胤等，因其舊作，綴以後世，復為五十卷。〔註11〕

姚思廉撰《唐史》在貞觀元年至三年間。〔註12〕其後他受詔修《梁史》、《陳史》，二史修成次年（貞觀十一年）卒，故《唐史》紀傳終未完成。

　　其後是《武德貞觀兩朝史》。高宗永徽二年（651），以長孫無忌為監修，以姚思廉「粗成三十卷」為基礎進行修訂、增補，共成八十卷，於高宗顯慶元年（656）表上之。劉知幾稱其書「雖云繁雜，時有可觀。」〔註13〕

　　高宗龍朔三年（633），許敬宗拜太子少師，同東西台三品，並監修國史，續《武

〔註8〕《東觀奏記》序，《全唐文》，卷八四一。
〔註9〕《五代會要》，卷十八，〈前代史〉。
〔註10〕元·托克托著：《宋史》（商務印書館，1990年1月台五版），卷二一九，〈宋敏求傳〉。
〔註11〕《史通·古今正史》，卷十二。
〔註12〕《隋唐五代史學》，頁99。
〔註13〕同註11。

德貞觀兩朝史》,「混成百卷」。其中,《高宗本紀》及永徽年間名臣與四夷等傳,多是其所造;並起草十志,未竟而終。其所撰紀、傳,「或曲希時旨,或猥飾私憾。凡有毀譽,多非實錄。〔註14〕」敬宗卒後,左史李仁實續撰〈于志寧〉、〈許敬宗〉、〈李義府〉等傳,可惜不久卒官,未有所成。

武則天長壽年間,春官侍郎牛鳳及,又起高祖,終高宗,撰《唐書》一百一十卷。凡所纂錄,「皆素質私家行狀,而世人敘事,不能自達。〔註15〕」「其有出自胸臆」,「敘事則參差倒錯」。為了使其書獨行,悉收,姚、許諸本,以致「皇家舊事,殘缺殆盡〔註16〕」。

武則天長安三年(703),敕令武三思等修成《唐史》,敕成八十卷未成著錄。其後吳兢別撰《唐書》八十九卷、《唐春秋》三十卷,而「刊修未成」。玄宗開元十四年(726),吳兢重加刊輯,請給楷書手和紙墨,又詔續成,一度允他史館外撰修。十七年出為荊州司馬,許以史稿自隨。中書令蕭嵩監修國史,奏取所修,得六十五卷。天寶八載(749)吳兢卒後,其子所撰《唐書》八十餘卷,然「事多紕謬,不逮乎壯年。〔註17〕」

玄宗開元十八年(730),韋述兼知史館事,居史職二十年,他以「國史」雖有累修,但未成一家之言。於是「始定類例,補遺續闕」,勒成《國史》一百一十三卷,并《史例》一卷。史稱「事簡而記詳,雅有良史之才。〔註18〕」安史之亂時,他抱《國史》藏於南山。肅宗至德二載(757)于休烈奏請訪求史籍,韋述以其家藏《國史》一百一十三卷送官。〔註19〕

韋述以後,唐代國史的撰修各種記載也不相同。大要見於《唐書·柳芳傳》、《郡齋讀書志·編年類》、《新唐志二》。而以《崇文總目》的記述,較為清楚:

> 《唐書》一百三十卷,唐韋述所撰。初,吳兢撰《唐史》,自創業訖於開元,凡一百一十卷。述因兢舊本,更加筆削,刊去酷吏,為紀、志、列傳一百一十二卷。至德、乾元以後,史官于休烈又增肅宗紀兩卷,而史官令狐峘等系于紀、志、傳後隨篇增緝,而不知卷帙。今書一百三十卷,其十六卷未詳撰人名氏。〔註20〕

〔註14〕同註11。
〔註15〕同註11。
〔註16〕同註11。
〔註17〕《舊唐書·吳兢傳》,卷一百二。
〔註18〕《舊唐書·韋述傳》,卷一百二。
〔註19〕《舊唐書·于休烈傳》,卷一百二。
〔註20〕《文獻通考》,卷一九二,〈經籍考〉引。

由「史官于休烈又增肅宗紀兩卷」，可知書成於代宗之後。

（二）編年體

前面提到吳兢《唐春秋》三十卷，此爲編年體。肅宗詔柳芳續述《國史》，又撰《唐曆》四十卷。據《郡齋讀書志》、《直齋書錄解題》，柳芳編年體作《唐曆》，起隋義寧元年，訖大曆十三年，因詳於制度，故未立褒貶義例。究其下限有異，據《文獻通考‧經籍考二十》引李燾語謂：「按劉恕謂方始爲此書，未成而先傳，故世多異本。」謝保成保證李燾、晁公武、陳振孫所見，乃非完本。武宗會昌末，崔鉉續修《唐曆》未成，或許是「迄建中三年」者。

其後宣宗下詔，以監修國史崔龜從與韋澳、蔣偕、李荀、張彥遠、崔瑄等，修撰《續唐曆》，大中五年（851）續成三十卷。〔註21〕

貳、實錄的從缺

一、戰爭動亂的影響

從安史之亂韋述藏《國史》於南山及懿宗以後的五個皇帝皆無實錄等事，可見安史、黃巢之亂對史料編纂的妨礙與破壞。而安史之亂與黃巢之亂對史料又有不同程度的影響。

安史之亂使開元以前的實錄國史被毀，當時史館的館址在安祿山佔領長安時被毀。而唯一留下的紀錄是韋述的私人底稿，這爲《舊唐書》的編寫者提供初唐歷史唯一重要的材料。而實際上，《舊唐書》似乎收錄了柳芳《國史》大部分的內容，作爲記述唐朝前半期歷史的基礎〔註22〕。

由於武宗以後未修實錄，故《舊唐書》的編寫者掌握的從847年至唐末這段時期的主要材料的日曆。由於後期唐代諸帝不再每日按時上朝，大量公務在幕後進行，而不再公開議事，亦無從紀錄。再加上這一時期發生的黃巢之亂，許多文獻材料和檔案實際上被摧毀了。修史者不得不依靠極少量的私人記載來塡補空白。〔註23〕結果是最後幾個皇帝的紀錄質量很差且不完整。

二、撰作者的立場

唐代《實錄》的重要性固不可抹煞，但也存在「史料不實」的情形。謝保成從

〔註21〕《舊唐書‧宣宗紀》、《新唐書‧藝文卷二》、《玉海》引《中興書目》、《直齋書錄解題》俱作二十二卷，今從《唐會要》、《舊唐書‧崔龜從傳》作三十卷。

〔註22〕參考英‧崔瑞德著：《劍橋中國隋唐史‧導言‧史料問題》（中國社會科學出版社，1990年12月第一版），頁44。

〔註23〕同註44，頁45。

四方面評述，其中「權力鬥爭，干擾直書」，「虛美飾非，歪曲事實」兩類便屬於撰作者的立場問題。

「權力鬥爭，干擾直書」如高宗永徽、顯慶中，武則天與李唐皇室的玄曆鬥爭，元老長孫無忌、褚遂良等相繼貶死，支持武后的許敬宗等乘機取得高位，便「輒以己愛憎，曲事刪改」敬播所修的《高祖、太宗實錄》。而韓愈《順宗實錄》因「說禁中事頗切直，內官惡之，于上前屢言不實，固令刊正」，以致有《詳本》與《略本》之分。跟隨監修的《憲宗實錄》，成於牛僧孺當權之時，李德裕為相當政後，則奏請修改，這是牛李黨爭對《實錄》修纂的影響。而《穆宗實錄》、《敬宗實錄》中對李紳記載的詆毀，更是對牛黨的產物。

「虛美飾非，歪曲事實。」如許敬宗為貪圖錢九龍財力而嫁女，錢「本皇家隸人」，許敬宗在《太宗實錄·錢九龍傳》中「曲敍門閥，妄加功績」。〔註24〕

參、《實錄》、《國史》對編修兩《唐書》影響

因為史料不全，敍事的內容詳簡體例不一，這在《舊唐書》最為明顯。另外，對修史的最大影響是因官方史料不全，故採用大量民間的資料。如《新唐書》徵用唐人筆記小說，乃有「事增」之實，而《舊唐書》也採用筆記小說，僅在數量上不如《新唐書》為多。

援引史料筆記資料增加史書內容是正面的貢獻，但筆記資料的真實性卻也受到質疑，畢竟從史料來源、史官待遇、修史的組織措施等方面，官修之書的條件總是好得多，也較具權威。所以，筆記小說的權威性畢竟較《國史》、《實錄》為低。因此，史料筆記流入正史，一方面補足官方史料的不足，也產生史料「時而失之諱」的問題。

小　結

唐朝史館、監修、起居注或是國史的修撰是逐漸發展完成的，除了修史者不可避免的主觀態度，其史學的發達遠邁前代，而修唐史最大的困難在於許多史館資料損毀於戰火中，若無重金購求，很難想像唐朝的歷史風貌。而兩《唐書》便是在這樣的基礎上編修，所不同的是《新唐書》增補的情形較《舊唐書》多而已。

〔註24〕《唐會要》，卷六三，〈史館雜錄上〉。

第二節　宋代修史的特色

本文所討論的是宋代於修前代史時，史官編制、任用等特色，還有別於宋人修國史特色。

壹、宋代對於修前代史的重視

宋朝立國以後，對前代史實的搜集及史書的修撰頗爲留心，有實錄、正史、編年史、叢集等編纂。

一、修補《實錄》

補修前代實錄、會要有宋太祖建隆二年（961）正月，監修國史王溥等上《唐會要》一百卷。《資治通鑑長篇》（以下簡稱《長篇》）卷二載：「唐德宗時，蘇冕始撰《會要》四十卷。宣宗時，崔鉉等又續四十卷。王溥等於是採宣宗以降故事，共勒成一百卷，詔藏史館。」乾德元年（963）七月，王溥等採梁開平至周顯德事蹟爲《五代會要》三十卷上進。另外，建隆二年八月，史館修成《周宗室實錄》四十卷上進，賜監修王溥、修撰扈蒙器幣有差。〔註25〕

二、修纂前代史

至於前代正史，宋嘗修成兩部，一爲《五代史》，一爲《新唐書》。《五代史》詔修於宋太祖開寶六年（973），由宰相薛居正監修。據《文獻通考》卷一九二，同修者有盧多遜、扈蒙、張澹、李昉、劉兼、李穆、李九齡等。歷時半年，書成共一百五十卷。因五代帝王實錄均存，又有范賢《五代通錄》爲藍本，且修撰者爲五代舊民，當時史實多能聞見，所以成書甚速。

趙翼《廿二史箚記》卷二一有「薛史全採各朝實錄」條，考之甚詳。宋·王闢之論扈蒙、李九齡修史爲「實專筆削，初以《建康實錄》爲藍本，蒙史筆無法，拙於敘事，五代十四帝，止五十三年，而爲紀六十卷，其繁如此。傳世盡於紀，而傳止次履歷，先後無序，美惡失實，殊無足取。〔註26〕」

其後歐陽修撰《新五代史》，共七十四卷（分本紀十二卷，考三卷，世家、年譜十一卷，列傳四十五卷及附錄），爲唐以後第一本私撰正史。書成，藏之於家，修卒，其子以此書獻於朝廷，朝廷乃命國子監刻版印行。王闢之謂「文約而事詳，褒貶去取，得《春秋》之法，遷、固之流。〔註27〕」

〔註25〕《資治通鑑長篇》，卷二。
〔註26〕見（宋）王闢之著：《澠水燕談錄》（中華書局出版，1981年）
〔註27〕同註26。

實際上薛、歐兩書各有所長，不可偏廢。趙翼謂：「歐《史》尊重書法，薛《史》尊重敘事，本不可相無。」「俾考古者得參互核訂，所以嘉惠後學，誠非淺鮮也。〔註28〕」是為允當。

三、修正史、叢書

另外，唐・杜佑撰《通典》後，宋朝又命官修撰《續通典》。而《冊府元龜》為真宗朝所修的一部史學著作。太宗朝嘗編成三大部書，即《太平廣記》（載小說）、《太平御覽》（載百家）、《文苑英華》（載文章）。真宗思與其父媲美，因命儒臣集歷代史事，編成此書。另外，宋朝官修諸史中，成就最高、影響最著者推《資治通鑑》。

《資治通鑑》初為司馬光撰，在撰成戰國部份八卷，題名《通志》上進後，於治平三年四月奉詔接續編修。由於史事浩瀚，私家力薄，司馬光請求增派史官，得英宗批准。自此，《通鑑》一書由私撰而轉為官修，治平四年十月，神宗為此書作序，正式賜名《資治通鑑》，令候書成日寫入〔註29〕。又賜穎邸舊書二千四百二卷〔註30〕，迄元豐七年（公元 1084）十二月全書成，歷時近十九年，總二百九十四卷，又目錄、考異各三十卷。

續修時，古代至兩漢部份，屬劉攽，三國至隋則任劉恕，唐至五代任范祖禹，由司馬光統其成，先成長篇，復由光刪削筆潤。司馬光嘗與宋敏求書，語及修書之事謂：

> 某自到洛以來，專以修《資治通鑒》為事，於今八年，僅了得晉、宋、齊、梁、陳、隋六代以來奏御。唐文字尤多，托范夢得將諸書依年月編次為草卷，每四丈截為一卷。自課三日刪一卷，有事故妨廢則追補。自前秋始刪，到今已二百餘卷，至大曆末年耳。向後卷數入須倍此，共計不減六七百卷。更須三年，方可粗成編。又須細刪，所存不過數十卷而已。〔註31〕

「草卷」即所謂「長篇」，司馬光耗數年之力，方將《唐紀》長篇六七百卷削為數十卷定稿，可見編寫的艱辛。故書成之後，司馬光謂「平生精力，盡於此書〔註32〕」。後世推崇備至，絕非偶然。

〔註28〕（清）趙翼著：《廿二史箚記》（華正書局，1977 年 9 月），卷二一「薛居正《五代史》」條。

〔註29〕英宗以治平四年元月崩，神宗繼位，次年方改元熙寧。

〔註30〕《長編記事本末》，卷五三，「編年通鑑」條。

〔註31〕《文獻通考》，卷一九三，《資治通鑑》條引高似孫《緯略》。

〔註32〕《資治通鑑》〈進書表〉。

貳、史無專官

　　宋代修史的另一個現象是修史者以他職兼領而無專官。當代史的修撰是如此，前代史亦是如此，李心傳舉出自眞宗（998）以迄寧宗嘉泰（1204）二百餘年間，史官專任之例僅三：一是神宗朝命曾鞏以史館修撰專典五朝史；二是孝宗朝以李燾、洪邁修神、哲、徽、欽實錄及續修五朝史列傳，不兼他職者數年，「而史始畢」；三是寧宗朝召傅伯壽、陸遊爲在京宮觀，免奉朝請，專修高宗史正與孝、光二宗實錄〔註33〕。二百餘年間，修史甚多，所歷史官亦眾，而專任者唯此數人，故史無專官爲宋代普遍的現象〔註34〕。

　　實錄、正史、編年史、叢集這類史籍修撰，不涉及本朝機密，並需要參閱大量的圖書資料，所以一般在三館、祕閣置局進行，修書官則命儒臣或精於史學者充任，有時撰錄者出領外州，亦聽以書局自隨。修史以他職兼領，精力必不能專，而史官遷轉頻繁，難於久任，嚴重影響到修撰工作的進度和史書的質量，這是宋代史官制度的特點，也是當時修史的問題。

小　結

　　宋代修史極爲發達，當代史的撰修不遺餘力。編撰前代史亦有可觀成績，這皆爲文治大興的結果。就修史而言，史無專官較影響史官撰修品質的因素之一。

第三節　歐陽修的《春秋學》

　　歐陽修的史學以經學爲基礎。故本節主要先認識歐陽修《春秋》學的特色，以便了解《春秋》學在《新唐書》中起的影響與作用。

壹、中唐以後《春秋》學的發展

　　中唐的社會劇烈震盪，使學術風氣爲之一變。最初是啖助、趙匡、陸淳《春秋》學的興起，繼而是出現古文運動，造就唐宋古文八大家。謝保成謂：「史學由於自身的滯後性，發展較經學、文學緩慢，因而又受到經學、文學的影響，呈現出複雜而曲折的境況。〔註35〕」故可知文學、經學及史學互相滲透的關係及影響。

一、主要人物與著作

〔註33〕《建炎以來朝野雜記》甲集，卷十「史館專官」條。
〔註34〕參考自蔡崇榜著：《宋代修史制度研究》（文津出版社，1993年10月初版），頁191。
〔註35〕《隋唐五代史學》，頁162。

　　啖助的《春秋統例》有六卷，其書雖已亡佚，但啖助死後，其著述立說的編纂與蒐集都由趙匡擔任，其弟子陸淳于代宗大曆十年（775）纂成《春秋集傳纂例》十卷四十篇。其書第一至第八篇為總義，第九篇為魯十二公并世緒，第十至第三十五篇為發明、筆削之例，三十六篇以下為經、傳文字脫謬及人名、國名、地名。陸淳，德宗時改為陸質，另撰有《春秋微旨》三卷、《春秋辨疑》七卷。

　　啖助對照《春秋》、比較三傳，認為在王綱廢絕、人倫大壞的「季世」，唐堯、虞舜之化難行，但「周德雖衰，天命未改」，應「變從夏政，唯在立忠為教，原情為本〔註36〕」。

二、主要特色

　　啖助、趙匡以「考三家得失，彌縫漏闕」開疑古辨偽之風。自漢至唐，解《春秋》經雖有兼採三傳者，如鄭玄、范寧等，但都專主一家。真正「考三家長短」者始於啖助。陸淳作《春秋集傳纂例》主要特色有三，（1）對《左傳》的懷疑。（2）對《公》、《穀》二傳的懷疑。（3）對三傳學者的批評。

三、影　響

　　陸淳疑經影響及後人者，有盧全作《春秋摘微》四卷，解經不用傳。韓愈贈詩則謂「《春秋》三傳束高閣，獨抱遺經究終始。〔註37〕」其後，不論是北宋慶曆新政，還是清末戊戌變法，都受啖助《春秋》學影響。

貳、北宋《春秋》學的發展

一、尊王的時代需要

　　北宋繼五季而起，社會積弊仍多，當時學者所面臨者，乃以政治問題最為迫切。以政治為中心，宋初言經學者，莫不以治道為歸宿，故喜言《周禮》、《春秋》，即說他諸經，亦多涉及政治而為之說，《春秋》雖屬經則兼而於史學，故特受重視。

　　宋儒重視《春秋》，開始於孫復。復有《春秋尊王發微》十二卷，《春秋總論》三卷（已佚），其論述可追溯唐人陸淳，並增加新意。孫復承啖助、趙匡、陸淳餘緒，謂《春秋》有貶無褒，論者或以為過於深刻，然宋代繼五代之衰亂而起，天下一統，重建國家之生機，此對宋初學者言，乃一極不尋常之事，有其必不可忽之意義。是故孫復專講《春秋》，而尤刻意發揮尊王之義，此皆有其時代之背景，

〔註36〕（唐）陸淳著：《春秋集傳纂例》（收於杜預《春秋釋例》，商務印書館，1938 年出版），
　　　　《春秋宗旨議》。
〔註37〕晁公武《郡齋讀書志》（商務印書館，1978 年 1 月台一版），卷三〈春秋類〉。

未可遽責其非；且能不囿傳註以求《春秋》本旨，啓後學之途轍，其功固不可沒。故歐公稱之，謂：

> 先生治《春秋》，不惑傳註，不爲曲說以亂經，其言簡易，明於諸侯大
> 夫功罪，以考時之盛衰，而推見王道之治亂，得於經之本義爲多。〔註38〕

而與歐公同時者，有劉敞原父，嘗作《春秋權衡》十七卷、《傳》十五卷、《意林》二卷、《說例》一卷，亦多以新意解經，其說雜用三傳，不主一家，故《四庫全書總目》稱之，曰：

> 論其大致，則得經意者爲多。蓋北宋以來，出新意解《春秋》者，自
> 孫復與敞始。復治啖、趙之餘波，幾於盡廢三傳；敞則不盡從經傳，亦不
> 廢傳，故所訓釋爲遠勝於復焉。〔註39〕

二、慶曆學風

宋代孫復明以承疑經餘緒，而起決定性影響仍推歐陽修。因爲宋初經學，恪尊漢唐注疏，音義異同，則一以陸氏《釋文》爲準，其始蓋末出唐人正義之範圍。而至慶曆時，學風爲之一變，陳止齋謂：

> 以經爲正，不泥於章讀箋話，此歐陽氏讀書法也。然其間節目甚多，
> 固未易言，以其學考之，雖能信經，而失事理之實者不少矣！〔註40〕

陳蘭甫謂：

> 歐陽子掊擊經傳，何其勇也！其於《易》，則以爲《繫辭》非聖人之
> 作，又以爲十翼之說不知起於何人，自秦漢以來，大儒君子不論其說有異
> 於聖人，怠人而中止無用之空言。於《春秋》三傳，則以爲妄意聖人而惑
> 學者三子之過。至其通論諸經，則以爲自秦之焚書，六經盡矣！至漢而出
> 者，皆其殘脫顛倒，或傳之老師昏耄之說。又以諸經所載，鳳凰元鳥、河
> 圖、洛書、龜龍、六鶂、鸜鵒麟暨騶虞，皆爲怪語，啓秦漢以來諸儒所述
> 之荒虛怪誕。然則如歐陽子之說，六經皆可焚矣！（《東塾集》卷四〈跋
> 歐陽文忠公集〉）

然歐公之意，實以爲必去其繁蕪冗雜之說，始可謂眞尊經。東塾之言，似亦未爲得之。與歐公同時有二劉兄弟，淹通經史，亦以爲己意言經之提倡者。原父有《七經小傳》行世。

〔註38〕 （宋）歐陽修：《歐陽修全集》（世界書局 1991 年）〈居士集〉，卷二十七，〈孫明復墓誌銘〉。
〔註39〕 《四庫全書總目·經部·春秋類一》，卷二十六。
〔註40〕 《學習記言》，卷四十七。

　　學術風氣經十年的蘊釀卓然有成，二劉已在風氣中矣！朱竹坨謂原父兄弟說《春秋經》尤長，(《曝書亭集》卷三十四〈春秋意林序〉) 然原父之七經小傳，僅及《公羊》，故又別有《春秋傳》十五卷、《權衡》十七卷、《說例》一卷、《文權》二卷、《意林》二卷、《四庫提要》稱其說《春秋》不盡從傳，亦不盡廢傳，得於經意者為多，遠勝孫復之幾於盡廢三傳。(提要卷十六) 原父之弟貢父，規模未若乃兄之閎闊，大抵得於《春秋》者居多，固其學尤偏於史。

參、歐陽脩的《春秋》學

　　歐公經學得於《春秋》者特深，其參修《唐書》、私撰《五代史》，皆是《春秋》學應用於當代之具體表現。若推究歐公史學之本源，實出於《春秋》。今見於《歐集》，如《春秋三論》、《春秋或問》二首、《辨左氏》、《石鷁論》等，本《春秋》經以疑三傳，正式提出捨傳從經之說。

一、歐公論孔子作《春秋》之意

　　歐公推孔子作《春秋》之意曰：

> 　　孔子何為所修春秋，正名以定分，求情而責實，別是非，明善惡。此春秋之所以作也。自周衰以來，臣弒君，子弒父，諸侯之國相屠戮而爭為君者，天下皆是也。〔註41〕

因為王道衰微，亂臣賊子而起，所以孔子作《春秋》以正明分、求情責實。《春秋》經有聖人的用心，歐陽修謂：「春秋辭有同異，尤謹嚴而簡約。所以別嫌明微，慎重而取信，其於是非善惡難明之際。聖人所盡心也。〔註42〕」就是說，《春秋》一字寓褒貶說，他指出：「今說《春秋》者，皆以名字氏族與奪為輕重。故曰：一字為褒貶，且公之為字，豈不重淤名字氏族乎？孔子於名字氏族，不妄以加人。其肯以公妄加於人而沒其善（一作實）乎？……。〔註43〕」歐陽修就魯隱公（息姑）立位的書法事所作的評論，意在說明《春秋》不是字字寓褒貶。

二、捨傳從經

　　歐陽修由孔子作《春秋》的目的，便提出尊經的主張，曰：「經之所書，予所信也，經所不言。予不知也。〔註44〕」由尊經進而提出詮釋經文的方法，他主張要丟掉《春秋》書法，去讀《春秋》，他說：「凡今治經者，莫不患聖人之意不明，而為

〔註41〕《歐陽修全集・居士集》，卷十八，〈春秋論中〉。
〔註42〕同註41。
〔註43〕同註41。
〔註44〕《歐陽修全集・居士集》，卷十八，〈春秋論上〉。

諸儒以自出之說汩之也，今於經外又自爲說，則是患沙渾水而投土益之也。不若沙土盡去，則水清而明矣！〔註45〕」藉由「沙土盡去，則水清而明矣！」要求學者直探經文本意，求責實情。

如魯隱公卒書薨之事，歐陽脩謂：

> 所謂攝者，臣行君事之名也，伊尹周公，共和之臣，嘗攝矣！不聞商周之人謂之王也，使息姑實攝，而稱號無異於正君，則名分不正而是非不別。

> 夫攝者，心不欲爲君而身假行君事。雖行君事，而其實非君也。今書曰：公。則是息姑心不欲之。實不爲之。而孔子加之，失其本心，誣以虛名而沒其實善。夫不求其情，不責其實，而善惡不明如此。則孔子之意疏而春秋繆矣！

> 春秋辭有同異，尤謹嚴而簡約。所以別嫌明微，慎重而取信，其於是非善惡難明之際。聖人所盡心也，息姑之攝也，會盟征伐賞刑祭祀，皆出於己。舉魯之人皆聽命於己。其不爲正君者幾何。惟不有其名爾，使其名實皆在己，則何從而知其攝也。故息姑之攝與不攝，惟在爲公與不爲公。〔註46〕

由歐陽脩的敘述，其立足點是政出於魯隱公，故沒有攝與不攝的問題，只有是否爲王的問題。這顯示歐公解釋《春秋》書法，書法本身即是事實、也是褒貶。

就詮釋《春秋》經而言，歐公的論辯有其價值。但《春秋》一字褒貶的書法要落實於史書，便有其困難。如歐陽脩的學生徐無黨在注《新五代史》上，談到歐陽脩的書法，何事「書」，何事不「書」，用什麼字以示褒示貶。歐陽脩是有意見的。徐無黨的注總結的《新五代史》的書法，很難自圓其說，這一點，徐無黨他辯解說：「五代亂世，名號交雜銜不常，史家撰述，隨事爲文，要于理通事見而已，覽者得以詳焉。〔註47〕」「五代之亡，所書不同，隨事爲文爾〔註48〕」又說：「五代亂世，嗣君即位者五，而改元不依古者四。而《本紀》無譏者，但書其實，自見其失也。〔註49〕」這些地方倒是符合歐陽脩的原意，即是事實蘊其褒貶。

〔註45〕《歐陽修全集·居士集》，卷十八，〈答徐無黨第一書〉。
〔註46〕同註45。
〔註47〕《新五代史·目錄》，「徐無黨曰」。
〔註48〕《新五代史·周本紀》，卷十二，第二注。
〔註49〕《新五代史·漢本紀》，卷十，第十注。

小　結

歐陽脩對於直探經文解《春秋》經，故事實反映書法的名份與褒貶。《新唐書》以《春秋》爲評價的標準，而反映在論贊上，如《新唐書·王叔文傳》贊曰：「叔文沾沾小人，竊天下柄，與陽虎取大弓，《春秋》書爲盜無以異。〔註50〕」《新唐書·回鶻傳》論贊中宋祁「故春秋許夷狄者，不一而足，信矣。〔註51〕」謂太宗對突厥「夫用之以權，制之以謀」，肅宗與德宗爲「引外禍平內亂者也」的得失。餘者詳見於本文第三章第五節。

第四節　兩《唐書》的編修與特色

史書的撰修易受到編修者的主觀價值，史料的搜集及編修原則等因素，而影響正史的質量，故列兩書編修官、史料蒐集的情形、編纂特色等予以說明。

壹、《舊唐書》的編寫

一、編修官

《舊唐書》修撰於五代時期。五代雖是晚唐政局的延續，且朝代屢有更迭，但史館組織未遭破壞，爲撰修《舊唐書》時的有利條件。後晉天福六年（941年），開始修撰，由宰相趙瑩監修〔註52〕，實際編寫者爲史官張昭遠、賈緯、趙熙、鄭受益、李爲光、呂琦、尹拙等。到開運二年（945年）書成，這時趙瑩出任晉昌軍節度使。劉昫繼任宰相，遂領銜奏上，但他未曾執筆撰寫。

實際上，以張昭遠增〈昭宗本紀〉，賈緯爲《唐年補錄》六十五卷，會昌以後紀傳，蓋緯所纂補〔註53〕；故纂修則張昭遠、賈緯、趙熙之功居多。全書包含本紀二十卷，志十一篇三十卷，列傳一百五十卷，共兩百卷，本紀和列傳篇幅較長者，後世刻版時分立子卷，合計爲兩百一十四卷。

二、史料之蒐集

〔註50〕《新唐書》，卷一百六十八，「贊曰」。
〔註51〕《新唐書》，卷二百一十七下，「贊曰」。
〔註52〕趙翼著：《廿二史箚記》「舊唐書源委」條云：「〔五代會要〕是此事趙瑩爲監修。綜理獨周密，故瑩本傳，謂唐書一一百卷，瑩首有力焉。」，頁336。《舊五代史》（（宋）薛居正等撰　台灣商務印書館）〈晉高祖本紀〉天福六年謂：「己亥，詔戶部侍郎張昭遠、起居郎賈緯、秘書少監趙熙、吏部郎中鄭受益、左司員外郎李爲光等同修唐史，仍以宰臣趙瑩監修。」
〔註53〕「舊唐書源委」條云：「昭宗一朝，全無紀注。天福中，張昭遠重修唐史，始有昭宗本紀。」

（一）實錄殘缺

纂修《舊唐書》面臨最大的挑戰是官方史料的殘缺。《五代會要》記起居郎賈緯奏曰：「伏以高祖至代宗已有紀傳，德宗亦存實錄，武宗至濟陰廢帝凡六代，惟有武宗實錄一卷，餘皆闕略。臣今搜訪遺聞及耆舊傳說，編成六十五卷，目為《唐朝補遺錄》，以備將來史館修述。〔註54〕」《舊五代史·晉高祖本紀》天福六年二月（936年）記「起居郎賈緯以所撰唐年補錄六十五卷上之，帝覽之嘉歎，賜以器幣，仍付史館。〔註55〕」此時共缺唐六帝實錄，此可見唐朝國史史料殘闕的急迫與困難。

天福六年四月，奏：「史館所闕唐朝實錄，請下敕購求。〔註56〕」《五代會要》謂：

> 今據史館所闕《唐書》、《實錄》，請下敕命購求。況咸通中宰臣韋保衡與蔣伸、皇甫煥撰武宗、宣宗兩朝實錄，皆遇多事，或值播遷，雖聞撰述，未見流傳。其韋保衡、裴贊合有子孫，見居職任，或門生故吏，曾記纂修，聞此討論，諒多欣愜。請下三京諸道及內外臣僚，凡有將此數朝實錄詣闕進納，量其文武才能，不拘資地，除授一官。如卷帙不足，據數進納，亦請不次獎酬，以勸來者。自會昌至天祐垂六十年，其初李德裕平上黨，著武宗伐叛之書；其後康承訓定徐方，有武寧本末之傳。如此事類，記述頗多。請下中外臣僚及名儒宿學，有于此六十年內撰述得傳記及中書、銀臺、史館日曆、制敕冊書等，不限年月多少，並許詣闕進納。如年月稍多，記錄詳備，請特行簡拔，不限資序。臣與張昭遠等所撰《唐史》，敘本紀以鋼帝業，列傳以述功臣，十志以書刑政。所陳條例，請下所司。從之。〔註57〕

由於史料不足，奉詔纂修後兩年，仍須再下詔訪求史料，甚至以官位、物質等酬勞利誘。而對於史料也不限於唐國史材料，擴大至此六十年內撰述致傳記及中書、銀臺、史館日曆、制敕冊書等材料。

（二）採集野史

事實上，對於唐史的蒐集並非從後晉才開始，早在後梁末帝龍德元年（921）已開始史料蒐集的工作，《五代史·梁末帝本紀》史館上謂：「如記得前朝會昌已後公私，亦任抄錄送官，皆須直書，不用文藻。兼以兵火之後，簡牘罕存，應內外臣僚，曾有奏行公事，關涉制置，或討論沿革，或章疏文詞，有可採者，並許編錄送納。

〔註54〕《五代會要·前代史》，卷十八。
〔註55〕《舊五代史·晉高祖本紀》，卷七十九。
〔註56〕同註55。
〔註57〕同註54。

〔註58〕」

唐明宗天成元年（926）九月謂：

> 庚申，以都官郎中庾傳美充三川搜訪圖籍史。傳使爲蜀王衍之舊僚，
> 家在成都，便於歸計，且言成都具有本朝實錄，及傳美使迴，所得纔九朝
> 實錄及殘缺雜書而已。〔註59〕

唐明宗長興三年（932）十月謂：「宣宗已下四廟未有實錄，請下兩浙、荊湖購募野
史及除目報狀。〔註60〕」

因書籍蒐羅匪易，延宕撰史時間。故趙翼引〈後唐紀〉謂：「可見唐書因載籍散
佚，歷梁唐數十年，未遑於成。直至晉始成書。則纂修諸臣，搜剔補綴之功，不可泯
也。〔註61〕」從後晉編寫距後梁已十七年，雖有收穫但不盡理想，仍無法找到更齊的
國史資料。「內外臣僚奏折公事，關涉制置，或討論沿革，或章疏文詞〔註62〕」、「中
書、銀臺、史館日曆、制敕文書〔註63〕」或野史皆爲網羅之列。從後梁開始的唐史蒐
集工作到後晉編修《唐史》時仍持續進行，顯示官方史料的殘缺與史料搜羅的困難。

三、編纂特色

《五代會要》稱趙瑩監修《舊唐書》時的情形，謂：

> 自李朝喪亂，迨五十年，四海沸騰，兩都淪覆，今之書府，百無二三。
> 臣等近奉綸言，俾令撰述，褒貶或從於新意，纂修須案于舊章，既闕簡編，
> 先虞漏略。〔註64〕

「褒貶或從於新意，纂修須案于舊章」爲其編纂的指導原則，因爲簡編短缺，史料
漏略，所以對於有限的素材必須充分利用，所以不輕易更動原始資料。〔註65〕此一

〔註58〕《五代史・梁末帝本紀》，卷十，龍德元年。

〔註59〕《舊五代史・唐明宗本紀》，卷三十七，天成元年。

〔註60〕同註59，「長興三年」。《五代會要》敘述更爲詳細，言：「十一月四日，史館奏：當
館昨爲大中以來，迄于天祐，四朝實錄，尚未纂修，尋具奏聞，謹行購募。敕命雖
頒于數月，圖書未貢於一篇。蓋以北土州城，久罹兵火，遂成滅絕，難可訪求。切
恐歲月漸深，耳目不接，長爲闕典，過在攸司。伏念江表列藩，湖南奧壤，至於閩、
越，方屬勳賢。戈鋋自擾于中原，屏翰悉全于外府，固多奇士，富有群書。其兩浙、
福建、湖廣伏乞詔旨，委各于本道采訪宣宗、懿宗、僖宗、昭宗以上四朝野史，及
逐朝日曆、銀臺事宜、內外制詞、百司沿革簿籍，不限卷數，據有者抄錄上進。若
民間收得，或隱士撰成，即令各列姓名，請議爵賞。」

〔註61〕同註59。

〔註62〕同註59。

〔註63〕同註59。

〔註64〕《五代會要・前代史》，卷十八。

〔註65〕《隋唐五代史學》，頁315。

原則決定了紀、志、傳乃至論贊的諸多特點，也反映唐代各時期不同的思想觀點。

這樣的編纂特色直接反映到書面上，曾公亮進《新唐書》批評《舊書》爲「紀次無法、詳略失中、文采不明、事實零落〔註66〕」。《四庫全書總目》謂：

> 今觀所述，大抵長慶以前，本紀惟書大事，簡而有體。列傳敘述詳明，
> 贍而不穢，頗能存班、范之舊法。長慶以後，本紀則詩話、書序、婚狀、
> 獄詞委悉具書，語多支蔓（如《文宗紀》云：上每誦杜甫《曲江行》云，
> 江頭宮殿鎖千門，細柳新蒲爲誰綠，乃知天寶以前，曲江四岸皆有行宮臺
> 殿，百司廨署。又云戶部侍郎判度支王彥威進所撰《供軍圖略》，其序云
> 云。《武宗紀》云：右庶子呂讓進狀，亡兄溫女，太和七年嫁左衛兵曹蕭
> 敏，生二男。開成三年，敏心疾乖忤，因而離婚，今敏日愈，卻乞與臣姪
> 女配合。又云御史臺奏，據三司推勘吳湘獄，謹具逐人罪狀如後，揚州都
> 虞侯盧行立、劉群於會昌二年五月十四日於阿顏家喫酒云云。）列傳則多
> 敘官資，曾無事實，或但載寵遇，不具首尾（如《夏侯孜傳》祇載歷官所
> 至及責讓詔詞，不及一事。《朱朴傳》祇載其相昭宗而不及其始末。）所
> 謂繁略不均者，誠如宋人之所譏。〔註67〕

由於「纂修須按於舊章」的原則，加上史料不足，繁簡實非得已。但校勘不精審爲嚴重的問題。待宋文治大興，史料豐富，人才濟濟，固有修史之舉。

貳、《新唐書》的編寫

《新唐書》爲宋·歐陽脩、宋祁等奉敕撰。全書包括四個部份，即本紀十卷，志十三篇五十卷，表四篇十五卷，列傳一百五十卷，共爲二百二十五卷，後人刻書時，卷帙大者分立字卷，合計爲兩百四十八卷。

一、編修者

《新唐書》共由宋祁與歐陽脩領銜，此例已見於《隋書》〔註68〕。而紀、志、表出歐公手，列傳則宋祁所作。此外，尚有呂夏卿、宋敏求、劉義叟、范鎮、王疇

〔註66〕見《新唐書》〈進唐書表〉

〔註67〕《四庫全書總目·史部·正史類一》，卷四五。

〔註68〕見《四庫全書總目提要·史部·正史類》，卷四六，謂：「陳振孫《書錄解題》曰：『舊例修書，止署官高一人名銜。歐公曰：「宋公於我爲前輩，且於此書用力久，何可沒也？」遂於紀傳各著之。宋公感其退遜，故書中列傳題祁名，本紀、志、表題脩名。』然考《隋書》諸志，已有此例，實不始於脩與祁。」或趙翼《廿二史箚記》，謂：「每書首只用官尊者一人。脩以祁先進，且於唐書功多，故各署以進」。

之助〔註69〕，如呂夏卿，《宋史》謂：「夏卿學長於史，貫穿唐事，博采傳記雜說數百家，折衷整比。又通譜學，創爲世系諸表，於《新唐書》最有功云。〔註70〕」宋敏求，《宋史》稱：「王堯臣修唐書，以敏求習唐事，奏爲編修官。持祖母喪，詔令居家修書，卒喪，同知太常禮院。〔註71〕」由此可知呂夏卿、宋敏求等人，是因才學而參與編纂《新唐書》的工作。

二、材料來源

編修《新唐書》時，材料較編《舊唐書》時甚多，一者由《新唐書・藝文志》所錄十百種，爲《舊書》所未見，二者由於私傳唐史風氣盛，如孫甫著《唐史記》、趙瞻《唐春秋》、趙麟幾追補唐《實錄》會昌以來日曆，陳彭年著《唐紀》〔註72〕等，故趙翼謂：「諸人皆博聞勤采，勒成一書。必多精核，歐宋得藉爲筆削之地。〔註73〕」所以史料豐富是《舊唐書》所不及的，這是由五代入宋後文治大興的必然結果。

三、成書經過

《新唐書》編纂共歷十七年，趙翼謂：「宋仁宗以劉昫等所撰唐書，卑弱淺陋，命翰林學士歐陽脩、端明殿學士宋祁刊修，曾行公亮提舉其事，十七年而成。〔註74〕」而十七年實際是經兩次編修〔註75〕，第一階段自慶曆五年（1045）至至和元年（1054），前後近十年。第二次自至和元年（1054）迄嘉祐五年（1060），茲分述於後。

（一）第一階段（1045～1054）

第一階段修唐史，《玉海》謂：

> 慶曆五年（五月四日己未）詔王堯臣、張方平、宋祁等刊修《唐書》，久而未就。〔註76〕

《石林燕語》紀錄詳細，謂：

> 慶曆五年賈文元爲相，始建議重修《唐書》，詔以判官館閣王文安、宋景文、楊宜懿察，趙康靖概及張文定、余襄公爲史館撰修。刊修未幾，

〔註69〕同註68。
〔註70〕《宋史・呂夏卿列傳》，卷三百三十一。
〔註71〕《宋史・宋敏求列傳》，卷二百九十一。
〔註72〕趙翼著《廿二史箚記》，卷十六，頁338。
〔註73〕同註72。
〔註74〕同註72。
〔註75〕《十七史商榷》，卷六十九，「宋歐修不同時」條。
〔註76〕（宋）王應麟撰：《玉海》（大化出版社，1997年），卷四十六。

諸人皆以故去，獨景文下筆。已而景文亦補外，乃許以史稿自隨。編修官
置局子京師者仍舊，遇有疑議取證，則移文於局中，往來迂遠，書久不及
成。是時歐陽文忠公非文元所喜，且方貶出，獨不得與。嘉祐初，文忠還，
范蜀公為諫官，乃請以紀志屬文忠。至五年書成。初文元以宰相自領提舉
官，及罷去；陳恭公相，辭不領，乃命參知政事王文安，記奏書，亦曾魯
公以參知政事領也。〔註77〕

所謂「久而未就」指慶曆五年至至和元年間，雖有人任職，但唐書未修成。至
至和復命，乃去王堯臣、張方平而易以歐陽脩，而宋祁則未嘗去職。《玉海》又謂子
京「修《唐書》十餘年，（皇祐元年刊修）自守亳州，出入內外，嘗以藁自隨。〔註
78〕」大抵慶曆下詔修史，十年之間，力勤而有功者僅子京而已。

（二）第二階段（1054～1060）

第二階段修唐史，《玉海》謂：

> 至和元年八月戊申，乃命歐陽脩撰唐書紀表志，宋祁撰列傳，范鎮、
> 王疇、宋敏求、呂夏卿、劉義叟等同編修，凡十有七年，至嘉祐五年而
> 成。〔註79〕

宋敏求謂：

> 久之，歐少師領刊修，遂分作紀、志。魯公始亦以編敕不入局。周翰
> 亦未嘗至，後辭之。公南遇開封幕，不疑以目疾辭去，遂命王忠簡景彝補
> 其缺。頃之，呂縉叔入局。劉仲更始修〈天文〉、〈曆志〉，後充編修官。
> 將卒業，而梅聖俞入局，修〈方鎮〉、〈百官表〉。嘉祐五年六月，成書。
> 魯公以提舉日淺，自辭賞典，唯賜器幣。歐宋二公、范王與余，皆遷一官。
> 縉叔直祕閣。仲更崇文院檢討，未謝而卒。聖俞先一月餘卒，詔官其一子。
> 初，編修官作志草，而景彝分禮儀與兵志，探討唐事甚詳、而卒不用，後
> 求其本不獲。縉叔欲作釋音補，少還逸事，亦不能成。〔註80〕

《宋史·仁宗本紀》嘉祐五年七月戊戌亦有翰林學士歐陽脩上《新唐書》之記
載。自至和元年以迄嘉祐五年，又歷時七載，則所謂凡十有七年而書成者，尚包含
歐陽脩受命前十年，王堯臣、張方平修史未就這一段。歐公在局，前後僅七歲而已，
而宋祁則自始即任修書職，未嘗須臾離也。

〔註77〕《石林燕語》（葉夢得撰 藝文印書館 1966年）。
〔註78〕同註77。
〔註79〕同註76。
〔註80〕宋·宋敏求著，《春明退朝錄》（大陸中華書局出版），卷中。

故歐陽脩作〈本紀〉、〈志〉、〈表〉與宋祁列傳蓋不同時也。〔註81〕王鳴盛以宋祁之修唐書在宋仁宗天聖晚年，歷明道、景祐、寶元、康定，至慶曆中告成，凡閱十餘年。而歐上之修唐書，乃在嘉祐之前至至和年間事，距祁稿成時，相去已十餘年；修書凡歷六、七年之功，書成，上距祁稿成約又二十餘年矣。

上述宋代兩次修《唐書》，宋祁僅完成〈列傳〉，而〈本紀〉、〈志〉、〈表〉則由第二次修《唐書》完成。從宋敏求的《春明退朝錄》可得知，〈志〉、〈表〉的編修有專門的編修官進行。如歐陽脩作〈本紀〉，劉仲更始修〈天文〉、〈曆志〉，梅聖俞修〈方鎮〉、〈百官表〉等。故分工及編修相當專業。

四、《新唐書》〈本紀〉與〈列傳〉體例

宋代既分兩次修《唐書》，風格上便會無法兼顧。而最大的問題即歐陽脩是否改宋祁列傳的內容。王鳴盛謂：

> 祁與其兄庠同登第授官，史言天聖初，而歐公之登第授官，則天聖八年，年輩名位，稍在其後。祁不爲祀志表，非以讓歐，蓋用其所長，先譔各傳，餘如闕如。歐學問文章，與祁異趣，成名之後，天下重之甚於祁，未必肯壹遍祁軌躅；上二百五十卷時，恐或有改竄祁稿者。〔註82〕

又謂：

> 嘉祐五年……上進未幾，即頒行。然則宋雖撰傳，而總匯裁定，實出歐公一手。〔註83〕

《墨莊漫錄》謂：

> 歐公于修《唐書》，最後至局，專修紀傳而已；列傳則宋尚書祁所修也。朝廷以一書出于二手，體不能一，遂詔公看詳列傳，令刪修爲一體。公雖受命，退而嘆曰：「宋公於我爲前輩，且人所見多不同，豈可悉如己意？」于是「一無所易」〔註84〕

由上述可知，〈本紀〉與〈列傳〉因成書時間不同。所以體例問題，交由歐公裁定刪改。雖《墨莊漫錄》謂歐公「一無所易」，從常理來看，宋祁作史於前，歐公編修於後，自然需要增補以達互見之效，故歐公雖作〈本紀〉與宋祁作〈列傳〉並列，但歐公仍應對《新唐書》的修撰負責。

五、兩人注重文章

〔註81〕《十七史商榷》，卷六十九，「宋歐修史不同時」。

〔註82〕同註81。

〔註83〕同註81。

〔註84〕宋·張邦基撰，《墨莊漫錄》（台灣商務印書館，1966年出版）

《四庫全書總目》稱：「然歐、宋之作新書，意主文章，而疏於考證，牴牾踳駁，本自不少。〔註85〕」趙翼謂：「（祁傳）論者謂新書事增於前，文省於舊。此固歐宋二公之老於文學，然難易有不同者。〔註86〕」故、宋、歐撰修《新唐書》是以「文學」的態度寫史而非以「史學」方式寫史。

六、歐陽脩與宋祁修史態度

（一）宋　祁〔註87〕

《宋史》稱「（祁）修唐書十餘年，自守亳州，出入內外嘗以史稿自隨，爲列傳百五十卷。〔註88〕」從「出入內外嘗以史稿自隨」可見其治史熱忱。而寫作之嚴謹見《雲麓漫鈔》：「宋景公脩《唐書》，稿用表紙朱界，貼界以墨筆書舊文，傍以朱筆改之。嘗見所脩韓退之〈傳〉，稿末云：『學者仰之如泰山北斗』，塗之，改云：『景星鳳凰』，復塗之，仍書『泰山北斗』字。〔註89〕」可見景公文筆推敲嚴謹。

（二）歐陽脩

歐陽脩至和元年八月奉詔修《唐書》，九月遷翰林學士，並兼史館修撰。先是皇祐四年歐公丁母憂，至至和元年五月服闋，除舊官職。此後數年間生活極爲清苦。今歐集有〈趙康靖公書〉謂：

> 其爲水所滄，倉皇中般家來《唐書》局，又爲皇城司所逐。家惶惶，不佳知所之。欲卻且還舊居，白日屋下，夜間上柂子露宿。人生之窮，一至如此。人馬隨多少，借般賤累，幸不阻。（〈趙康靖公第二書〉，書簡卷三）

是書作於至和三年七月，其窮困潦倒，於此可見一般。而尤不幸者，歐公體本羸弱，修書之外，復有吏事，精力耗竭。此後數年間歐公與人書簡，往往述及己身之病苦。〔註90〕是歐公之修《唐書》，乃在體衰目昏之下完成，故自謂「屬《唐史》終篇，忙迫作書，至嘉祐五年猶如是。」（〈與朱職方處約書〉，書簡卷八）雖心疲力苦，然歐公仍持審慎之態度爲之。一事之未確，必加深究。如嘗問王深甫曰：

> 有一事，數日欲咨問，偶忘之。唐時有五月一日會朝之禮，略記其始

〔註85〕《四庫全書總目・正史類》，卷四六。
〔註86〕《廿二史箚記》，頁338。
〔註87〕此處以撰成時間排序，而不是以編撰主次排列。
〔註88〕《宋史・宋祁傳》，卷二百八十四。
〔註89〕宋・趙彥衛撰《雲麓漫鈔》，卷四，（中華出版社），頁57。
〔註90〕宋嘉祐二年（1057），歐公有〈致梅聖俞書第四十三〉，自謂：「情意沉鬱，以手指爲苦，旦夕來書字甚難，恐遂廢其一肢。」與三年〈與馮章靖公第六書〉，述己案之勞，「氣血極滯，左臂疼痛，強不能舉」。同年又有〈與王文恪公第三書〉，述己目疾，謂「十年不曾燈下看一字書，自入府來，夜夜燈下閱數十紙，目疾大作。」

> 本出于道家。是日君臣集會，其儀甚盛，而其説不經，不知起記得是開元
> 已後方有。略與批示其時爲幸。〔註91〕

此即可見其虛心求實，絲毫不苟之精神。新書成於嘉祐五年七月，上之朝廷。然書雖修竣，仍有勞累未了之事。歐公自陳曰：

> 置書甫了，初謂遂得休息，而卻迭本局印本，一字之誤，遂傳四方，
> 以此須自校對，其勞苦牽迫，甚於書未成時。（書簡卷四。與五郎中道損
> 第三書）

蓋以寫印本一字之誤，亦恐惹軒然大波，至於校對亦須自任也。歐陽脩困於體弱仍治史不苟。

七、《新唐書》特色

《新唐書》最大的特色是「其事則增於前，其文則省於舊。〔註92〕」「事則增於前」必定加入雜史等筆記小説資料。《四庫全書總目》引劉安世《元城語錄》謂：「事增文省，正《新書》之失，而未明其所以然。今即其説而推之，史官記錄，具載《舊書》，今必欲廣所未備，勢必蒐及小説，而至於猥雜。唐代詞章，體皆詳瞻，今必欲滅其文句，勢必變爲澀體，而至於詰屈。〔註93〕」此語正點出《新書》兩個問題，其關鍵在「事增」的來源是小説而非史館資料。再者，原來國史內容、摘引詩文頗爲詳細。宋祁「文省」後，原爲暢曉的敘述轉而晦暗不明，故爲詰屈。

此外，《新唐書》恢復紀、志、傳的完整體裁，其後各代所修史書多循此規，此爲《新唐書》在史書撰寫上的重要影響之一。在內容上，將違背於統治者的各傳，分別標爲〈奸臣〉、〈叛臣〉和〈逆臣〉傳，並放在全書之後，而將〈后妃〉、〈宗室〉、〈諸王〉以及〈公主〉等列傳，提在列傳的最前面，以突出帝王地位。武則天已有〈本紀〉，在〈后妃傳〉亦有其傳，以示身分不同於一般帝王。「藩鎮割據」在北宋已不存在，《新唐書》特立〈藩鎮〉列傳，放在一般列傳後，以示貶抑。此外，變法改革是宋代最大的政治問題，歐陽脩與宋祁屬於保守派，所以對唐順宗時王叔文等進行的改革，便給予負面的評價。

小　結

《舊唐書》沿襲國史，故文本幾爲原始資料，因此容呈現時代不均與文筆繁簡不一的情形，所以書法與筆法問題可歸於「紀次無法」與「詳略失中」，至於文體卑

〔註91〕《歐陽脩全集》〈與王學士〉，書簡卷第八，頁1304。
〔註92〕歐陽脩〈進唐書表〉
〔註93〕同註85。

弱，則爲文學潮流，不應侚宋人之見。

　　《新唐書》編寫時，史料豐富、編纂人才爲一時之選，故史書的結構、體例較《舊唐書》周全。史實上雖補《舊書》疏漏處甚多，仍有闕漏而無法得知者。這是因爲晚唐戰火，史料保存不易。而編寫者的文學風格滲入正史的編寫，「事增文省」也帶來敘述不清的新問題。

第三章　兩《唐書》書法考論

　　《舊唐書》〈本紀〉多據唐實錄國史，因此前後繁簡不均，唐初五朝史多出吳兢、韋述等人之手，筆削嚴謹，故舊紀睿宗以前，大抵簡而有法；中葉以後，實錄撰修者如柳芳、令狐峘等，雖非史才，但敘事完備，其後玄宗、肅宗、代宗以後，其文日繁，穆宗長慶以後，〈本紀〉則詩話、書序、婚狀、獄詞委悉具書，語多支蔓。宣宗、懿宗以後，既無實錄可稽，史官采訪，意在多求，故抵誤繁滋之處甚多，亦可見其撰修上的疏略。

　　歐陽脩自言〈本紀〉書法，一以《春秋》為本。章太炎謂《新唐書》書法謹嚴，尤出遷固之上。歐公作《新五代史》，徐無黨作註，釋〈本紀〉書法之例，謂：

　　　　自即位以來，大事則書、變古則書、非常則書、意有所示則書、後有
　　所，因則書；非此五者則否。〔註1〕

《新唐書》〈本紀〉書法，大抵以此為例。明史稿例議闡釋《新書》書法尤詳，略引如下：

1. 攻戰所克郡邑，非兩國相爭要地不書，非敵都不書。如唐高紀載林士弘等竊據僭號者數十人，後止書某降某降，其用兵勝敗，人士眾寡，悉略而不錄。即是止書其綱，力求簡嚴。

2. 自將所克敵及所下城邑，其攻戰之法，紀不備書。如劉黑闥、劉武周、王世充、竇建德之戰，詳於黑闥等傳；而高紀只書秦王李世民打敗某人於某地。

3. 車駕之臨幸，爵賞之封賜，紀不備書。如杜伏威傳載秦王討世充，伏威乃獻款，高祖授以東南道行臺尚書令、江淮安撫大使、上柱國吳王、賜姓、預屬籍。紀不書。

4. 外國朝貢及封王頒諭，紀不備書。如契丹傳，貞觀二年，摩會來降；明年，摩

〔註1〕《新五代史》，卷一。

會復入朝，賜姓渡蠹，，由是有常貢，紀不書。

其他如日食星變等災異〔註2〕，新書載之於〈本紀〉，詳其占於志，而不復考其驗，其法亦與前史不同。蓋歐陽脩重人事，以爲天道悠遠，非諄諄以諭人，君子見其變，則知天之所以譴告我者，自盡其修省恐懼之實而已。故《新唐書》〈本紀〉、〈志〉、〈表〉與列傳成書時間不同，但紀志傳互有詳略，各有體例，故未可割裂而觀。

本文擬從改元書法、朔日書法、籍里書法、「殺」字書法、論贊書法及避諱書法進行討論。

第一節　兩《唐書》改元書法考論

唐代共有二十位帝，七十四個年號，以則天一朝十八個年號最多，也有一帝一個年號，如太宗、高祖等。歷來討論改元的學者很多，有趙翼《廿二史箚記》「新舊唐書年號各有得失」〔註3〕、王鳴盛《十七史商榷》「昭紀改元書法」〔註4〕等，但意見分歧，故提出研討。

本文第一部分從學者意見整理出兩《唐書》改元的現象，第二部份依歸納法整理改元類型。第三部份分析兩《唐書》改元書法產生的問題。

壹、歷來學者的說法

一、趙　翼

趙翼《廿二史箚記》在「新舊唐書年號各有得失」中，認爲兩《唐書》各爲兩種改元書法。史書遇歲改元多「照實書寫」，《舊唐書》即是如此。自李延壽修《南史》、《北史》，才將改元年號書於歲首，而趙翼認爲《新唐書》實效法於此。故分爲《舊唐書》改元、《新唐書》改元兩類。

（一）《舊唐書》書改元

《舊唐書》爲「按時書寫」。趙翼謂：「唐以前各史凡一歲數改元者，皆以下詔之日爲始。〔註5〕」並舉兩例：

> 按月順書如陳壽《魏志》三〈少帝紀〉，上書嘉平六年十月庚寅，下

〔註2〕《新唐書》本紀日食星變之事，書例不同。如兩漢魏晉諸書，載之於紀而詳見其占驗於志。上述四條均參考何恆澤著《歐陽脩之經史學》。
〔註3〕見趙翼《陔餘叢考》，卷十，「新舊唐書年號各有得失」條。
〔註4〕見王鳴盛《十七史商榷》，卷七十六，「昭紀改元書法」條。
〔註5〕同註4。

書正元元年十月壬辰。《吳志》三嗣主傳上書太平三年十月已卯，下書永
安元年十月壬午。沈約宋書，前廢帝即位之次年書改元永光，八月書改元
景和，十一月被弒明帝即位，書改元泰始。

劉昫《舊唐書》，中宗即位，正月書改元「嗣聖」，二月武后廢之，書
改元「文明」，九月書改元「光宅」是也。此最爲得實。〔註6〕

以下詔日開始，其優點是詳實。書改元的方式，可分成兩類，一是改元當月分成兩
個部份，標明新、舊年號，如「太平」之例。二是改元之月書年號之名，如「嗣聖」
之例。

（二）《新唐書》書改元

《新唐書》是「以最後所改之號冠於歲首，而其下仍按月書明」，是《新唐書》
書改元的特色。趙翼：

各史遇一歲數，改元之年，書法不一；有以最後所改之號冠於歲首，
而其下仍按月書明。所改號於每月之下者顧寧人謂司馬溫公通鑑[紉]爲此
例，非也！乃溫公彷宋子京《新唐書》，而《新唐書》又本之李延壽《南
北史》耳。〔註7〕

改元書於歲首，優點是從歲首即知此年爲何。以唐高宗咸亨元年（670）爲例，
此年三月改元，《舊唐書・高宗本紀》書：「三月甲戌朔，大赦天下，改元爲咸亨元
年。〔註8〕」但其缺點是紀年上會不連貫，如這年《舊書》這年的歲首書：「（總章）
三年春正月丁丑，右相、樂成男劉仁軌致仕。〔註9〕」次年歲首「二年春正月乙巳，
幸東都。〔註10〕」三年是「總章」，二年是新年號，但因例不書年號，產生三年後
接二年的現象，易引致誤解，便不連貫。此年歲首《新唐書・高宗本紀》直書「咸
亨元年」，三月則書「三月甲戌，大赦，改元。〔註11〕」與次年歲首「二年」產生連
貫，容易明瞭。

二、王鳴盛

趙翼舉嗣聖元年爲例，說明以按實改元，但實際上其書法並不統一。王鳴盛在
《十七史商榷》「昭紀改元書法」認爲：

〔註 6〕同註3。
〔註 7〕同註3。
〔註 8〕《新唐書》，卷三，云：「三月甲戌，大赦，改元。」
〔註 9〕《舊唐書》，卷五。
〔註10〕同註8。
〔註11〕同註8。

至〈昭宗紀〉改元書法。則與他紀異。光化元年八月改元，而正月即書之。不沿上書乾寧六年，天復元年四月改元，而正月帥書之，不沿上書光化四年，天祐元年閏四月改元，而正月即書之，不沿上書天復四年。〔註12〕

因此，《舊唐書》改元書法有「照實改元」與「改元年號書於歲首」兩種方式，所以體例參錯不一。

貳、兩《唐書》書改元的類型

《舊唐書》改元書法體例參錯，實已包含所有改元類型，故以《舊書》為據，介紹改元類型。

一、《舊唐書》改元書法

（一）一年內一次改元

一年一次改元又可分為兩類，第一類是正月改元，包括歲首（正月朔日）改元在內。劃分此類的用意是正月改元符合「按實改元」與「新年號書於歲首」兩類。第二類是他月改元，即非正月改元者。

計分為正月改元、他月改元、一年多次改元、一年內多次皇帝即位、曆法改變、詔來改元等六類。

1、正月改元

正月改元包含兩類，一是歲首改元，即正月一號改元，如太宗貞觀（627）於元年乙酉朔改元，高宗永徽（659）元年於正月辛丑朔改元，共計有十五個。二是正月中任一天改元，如高宗顯慶元年（656）於鄭悅壬申改元，共計有十六個。

（1）德宗貞元元年（785）

《舊唐書・德宗本紀》謂：

「貞元元年」正月丁酉朔，御含元殿受朝賀，禮閉，宣至大赦天下，改元貞元。〔註13〕

（2）武宗會昌元年（841）

《舊唐書・武宗本紀》謂：

「會昌元年」正月壬寅朔。庚戌，有事於郊廟，禮畢，御丹鳳樓，大赦，改元。〔註14〕

〔註12〕同註4。
〔註13〕《舊唐書》，卷十二。
〔註14〕《舊唐書》，卷十八上。

而舊《唐書》歲首書改元仍有例外，因爲舊年號書於歲首。如：

（3）高宗永徽七年（627）正月改元顯慶

《舊唐書‧高宗本紀》書：

> （永徽）七年春正月辛未，廢皇太子忠爲梁王，立代王弘爲皇太子。
>
> 壬申，大赦，改元爲顯慶。〔註15〕

（4）高宗麟德三年（666），正月改元乾封

《舊唐書‧高宗本紀》書：

> 麟德三年春正月戊辰朔，車駕至泰山頓。……壬申，御朝覲壇受朝賀。
>
> 改麟德三年爲乾封元年。〔註16〕

（1）是歲首改元，（2）是正月改元。（3）、（4）兩例爲正月改元，直書舊年號與歲首，且僅此二例〔註17〕。所以《舊唐書》正月改元的常例是將新年號書於歲首，正月改元歲首書舊年號爲特例。位於正月的關係，正月改年號可歸於書新年號，爲可視爲改元書於歲首；也可歸於書舊年號，爲按實書改元〔註18〕，因此獨立爲一類。

2、他月改元

他月改元，主要排除正月改元的情形，並將「他月改元新年號書歲首」排除，歲首書舊年號，如高宗上元元年（674）《舊唐書‧高宗本紀》歲首書：

> 五年春二月壬午，……令衛尉卿李弼、右領大將軍李謹行副之。〔註19〕

此年改元於八月，謂：

> 秋八月壬辰，……改咸亨五年爲上元元年，大赦。〔註20〕

（二）一年多次改元

1、一年內數個年號

一年內數個年號者，有則天光宅元年（684）、天授元年（690）、長壽元年（692）、萬歲登封元年（695）、長安元年（701）、玄宗先天元年（712）等六個。

茲以先天元年（712）爲例，此年共改元三次，正月改元太極，五月改元延和，八月改元先天。《舊唐書‧睿宗本紀》歲首書：「（景雲）春正月辛未朔，親謁太廟。……

〔註15〕《舊唐書》，卷五。

〔註16〕同註15。

〔註17〕先天元年見於本節「一年內數次改元」。

〔註18〕如歲首改元是最標準，正月改元有可能歲首書舊年號，而《舊唐書》此例僅1個，故將規則放寬，正月改元即在歲首書新年號，《新唐書》亦是此種書法。

〔註19〕《舊唐書》，卷五。

〔註20〕同註19。

己丑，大赦天下，改元爲太極。〔註21〕」五月書：「五月戊寅，親祀北郊。辛未，大赦天下，改元爲延和。〔註22〕」八月書：「八月庚子，帝傳位于皇太子，……甲辰，大赦天下，改元爲先天。〔註23〕」

此處歲首書「（景雲）三年」舊年序於歲首。

2、一年內多位皇帝即位

新帝即位已改元爲常例，有即位時書改元者，亦有次年改元者。一年內多位皇帝即位，便會有多個年號。以睿宗景雲元年（710）爲例，《舊唐書》歲首爲中宗年號「（景雲）四年」，這年六月韋后弒中宗，立崇茂爲帝，《舊唐書·中宗本紀》六月書：「甲申，發喪于太極殿，宣遺制。皇太后臨朝，大赦天下，改元爲唐隆。〔註24〕」崇茂後被李隆基所殺，立睿宗，改元爲「景雲」。《舊唐書·睿宗本紀》書：「景雲元年七月己巳，制自今授左右僕射、侍中、中書令、六尚書已上官聽讓，其餘停讓。〔註25〕」即年號冠於六月之首。從歲首（景雲）四年正月到景雲元年七月，此書法最爲得實。不書「唐隆」，意不承認政權的合法性。《舊書》依循「按實書改元」，故歲首爲舊年號，新年號書於改元月首。

3、曆法改變

武則天永昌元年（689）採用周正以十一月爲歲首，年號爲「載初」。《舊唐書·則天本紀》：

> 載初元年春正月，神皇親享明堂，大赦天下。依周制建子月爲正月，改永昌元年十一月爲載初元年正月，十二月爲臘月，改舊正月爲一月，大酺三日。神皇自以「曌」字爲名，遂改詔書爲制書。〔註26〕

此後三年，十一月即書「正月」，無「十一月」之名。載初元年九月又改元「天授」，《舊唐書》謂：「九月九日壬午，革唐命，改國號爲周。改元爲天授，大赦天下，賜酺七日。〔註27〕」其歲首紀年仍是舊年號。

4、來年改元

僅高宗「麟德」年號一例爲來年改元類型。龍朔三年（663）十二月改元下詔，

〔註21〕《舊唐書》，卷七。
〔註22〕同註21。
〔註23〕《舊唐書·中宗本紀》，卷七。
〔註24〕同註23。
〔註25〕同註23。
〔註26〕《舊唐書》，卷六。
〔註27〕同註26。

《舊唐書・高宗本紀》謂：「十二月庚子，詔改來年正月一日爲**麟德元年**。〔註28〕」《新唐書》亦同。次年歲首兩書皆書「**麟德元年**」。

二、《新唐書》改元書法

《新唐書》「改元年號書於歲首」有六十九個，其改元書法是改元之年歲首書新年號，這是適用上述《舊書》改元所列舉六類。僅六例不符合《新唐書》改元書法，其原因是將舊年號書於歲首。故《新唐書》改元書法頗一致。

參、兩《唐書》書改元問題

一、《舊唐書》書改元體例不純

（一）「昭紀改元法」之誤

王鳴盛「昭紀改元法」提出《舊唐書》昭宗、哀帝兩紀爲新年號書歲首，確實較趙翼分類更接近事實，但仍有斟酌的必要。

昭宗、哀帝共計有文德、龍紀、大順、景福、乾寧、光化、天復、天祐八個年號，其中「正月改元」有景福元年（892），龍紀元年（889）、大順元年（890）、乾寧元年（894）共計四例。

「他月改元」有文德元年（888），爲二月改元。光化元年（898）爲八月改元，天復元年（901）在四月改元。天祐元年（907）爲閏四月改元，以上共計四例，特色是新年號皆書於歲首。故原本《舊書》「正月改元」兼有新年號與舊年號的特性轉變爲新年號皆書於歲首，故〈昭宗〉的「正月改元」與「他月改元」構成新年號書於歲首的特色，而無舊年號書於歲首者。

若上述推論是有效的，個人認爲《舊唐書》書新年號於歲首應從文宗大和元年（827）開始。這年爲二月改元，《舊唐書・敬宗本紀》書：「乙巳，御丹鳳樓，大赦，改元大和。〔註29〕」其後懿宗咸通元年（860）、僖宗乾符元年（874）、僖宗中和元年（881）、僖宗光啓元年（885）、昭宗文德元年（888）、昭宗光化元年（898）、昭宗天復元年（901）、昭宗天祐元年等九個新年號皆書於歲首。懿宗到昭宗「正月改元」有武宗會昌（841）、昭宗乾寧（894）兩個，歲首改元爲文宗開成（836）、宣宗大中（847）、昭宗龍紀（889）、昭宗景福（892）、昭宗大順（890）五個，皆是他月改元而新年號書於歲首。

未推到憲宗元和元年（806）是因爲憲宗元和、穆宗長慶、敬宗寶應皆是正月改

〔註28〕《舊唐書》，卷四；《新唐書》見〈高宗本紀〉，卷三。
〔註29〕《舊唐書》，卷八。

－47－

元，且順宗永貞元年（805），其歲首書舊年號「貞元二十一年」。個人認爲若無「他月改元，新年號書歲首」作起始，純以「正月改元」接「他月改元，舊年號書歲首」其依附性爲不明確，證據力就很薄弱。

故「昭紀改元書法」應是「文紀改元書法」，且《舊唐書》改元書法儼然可分爲兩期，從高宗到敬宗屬於一期，爲「按實書改元」。從文宗到哀帝是一期，爲「改元年號書歲首」。《舊唐書》改元書法雖可分兩期，但仍是體例不純。

（二）改元見於詔書內

至德元載肅宗七月即位靈武，甲子下制改元。《新唐書·肅宗本紀》爲：「甲子，即皇帝位于靈武，尊皇帝曰上皇天帝，大赦，改元至德。〔註30〕」《舊唐書》卻附載詔書全文，而改元「至德」見於制裡。這樣的書改元方式，尚有代宗永康元年（765）、德宗興元元年、順宗永貞元年、懿宗廣明元年、哀帝天祐元年等。

（三）書改元的原因之詳略

《新唐書》書法嚴謹，大多是書：「大赦，改元。〔註31〕」按史實再書「禁屠」或是「賜酺七日」等類，少有詳細書改元的原因。僅「永淳元年」《新唐書·高宗本紀》書：「永淳元年二月癸未，以孫重照生滿月，大赦，改元，賜酺三日。〔註32〕」《舊唐書》書改元原因者，尚有如下諸例。例如：

高宗儀鳳元年（676）十一月改元。《舊唐書·高宗本紀》書：「壬申，以陳州言鳳凰見於宛丘，改上元三年曰儀鳳元年，大赦。〔註33〕」

則天神功元年於九月改元，《舊唐書·則天皇后》曰：「九月，以契丹李盡滅等平，大赦天下，改元爲神功，大酺七日。〔註34〕」

懿宗咸通元年，《舊唐書·懿宗本紀》謂：「又大中末，京城小兒疊布漬水，紐之向日，謂之疢量。帝果以鄆王即大位，以咸通爲年號。〔註35〕」

《舊唐書》歲首有書舊年號者、亦有書新年號、或改元年號書於詔文中、或詳述改元原因。就書法而言是體例不純，雜蕪失當，但記載改元原因有其歷史價值，不應忽視。

二、《新唐書》改元不書於歲首

〔註30〕《新唐書》，卷六。
〔註31〕《新唐書·則天皇后》，卷四。
〔註32〕《新唐書》，卷三。
〔註33〕《舊唐書》，卷五。
〔註34〕《舊唐書》，卷六。
〔註35〕《舊唐書》，卷十九上。

　　唐朝改元年號共計七十四個，《新唐書》改元書法不合常例的只有六個，主因是歲首書舊年號，而非以新年號書於歲首。

（一）舉　例

1. 高祖武德元年（618）──隋帝禪讓

　　此年歲首書「（義熙）二年」。《新唐書·高祖本紀》未改元前謂「五月乙巳，隋帝命唐王冕十有二旒，建天子旌旗，出警入蹕。〔註36〕」隋恭帝禪讓給唐高祖，改國為「唐」。改元後書「武德元年五月甲子，即皇帝位于太極殿。命蕭造兼太尉，告于南郊，大赦，改元。〔註37〕」

2. 中宗神龍元年（705）──則天還政

　　這年一月武則天還政給中宗。《新唐書·則天本紀》歲首書「（長安）五年正月庚午」，在《新唐書·中宗本紀》書「神龍元年」。《新唐書》將舊年號書於〈則天本紀〉新年號冠於〈中宗本紀〉，與本身改元書法不一致。

3. 睿宗景雲元年（710）──多帝即位

　　這年六月，中宗為韋后所鴆，重茂被舉為帝，改元「唐隆」。《新唐書·中宗本紀》歲首書「（景雲）四年」，《舊書》亦同。而《新唐書·睿宗本紀》歲首卻書睿宗年號「景雲」。

4. 玄宗先天元年（712）──睿宗禪位

　　《舊唐書·睿宗本紀》此年歲首書「（景雲）三年」，而正月改元「太極」，五月改元「延和」，八月玄宗即位改元「先天」。《新唐書·睿宗本紀》這一年歲首書「先天元年」，屬改元年號書歲首。問題在《新唐書·玄宗本紀》，《新書》謂：

> 　　延和元年，星官言：「帝坐前星有變。」睿宗曰：「傳德避災，吾意決矣。」七月壬辰，制皇太子宜即皇帝位。太子惶懼入請，睿宗曰：「此吾所以答天戒也。」皇太子乃御武德殿，除三品以下官。八月庚子，即皇帝位。先天元年十月庚子，享于太廟，大赦。〔註38〕

睿宗因先天象有變故於此年八月禪位給玄宗。何以在〈睿宗本紀〉以「先天」為歲首，〈玄宗本紀〉同年又以「延和」為歲首？

5. 肅宗至德元載（756）──靈武即位

　　玄宗開元十四載發生安史之亂，開元十五載七月，肅宗即位於靈武，改元「至德」。所以《資治通鑑》紀年無開元十五載，而書至德元載。《新唐書·玄宗本紀》

〔註36〕《新唐書》，卷一。

〔註37〕同註36。

〔註38〕《新唐書》，卷五。

書「十五載」外，〈肅宗本紀〉也書「十五載」，而不見「至德元載」書於歲首。《新唐書・肅宗本紀》謂：

> 十五載，玄宗避賊，行至馬嵬，父老遮道請留太子討賊，玄宗許之，遣壽王瑁及内侍高力士諭太子，太子乃還。………七月辛酉，至于靈武。壬戌，裴冕等請皇太子即皇帝位。甲子，即皇帝位于靈武，尊皇帝曰上皇天帝，大赦，改元「至德」。〔註39〕

而下一年（757）歲首書「（至德）二載」，即兩個本紀此年皆以舊年號書歲首。

6. 順宗永貞元年（825）——延用舊元

德宗此年正月病逝，順宗即位。改元之事在八月，故《新唐書・憲宗本紀》書：「永貞元年八月，順宗詔立爲皇帝。乙巳，即皇帝位于太極殿。丁未，始聽政。庚戌，罷獻祥瑞。〔註40〕」次年正月改元「元和」。

順宗永貞元年（805），爲德宗貞元二十一年。兩《唐書》〈德宗本紀〉、〈順宗本紀〉這一年歲首都作貞元二十一年。依《新唐書》寫法，這一年歲首應書永貞元年。而八月月首書「永貞元年」。

（二）析　論

此六例學者多討論中宗神龍元年（705）、景雲元年（710）兩個年號，且學者對於《新唐書》不合改元書法意見分歧。如王鳴盛認爲《新書》此例甚當，謂：

> 《新書》〈睿宗〉紀首，於敘完玄宗平韋氏之難，相王即皇帝位以下，至七月己巳，但書大赦改元，不言改元景雲者，以前文敘韋氏之亂，即書景雲元年故也。……一年中三帝一太后稱制，凡三年號，正月至五月，仍景龍四年，六月韋氏弒中宗，立少帝重茂，已則稱制改唐隆元年。七月，少帝廢，睿宗立，又改元景雲元年。若於六月事據實書唐隆則不可也，固不如逕書景雲，以歸畫一。《新書》此例甚當，但恐觀者眩目，宜於己巳大赦天下，添爲「景雲元年」四字，稍變通其文法以便閱，又「景雲元年」不提行，亦非。〔註41〕

由於不承認韋后建立的政權，故改書〈中宗本紀〉歲首爲舊年號，〈睿宗本紀〉爲新年號。而趙翼持不同看法，他說謂：

> 《新唐書》則并不嫌抹殺一二帝以曲就其成例，即如睿宗即位之歲，

〔註39〕《舊唐書》，卷十。
〔註40〕《舊唐書》，卷十四，貞元二十一年八月，書：『辛酉，詔：「有天下傳歸於子，前王之制也。……宜改貞元二十一年爲永貞元年。」』
〔註41〕《十七史商榷》，卷七十一，「景雲元年」條。

五月以前，中宗神龍年號也，六月，韋氏弒中宗立少帝重茂，改元「唐隆」，則少帝號也。七月，少帝被廢而睿宗立，始改元「景雲」，則「景雲」以前尚有中宗、少帝二君，何得盡行抹煞，而預書「景雲」於歲首呼？究不如舊史書法爲正。〔註42〕

趙氏認爲，歐公書法抹殺二帝之年。

　　杜維運於趙說後按謂：「《新書》書年號處亦有不明者。《舊書》武后長安年號只有四年，其明年即書神龍元年，以是年有張柬之等討亂，中宗復位改元神龍也，此正合《新書》以最後所改號冠於歲首之例，乃《新書》於是年歲首反書長安五年，而〈中宗紀〉又特書神龍元年，豈非自亂其例，且亦以一年作兩年乎！」〔註43〕

故對於《新唐書》不合處，學者的意見多不相同，以下略作探討。

1、高宗武德元年（618）

	《舊唐書》	《新唐書》
歲首	「二年」春正月	「二年」正月
當月末改元	「五月」乙巳，天子詔高祖冕十有二旒，建天子旌旗，出警入蹕。	「五月」乙巳，隋帝命唐王冕十有二旒，建天子旌旗，出警入蹕。甲寅，王德仁降。
當月改元後	甲子，高祖即皇帝位於太極殿。	「武德元年」五月甲子，即皇帝位于太極殿。

　　此年《新唐書》書法較《舊唐書》嚴謹，其謹慎處在改元月份分兩部份紀錄。因爲改換朝代，故以按實書寫較爲恰當。

2、中宗神龍元年

	《舊唐書》	《新唐書》
歲首〈則天本紀〉	「神龍元年」春正月，大赦，改元。	五年正月壬午，大赦。
歲首〈中宗本紀〉	神龍元年正月，鳳閣侍郎張柬之、鸞臺侍郎崔玄暐、左羽林將軍敬暉、右羽林將軍桓彥範、司刑少卿袁恕己等定策率羽林兵誅易之、昌宗，迎皇太子監國，總司庶政。大赦天下。	神龍元年正月，張柬之等以羽林兵討亂。甲辰，皇太子監國，大赦，改元。

〔註42〕《陔餘叢考》，卷十，「《新唐書》書年號各有得失」。
〔註43〕同註42。

〈則天本紀〉神龍元年正月改元，且壬午爲歲首。所以史上並無長安五年，故書法不合體例，但別有意義。其意義是還政於唐，故〈則天本紀〉書長安五年事爲張柬之、崔玄暐及左羽林衞將軍敬暉、檢校左羽林衞將軍桓彥範等率左右羽林兵以討亂〔註44〕。於〈中宗本紀〉書即位，於歲首書新年號，明政權轉移。

3、睿宗景雲元年（710）、順宗永貞元年（825）

	《舊唐書》	《新唐書》
歲首〈中宗本紀〉	四年春正月乙卯，於化度寺門設無遮大齋。	四年正月丙寅，及皇后微行以觀燈，遂幸蕭至忠第。
中宗崩〈中宗本紀〉	六月壬午，帝遇毒，崩于神龍殿，年五十五。	六月，……壬午，皇帝崩，年五十五，諡曰孝和皇帝。
崇茂即位〈睿宗本紀〉	景龍四年夏六月，中宗崩，韋庶人臨朝。	景雲元年六月壬午，韋皇后弒中宗，矯詔立溫王重茂爲皇太子。……。皇太子即皇帝位，以睿宗參謀政事，大赦，改元曰唐隆。
崇茂即位次月〈睿宗本紀〉	景雲元年七月己巳，……。	七月庚戌，進封衡陽郡王成義爲申王，巴陵郡王隆範岐王，彭城郡王隆業薛王。
〈玄宗本紀〉記景雲元年事	（景雲四年）至六月，中宗暴崩，韋后臨朝稱制。	景龍四年，朝于京師，遂留不遣。庶人韋氏已弒中宗，矯詔稱制。

景雲元年與永貞元年（825）類似，爲一年間兩位皇帝即位，其書法甚爲不一。因爲景雲元年〈睿宗本紀〉歲首書舊年號，於〈玄宗本紀〉書新年號。而永貞元年則是德宗、順宗、憲宗本紀歲首皆爲舊年號，於八月書改元年號於歲首。

睿宗景雲元年是礙於「唐隆」爲韋后矯立，故不書「唐隆」年號於歲首。此年兩書本紀書景龍、景雲兩年號於歲首。固然不合體例，但仍然合理。〈睿宗本紀〉景雲元年歲首應書景龍四年，於七月己巳改元月書新年號，即與永貞元年書法相同。

	《舊唐書》	《新唐書》
正月〈德宗本紀〉	（貞元）二十一年春正月辛未朔，御含元殿受朝賀。是日，上不康。	（貞元）二十一年正月癸巳，皇帝崩于會寧殿，年六十四。
正月順宗即位〈順宗本紀〉	貞元二十一年正月癸巳，德宗崩，丙申，即位於太極殿。	二十一年正月，不能朝。……丙申，即皇帝位于太極殿。

〔註44〕《新唐書》，卷四。

八月即位〈順宗本紀〉	八月丁酉朔。………宜改貞元二十一年爲永貞元年。	永貞元年八月庚子，立皇太子爲皇帝，自稱曰太上皇。辛丑，改元。
正月〈憲宗本紀〉	順宗即位之年（貞元二十一年）四月，冊爲皇太子。七月乙未，權勾當軍國政事。	二十一年三月，立爲皇太子。
八月即位〈憲宗本紀〉	八月丁酉朔，受內禪。	永貞元年八月，順宗詔立爲皇帝。

　　永貞元年的問題是德宗於正月病逝，順宗即位後八月改元。順宗之前的皇帝駕崩，多沿用舊年號至年底，次年正月才改元書新年號，如建中元年。故此例極爲特殊。

4、先天元年（712）

　　《新唐書·睿宗本紀》此年歲首書「先天元年」。《新唐書·玄宗本紀》記星官言有變之事，故此年歲首書「延和元年」，變成同一年歲首有兩個年號。若按《舊唐書》月首前冠「延和元年」便無誤，《新唐書》卻省「六月」，以成歲首之實。

	《舊唐書》	《新唐書》
歲首〈睿宗本紀〉	（景雲）三年春正月辛未朔，親謁太廟。……。己丑，大赦天下，改元爲「太極」。	先天元年正月辛未，享于太廟。……。己丑，大赦，改元曰太極。
五月改元〈睿宗本紀〉	五月戊寅，親祀北郊。辛未，大赦天下，改元爲「延和」。	五月戊寅，……。辛巳，大赦，改元曰「延和」。
八月玄宗即位〈睿宗本紀〉	八月庚子，……。甲辰，大赦天下，改元爲「先天」。	八月庚子，立皇太子爲皇帝，以聽小事……。甲辰，大赦，改元
七月睿宗禪讓〈玄宗本紀〉	「延和元年」六月，兇黨因術人聞睿宗曰：「據玄象，帝座及前星有災，皇太子合作天子，不合更居東宮矣。」睿宗曰：「傳德避災，吾意決矣。」	「延和元年」，星官言：「帝坐前星有變。」睿宗曰：「傳德避災，吾意決矣。」七月壬辰，制皇太子宜即皇帝位。太子惶懼入請，睿宗曰：「此吾所以答天戒也。」皇太子乃御武德殿，除三品以下官。
八月玄宗即位〈玄宗本紀〉	上始居武德殿視事，三品以下除授及徒罪皆自決之。	八月庚子，即皇帝位。先天元年十月庚子，享于太廟，大赦。

　　星官言有變若對照兩書，《新唐書》按實書寫，故記「延和元年」。問題是記同一年事，歲首書的年號不相同。以永貞爲例，三個本紀按實直書，故同一年紀年、改元是相同的。而先天又成爲一個特例。

　　〈睿宗本紀〉書先天符合改元書新年號的常例，〈玄宗本紀〉記此年主要說明睿宗禪讓的原因，從延和的年號仍是睿宗最後改元的年號，仍符合《新唐書》改元常

例。是否這是合例的特殊情形？個人持保留的態度，原因有二，一是《新唐書》書「延和元年」禪讓之事，前接「景雲二年，監國，聽除六品以下官。」其後直書「延和元年」，此年號不見〈睿宗本紀〉歲首，便會造成閱讀的困擾。二是六月星象之事書「延和」〔註45〕、十月睿宗享於太廟書「先天」易讓人誤解「延和」、「先天」是兩年而非同一年。

5、至德元載

〈玄宗本紀〉、〈肅宗本紀〉歲首皆書十五載而不書至德元載。個人認為這是《新唐書》失誤。若便於醒目，應於〈肅宗本紀〉此年七月月首書「至德元載」四字，以明改元之實。

	《舊唐書》	《新唐書》
歲首 〈玄宗本紀〉	（天寶）十五載春正月乙卯，御宣政殿受朝。其日，祿山卿號於東京。	（天寶）十五載正月乙卯，東平郡太守嗣吳王祗以兵討安祿山。
歲首 〈肅宗本紀〉	明年六月，哥舒翰為賊所敗，關門不守，國忠諷玄宗幸蜀。	十五載，玄宗避賊，行至馬嵬，父老遮道請留太子討賊，玄宗許之，遣壽王瑁及內侍高力士諭太子，太子乃還。
肅宗即位 〈睿宗本紀〉	是月甲子，上即皇帝位於靈武。…… ……改元曰至德。	七月辛酉，至于靈武。壬戌，裴冕等請皇太子即皇帝位。甲子，即皇帝位于靈武，尊皇帝曰上皇天帝，大赦，改元至德。

此六例高宗武德元年（618）、中宗神龍元年、睿宗景雲元年（710）三者有特殊意義，故書舊年號於歲首。順宗永貞元年（825）狀況特殊，為特例。先天元年（712）的錯誤是在〈睿宗本紀〉與〈玄宗本紀〉年號未一致。至德元載的錯誤是〈玄宗本紀〉與〈肅宗本紀〉皆書舊年號。

三、兩《唐書》本紀書改元與列傳關係

（一）以《新唐書》書改元常例為例

兩書列傳紀年採「按實書寫」的方式，以《新唐書》改元常態為例，如肅宗寶應元年（763）為代宗廣德元年。這年《舊書》本紀歲首書「二年」。《新唐書·代宗本紀》此年歲首書「廣德元年」。但按兩書〈賈至傳〉，賈至廣德元年任尚書，《新唐書·賈至傳》謂：「寶應初，召復故官，遷尚書左丞。〔註46〕」《舊唐書》謂：「寶

〔註45〕《舊唐書·玄宗本紀》：「延和元年六月，兇黨因術人聞睿宗曰：『據玄象，帝座及前星有災，皇太子合作天子，不合更居東宮矣。』睿宗曰：『傳德避災，吾意決矣。』」

〔註46〕《新唐書》，卷一百一十九。

應二年，爲尚書左丞。〔註47〕」兩書同書「寶應」，此處《新書》不記廣德元年。

反之也可以找到廣德元年的資料，如兩書〈李承宏傳〉〔註48〕記吐番入京，立承宏爲帝賊退，詔放承宏于華州，此年兩書爲廣德元年。

（二）以《新唐書》書改元特例爲例

以《新書》改元年號有問題處來看，玄宗先天元年（912）爲睿宗延和元年，列傳有記延和者，也有記先天者。如孫佺被任命爲左羽林將軍在先天元年二月，《新唐書·孫佺傳》謂：「延和初，爲羽林將軍、幽州都督……。〔註49〕」《舊唐書·孫佺傳》：「子佺，睿宗時爲左羽林大將軍，征契丹戰歿。〔註50〕」《新書》用延和年號，《舊書》只書睿宗名，《通鑑》記在先天元年。記「先天」者，《新唐書·王皇后傳》書：「先天元年，立爲皇后。〔註51〕」考《新唐書·睿宗本紀》此年八月丁未，立皇太子妃王氏爲皇后。故列傳同一年有兩年號之事。

列傳遇改元年號的紀年上，兩書紀法類似。即該年會有兩個年號，可區分改元前與改元後。這顯示列傳記改元年號仍是「按實書寫」的方式。《舊唐書》「按實書改元」，故列傳紀年隨本紀改元而變化，而《新唐書》則無《舊書》一致的現象。

肆、兩《唐書》書改元失誤之處

《舊唐書》錯誤有前期改元書新年號、日期錯誤等。尚有《舊唐書》、《新唐書》及《通鑑》不合者，如下：

一、《舊唐書》失誤處

（一）高宗永淳元年（682）

此年二月改元。按《舊書》前期改元書法，應書「開耀二年」歲首卻直書「永淳」〔註52〕。

（二）高宗總章元年（668）

《舊唐書·高宗本紀》：「丙寅，以明堂制度歷代不同，漢、魏以還，彌更訛舛，遂增損古今，新制其圖。下詔大赦，改元爲總章元年。」〔註53〕

〔註47〕《舊唐書》，卷一百九十中。
〔註48〕《新唐書》，卷八十一，《舊唐書》，卷八十六。
〔註49〕《新唐書》，卷一百六。
〔註50〕《舊唐書》，卷八十一。
〔註51〕《舊唐書》，卷七十六。
〔註52〕《舊唐書·高宗本紀》，卷五。
〔註53〕同註167。

《新唐書‧高宗本紀》：「三月庚寅，大赦，改元。」〔註54〕

《通鑑》：「三月，庚寅，赦天下，改元。」〔註55〕

《舊書》總章元年改元日期有誤，丙寅，應爲庚寅。

（三）文宗大和元年（827）

《舊唐書‧文宗本紀》此月爲二月乙巳改元。〔註56〕《舊書》漏「二月」，書於一月內。

（四）昭宗景福（892）

《舊唐書‧昭宗本紀》書：「景福元年春正月丙午朔，上御武德殿受朝賀，大赦，改元景福。〔註57〕」

《新唐書‧昭宗本紀》書：「景福元年正月己未，……。丙寅，大赦，改元。〔註58〕」

《通鑑》書：「春，正月，丙寅，赦天下，改元。〔註59〕」

（五）高宗開耀元年（681）

《舊唐書‧高宗本紀》書：「冬十月丙寅朔，日有蝕之。乙丑，改永隆二年爲開耀元年。」〔註60〕

《新唐書‧高宗本紀》書：「九月丙申，……。乙丑，改元。〔註61〕」

《通鑑》書：「冬，十月，丙寅朔，日有食之。……。乙丑，改元。〔註62〕」

《舊唐書》與《通鑑》同是十月，新書作「九月」。據《二十史朔閏表》，三書朔日皆正確，以六十甲子次序表來看應爲九月。《舊唐書》與《通鑑》誤將改元書於九月。

二、《舊唐書》、《新唐書》、《通鑑》三者不同

《舊唐書》、《新唐書》、《通鑑》三者不同爲昭宗天復元年（901）改元。

《新唐書‧昭宗本紀》書：「（四月）丙子，大赦，改元。〔註63〕」

《舊唐書‧昭宗本紀》書：「（四月）甲戌，天子有事於宗廟。是日，御長樂門，

〔註54〕《新唐書》，卷三。

〔註55〕《資治通鑑‧唐紀》，卷二百０一，「總章元年」。

〔註56〕《舊唐書》，卷十七上。

〔註57〕《舊唐書》，卷二十上。

〔註58〕《新唐書》，卷十。

〔註59〕《資治通鑑‧唐鑑》，唐紀七十五。

〔註60〕《舊唐書》，卷五。

〔註61〕《新唐書》，卷三。

〔註62〕《資治通鑑‧唐紀》，卷二百六十二，天復元年。

〔註63〕《新唐書》，卷十。

大赦天下，改元天復。〔註64〕」

《通鑑》書：「甲戌，上謁太廟；丁丑，赦天下，改元。〔註65〕」

《舊唐書》書「甲戌」，《新唐書》書「丙子」，《通鑑》書「丁丑」，未知孰是。甲戌與丙子差三天，與丁丑差四天。

由上述例子可知《舊書》錯誤較《新書》多。

小　結

以兩書改元類型可分為他月改元、正月改元、一年內多次改元、一年內多位皇帝即位、曆法改變、詔來年改元六個類型。其中以正月改元的類型可歸入按實書改元或新年號書於歲首兩類。

《新唐書》改元書法以後改者書於歲首為常例，《舊唐書》則兼而有以後改者書於歲首及按實書寫兩類，且可以劃分前後兩期，顯示編修時直錄原始材料，使書法體例不一，此非撰史所宜。

改元書於歲首是為解決閱讀上的困擾，而非出於特殊的意義。然《新唐書》六個舊年號歲首，除先天元年、至德元載外，個人認為武德元年、神龍元年、景雲元年皆有其道理，故趙翼認為景雲元年漏唐龍年號，實為歐公命義如此。

列傳在改元年的紀年上，這兩《唐書》呈現相似的情況。即該年會有兩個年號，可以區分改元前與改元後。這顯示列傳記改元年號仍是「按實書寫」的型態。《舊唐書》「按實書改元」，故列傳記年與本紀改元情形一致。《新唐書》若能將列傳改元年的年號與〈本紀〉書法一致，應堪稱美事。

第二節　兩《唐書》書朔考論

朔日是每月的月首，依《春秋》書法，日食必書。本文有三個主題，第一、兩書日蝕的記載。第二、《舊唐書》朔日書法，三、《舊唐書》記載方式紊亂與錯誤。

資料的選擇條件，一是兩書皆有書「碩」者。二是以《二十史閏朔表》〔註66〕對照，找出兩書朔日有記事者，共計有一千零八十二次。

壹、兩《唐書》的日食記載

〔註64〕《舊唐書》，卷二十上。
〔註65〕《資治通鑑‧唐鑑》，卷二百六十二，天復元年。
〔註66〕陳垣　董作賓增補：《增補二十史朔閏表》（藝文印書館 1989年四版）。

朔日是每月第一天，由地球、月亮、太陽位置行程一直線，便會發生日食。日食是古代視爲重要的事情，「日月交蝕，變之大者也。〔註67〕」國爲日代表君，日食對國君有一定的警示意義，故深受重視。

兩《唐書》本於《春秋》書法。《春秋經》記朔日幾乎與日食有關，31 次朔日，如《春秋經》謂：

> （桓公十七年）冬，十月朔，日有食之。〔註68〕
>
> （襄公十四年）二月，乙未朔，日有食之。〔註69〕

僅有兩次與日食無關，就是隕石于宋五及宋襄公敗於楚，《春秋經》謂：

> （僖公十六年）經十有六年，春，王正月，戊申朔，隕石于宋五。〔註70〕
>
> （二十二年）冬，十有一月，己巳朔，宋公及楚人戰於泓，宋師敗績。
>
> 〔註71〕

所以《春秋》朔日大致因記載日食而書。而《左傳》與《春秋》不同，只要朔日有事便記之，如下：

> 二十三年春，王正月壬寅朔，二師圍郊。癸卯，郊、鄩潰。丁未，晉師在平陰，王師在澤邑。王使告間，庚戌，還。〔註72〕

由此可知《春秋經》記朔日多書日食，少有他事。若書他事也會書朔。而《左傳》多解釋、補充《春秋經》，故不限朔日記日食，月首也記載其他事。

一、統計結果

兩《唐書》書月首者，計有一千零二十八次。《舊唐書》書日食六十次，《新唐書》八十八次，兩書相同者五十九次，《舊唐書》漏掉二十九次，《新書》漏掉一次，足見《新書》增補之功。

二、兩書日食記載錯誤

《新唐書》記朔日無錯誤，而《舊唐書》記載的錯誤較多，共有八處，茲分書如下：

（一）《舊書》記日食漏書「朔」

1. 武后大足元年（701）秋九月乙丑朔

〔註67〕張道著：《舊唐書疑義》（收於《叢書集成》，新文豐出版公司），卷一，〈各帝紀日食缺略〉。

〔註68〕《左傳‧隱公十四年》阮刻《十三經注疏本》，卷七，頁129。

〔註69〕《左傳‧襄公十四年》，卷第三十二，頁557。

〔註70〕《左傳‧僖公十六年》，卷第十四，頁235。

〔註71〕《左傳‧僖公二十二年》，卷第十五，頁247。

〔註72〕《左傳‧昭公二十三年》，卷第五十，頁876。

《舊唐書·則天本紀》書：「秋九月乙丑，日有蝕之。〔註73〕」

《新唐書·則天本紀》書：「九月乙丑朔，日有蝕之。〔註74〕」

2. 武后大足三年（703）三年三月壬戌朔

《舊唐書·則天本紀》書：「三年春三月壬戌，日有蝕之。〔註75〕」

《新唐書·則天本紀》書：「三年三月壬戌朔，日有蝕之。〔註76〕」

3. 代宗大曆元年（766）

《舊唐書·則天本紀》書：「冬十月辛酉，日有蝕之。〔註77〕」

《新唐書·則天本紀》書：「十月辛酉朔，日有食之。〔註78〕」

4. 宣宗大中元年（847）五月，己未朔

《舊唐書·代宗本紀》書：「五月己未，日有蝕之。〔註79〕」

《新唐書·代宗本紀》書：「五月己未朔，日有食之。〔註80〕」

以上四例爲《舊書》朔日漏書「朔」。

（二）《舊書》日期錯誤或漏書

1. 德宗貞元五年（789）正月，甲辰朔

《舊唐書·德宗本紀》書：「五年春正月壬辰朔。〔註81〕」

《新唐書·德宗本紀》書：「五年正月甲辰朔，日有食之。〔註82〕」

據《二十史朔閏表》〔註83〕貞元五年正月朔爲甲辰，《舊書》誤。而《舊唐書》只有朔日，無日食記載。《新唐書》補之。

2. 天祐三年（906）四月，癸未朔

《舊唐書·哀帝本紀》書：「四月甲申朔，日有蝕之，在胃十二度。〔註84〕」

《新唐書·哀帝本紀》書：「四月癸未朔，日有食之。〔註85〕」

此處《舊書》記「在胃十二度」，僅此一例。《新唐書》則詳述於〈天文志〉〔註86〕

〔註73〕《舊唐書》，卷六。

〔註74〕《新唐書》，卷四。

〔註75〕同註73。

〔註76〕同註74。

〔註77〕《舊唐書》，卷十一。

〔註78〕《新唐書》，卷六。

〔註79〕《舊唐書》，卷十八下。

〔註80〕《新唐書》，卷八。

〔註81〕《舊唐書》，卷十三。

〔註82〕《新唐書》，卷七。

〔註83〕同註65，頁100。

〔註84〕《舊唐書》，卷二十下。

〔註85〕《新唐書》，卷十。

3. 咸通四年（860）七月，辛卯朔

《舊唐書·懿宗本紀》書：「七月朔。〔註87〕」

《新唐書·懿宗本紀》書：「七月辛卯朔，日有食之。〔註88〕」

《舊唐書》記朔，而不書日期，《新唐書》此處補日食。

4. 永隆元年（680）十一月，壬申朔

《舊唐書·高宗本紀》書：「十一月朔，日有蝕之。〔註89〕」

《新唐書·高宗本紀》書：「十一月壬申朔，日有食之。〔註90〕」

以上四例為《舊書》書朔日或脫日期或不書日食。

（三）《舊唐書》其他錯誤

1. 《舊唐書》漏書「閏」

《舊唐書·玄宗本紀》書：「十一月壬申朔，日有蝕之。〔註91〕」

《新唐書·玄宗本紀》書：「閏十一月壬午朔，日有食之。〔註92〕」

《舊唐書》漏寫「閏」，據《二十史朔閏表》，該年閏十一月。

（四）《新唐書》日期錯誤

1. 貞觀十三年（639）八月，辛未朔

《舊唐書·太宗本紀》書：「八月辛未朔，日有蝕之。〔註93〕」

《新唐書·太宗本紀》書：「八月己未朔，日有食之。〔註94〕」

據《二十史朔閏表》〔註95〕貞觀十三年八月朔日為辛未，《新書》誤。

（五）《新書》增補《舊書》日食

《舊唐書》漏掉二十九次朔日日食。如懿宗咸通四年（863）《舊唐書·懿宗本紀》書：「七月朔，制：『安南寇陷之初，流人多寄溪洞。……。』」〔註96〕《新唐書·懿宗本紀》書：「七月辛卯朔，日有食之。免安南戶稅、丁錢二歲，弛廉州珠池

〔註86〕《新唐書·天文志》，卷三十二，「日食」謂：「（天祐）三年四月癸未朔，日有食之，在胃十二度。」

〔註87〕《舊唐書》，卷十九上。

〔註88〕《新唐書》，卷九。

〔註89〕《舊唐書》，卷五。

〔註90〕《新唐書》，卷三。

〔註91〕《舊唐書》，卷八。

〔註92〕《新唐書》，卷五。

〔註93〕《舊唐書》，卷二。

〔註94〕《新唐書》，卷三。

〔註95〕同註66，頁85。

〔註96〕《舊唐書》，卷十九上。

禁。〔註97〕」《新書》除補日食，此外將《舊唐書》制改直述爲「免安南戶稅、丁
錢二歲，弛廉州珠池禁。」以求簡淨。

　　《舊唐書》記日食不書朔有五例，一例閏月漏書，四處日期錯誤。因此《舊唐
書》最大的問題是漏書「朔」，而非記日有錯。《新唐書》僅是日期記錯。《新唐書》
錯誤數少與增補日食之功，可見歐公謹嚴。

貳、兩《唐書》書朔比較

　　《舊唐書》本紀資料共兩千九百九十筆，而含月首就佔九百二十五筆，約佔總
數三分之一左右。《新唐書》本紀資料有兩千五百六十三筆，書月首才兩百六十二筆。
《舊唐書》書「朔」以示月首，這與《新唐書》月首記事不書朔不同。再從史料來
看，《新唐書》注重史法，史料是有選擇的。《舊唐書》按錄直書，故史料繁多。就
月首記事而言，《新書》就少了近四分之三。所以須從《新唐書》書朔方式瞭解《新
書》朔日記事書法；此外《舊書》朔日記事豐富但記載方式紊亂，需要釐清紊亂的
問題，最後就其錯誤處更正。

一、《新唐書》書朔方式

（一）《新唐書》、《新五代史》朔日書法不同

　　《新唐書》日食紀錄正確，但有一個書法問題是僅朔日日食書「朔」，而其他朔
日發生的事件便省略「朔」字。如唐太宗貞觀十四年十一月甲子朔，《舊唐書·太宗
本紀》書：「十一月甲子朔，日南至，有事于圓丘。〔註98〕」《新唐書·太宗本紀》
書：「十一月甲子，有事于南郊。〔註99〕」《新唐書》書省「朔」字。

　　再如代宗寶應二年三月丙戌朔，《舊唐書·代宗本紀》書：「三月甲辰朔，襄州
右兵馬使梁崇義殺大將李昭，據城自固，乃授崇義襄州刺史、山南東道節度使。〔註
100〕」《新唐書·代宗本紀》書：「三月甲辰，山南東道兵馬使梁崇義自南陽入于襄
州。〔註101〕」《新書》省「朔」字。

　　這是《新唐書》本紀朔日紀事的書法，唯一的例外，貞元四年（788）正月晉州
地震，《新唐書·德宗本紀》謂：「四年正月庚戌朔，京師地震。〔註102〕」

〔註97〕　《新唐書》，卷九。
〔註98〕　《舊唐書》，卷三。
〔註99〕　《新唐書》，卷二。
〔註100〕　《舊唐書》，卷十一。
〔註101〕　《新唐書》，卷六。
〔註102〕　《新唐書》，卷七。

《新唐書》與《新五代史》對於朔日的處理也有所不同。因爲《新五代史》日食寫在〈司天志〉〔註103〕，例如：

> 同光元年十月辛未朔，「日有食之」。

> 戊申，月有食之。四月癸亥朔，「日有食之」。

這段月首書日食共有兩次。此外，若朔日有事會於事前加「朔」字。因此《新唐書》與《新五代史》在朔日日食書法上有不同之處。如《新五代史》將朔日日食書於〈司天志〉，不見於本紀，而月首記事仍書「朔」。如《新五代史》書：「（梁太祖開平四年）四年春正月壬辰朔，始用樂。〔註104〕」又如：「（郭威廣順二年）六月乙酉朔，幸曲阜，祠孔子。〔註105〕」《新唐書》本紀朔日僅記日食，詳者另見〈天文志〉。

（二）《新書》書朔不同的原因

朔日記事不書朔，是歐陽脩寫《新書》之特殊現象。一方面與《新五代史》書法風格不合，另一方面，與《資治通鑑》代表的宋代修前代史朔日書法也不同，歐公仿照《春秋》朔日僅書日食的慣例，將其餘月首有事者省「朔」不書，這是與《舊唐書》朔日書法按實書寫上最大的不同。〔註106〕

二、《舊唐書》書朔方式紊亂

紊亂的原因是《舊唐書》編修時未注意，造成月首記事脫漏「朔」、日期，另有無事書朔者，也有書朔長達一年的現象等。

（一）朔日記事

玄宗天寶六載（747）

《舊唐書·玄宗本紀》：「六載正月辛巳朔，北海太守李邕、淄川太守裴敦復並以事連王曾、柳勣，遣使就殺之。」〔註107〕

據《二十史朔閏表》，在全部《舊唐書》中，其書朔日正確者共有八百九十六筆。

（二）月首無事書朔

「月首無事書朔」者，經統計共有三百八十三筆，約佔《舊書》書月首總數的

〔註103〕《新五代史·司天考》，卷五十九。

〔註104〕《新五代史·梁本紀第二》，卷五。

〔註105〕《新五代史·太祖郭威本紀》，卷十一。

〔註106〕以《新唐書》與《春秋》比較，《春秋》月首記事書「朔」者僅僖公二十二年，云：「冬十有一月，『己巳朔』，宋公與楚人戰于泓，宋師敗績。」其餘書朔多記日食。《左傳》才有月首記事。而在《新唐書》本紀全書不書，何以有此差異？似乎歐公對《春秋》的書法有所取捨。

〔註107〕《舊唐書》，卷九。

三分之一。例如《舊唐書・玄宗本紀》書：「夏四月庚戌朔。丙辰，以太原裴由先爲工部尙書。」〔註108〕

　　而王鳴盛於《十七史商榷》「甲子多誤」條云：

　　　　遍觀《舊書》各帝記，惟日食書朔，其餘月朔日無事則不書者居多，

　　獨昭宗、哀帝兩紀皆書朔，而昭宗間有闕者，體例亦參錯。〔註109〕

無事書朔不僅出現於昭、哀兩帝紀，還可追溯到〈憲宗本紀〉，甚至有連續一年以上者，如憲宗元和元年（806）、元和四年（809）、元和五年（810）、元和六年（811）、元和九年（814）等。茲以《舊唐書》元和六年（811）爲例，列舉如下：〔註110〕

　　（元和）六年春正月丙寅朔。

　　　　二月丙寅朔。

　　　　三月乙未朔，以河南尹郗士美檢校工部尚書，兼潞府長史、昭義軍節

　　　　　　度使。

　　　　夏四月乙丑朔。

　　　　五月甲午朔，取受王承宗錢物人品官王伯恭杖死。

　　　　六月甲子朔，減教坊樂人衣糧。

　　　　秋七月癸巳朔，尚書右僕射致仕高郢卒。

　　　　八月癸亥朔，戶部侍郎李絳奏：「諸州關官職田祿米，及見任官抽一

　　　　　　分職田，請所在收貯，以備水旱賑貸。」從之。

　　　　九月癸巳朔，以蜀州刺史崔能爲黔中觀察使。

　　　　十一月壬辰朔。

　　　　十二月癸亥朔。

　　此年三月、五月、六月、七月、八月、九月爲有事書朔者，除無十月外，二、四、十一、十二月皆爲無事書朔者。可能是《舊書》編修時先將月首標出，無事漏刪月首或月首有事未補入。

　　《舊唐書》此類朔日書法多見於憲宗以後，以〈憲宗本紀〉與〈昭宗〉、〈哀帝紀〉較多。

三、《舊唐書》書朔之誤

　　《舊唐書》書朔日錯誤有十八筆。

（一）肅宗至德元載三月甲寅朔

〔註108〕《舊唐書・玄宗本紀》，卷九。
〔註109〕王鳴盛《十七史商榷》，卷七十六，「甲子多誤」條。
〔註110〕《舊唐書・憲宗本紀》，卷十四。

《舊唐書‧玄宗本紀》：「三月壬午朔，以河東節度使李光弼爲御史大夫、范陽節度使。」〔註111〕《新唐書》無此事。據《二十史朔閏表》至德元載三月應爲甲寅朔。據《通鑑》云：「壬午，以河東節度使李光弼爲范陽長史、河北節度使。」〔註112〕《舊書》壬午誤多書「朔」。

（二）穆宗長慶元年夏四月丁卯朔

《舊唐書‧穆宗本紀》書：「夏四月丙寅朔，授劉總弟約及總男等一十一人官，內五人爲刺史，餘朝班環衛。」〔註113〕據《二十史朔閏表》長慶元年夏四月朔爲「丁卯」，《舊書》誤。

（三）肅宗至德元年八月壬午朔

《舊唐書‧玄宗本紀》書：「八月癸未朔，御蜀都府衙。（後接詔書與《新書》直述相同）」〔註114〕

《新唐書‧玄宗本紀》書：「八月壬午，大赦，賜文武官階、爵，爲安祿山脅從能自歸者原之。」〔註115〕

據《二十史朔閏表》肅宗至德元年八月月首應爲「壬午」，癸未爲後一天，不可能爲月首故誤。

（四）高宗顯慶五年五月辛丑朔

《舊唐書‧高宗本紀》書：「五月壬戌，幸八關宮。」〔註116〕

《新唐書‧高宗本紀》書：「五月辛丑，作八關宮。」〔註117〕

據《二十史朔閏表》顯慶五年五月朔爲『辛丑』，壬戌差辛丑十一天，《舊書》誤。

（五）高宗弘道元年正月己丑

《舊唐書‧高宗本紀》書：「二年春正月甲午朔，幸奉天宮，遣使祭嵩岳、少室、箕山、具茨等山，西王母、啓母、巢父、許由等祠。」〔註118〕

《新唐書‧高宗本紀》書：「弘道元年正月甲午，幸奉天宮。」〔註119〕

據《二十史朔閏表》高宗弘道元年正月朔爲『已丑』，高宗幸奉天宮爲甲午事，《舊書》誤書朔日。

〔註111〕《舊唐書》，卷九。
〔註112〕《資治通鑑‧唐紀》，卷二百一十七。
〔註113〕《舊唐書》，卷十六。
〔註114〕《舊唐書》，卷九。
〔註115〕《新唐書》，卷五。
〔註116〕《舊唐書》，卷四。
〔註117〕《新唐書》，卷三。
〔註118〕《舊唐書》，卷五。
〔註119〕《新唐書》，卷三。

（六）玄宗開元十九年三月己酉朔

　　《舊唐書‧玄宗本紀》書：「三月乙酉朔，崔琳使于吐蕃。」〔註120〕《新唐書》無此紀錄。據《二十史朔閏表》玄宗開元十九年三月朔爲己酉，《舊書》誤書「己」爲「乙」。再據《通鑑》崔琳使于吐蕃應在正月辛未，而非在三月。〔註121〕

（七）玄宗開元二十二年正月甲子朔

　　《舊唐書‧玄宗本紀》書：「二十二年春正月癸亥朔，制古聖帝明皇、嶽瀆海鎮用牲牢，餘並以酒醴充奠。」〔註122〕《新唐書》不書。據《二十史朔閏表》玄宗開元二十二年正月朔爲甲子，《舊書》誤爲「癸亥」。

（八）玄宗天寶三載正月丙申朔

　　《舊唐書‧玄宗本紀》書：「三載正月丙辰朔，改年爲載。」〔註123〕

　　《新唐書‧玄宗本紀》書：「三載正月丙申，改年爲載。」〔註124〕

據《二十史朔閏表》玄宗天寶三載正月朔爲丙申，《舊書》誤爲「丙辰」。

（九）玄宗天寶十四載十一月丙辰朔

　　《舊唐書‧玄宗本紀》書：「十一月戊午朔，始寧太守羅希奭以停止張博濟決杖而死，吉溫自縊於獄。」〔註125〕《新唐書》不書。據《二十史朔閏表》玄宗天寶十四載十一月朔爲丙辰，《舊書》誤爲「戊午」。

（十）肅宗至德三載五月壬申朔

　　《舊唐書‧肅宗本紀》書：「六月辛丑朔，吐火羅、康國遣使朝貢。」〔註126〕《新唐書》不書。據《二十史朔閏表》肅宗至德三載五月朔爲壬申，《舊書》誤爲「辛丑」。

（十一）代宗寶應二年四月甲戌朔

　　《舊唐書‧代宗本紀》書：「四月戊寅朔，太州依舊爲華州，太陰縣爲華陰縣。」〔註127〕《新唐書》不書。據《二十史朔閏表》代宗寶應二年四月朔爲甲戌，《舊書》誤爲「戊寅」。

（十二）德宗貞元五年正月甲辰朔

〔註120〕《舊唐書》，卷八。
〔註121〕《通鑑‧唐紀》，卷二百一十三，開元十九年。
〔註122〕《舊唐書》，卷八。
〔註123〕《舊唐書》，卷九。
〔註124〕《新唐書》，卷五。
〔註125〕《舊唐書》，卷九。
〔註126〕《舊唐書》，卷十。
〔註127〕《舊唐書》，卷十一。

　　《舊唐書・德宗本紀》書：「五年春正月壬辰朔。」〔註128〕

　　《新唐書・德宗本紀》書：「五年正月甲辰朔，日有食之。」〔註129〕

據《二十史朔閏表》德宗貞元五年正月朔為甲辰，《舊書》誤為「壬辰」。《新書》除增補日食外，同時更正《舊書》錯誤。

（十三）憲宗元和五年八月己巳朔

　　《舊唐書・憲宗本紀》書「八月乙巳朔。」〔註130〕無事書月首而誤。《新書》不書。據《二十史朔閏表》元和五年八月月朔為己巳，《舊書》誤為「乙巳」。

（十四）穆宗長慶元年四月丁卯朔

　　《舊唐書・穆宗本紀》書：「夏四月丙寅朔，授劉總弟約及總男等一十一人官，內五人為刺史，餘朝班環衛。」〔註131〕《新唐書》不書。據《二十史朔閏表》穆宗長慶元年四月朔為丁卯，《舊書》誤為「丙寅」。

（十五）　懿宗咸通元年十一月丙子朔

　　《舊唐書・懿宗本紀》書：「十一月丙午朔。」〔註132〕

　　《新唐書・懿宗本紀》書：「十一月丙子，朝享于太廟。」〔註133〕

據《二十史朔閏表》穆宗長慶元年四月朔為丁卯，《舊書》誤為「丙寅」。

（十六）懿宗咸通五年正月戊子朔

　　《舊唐書・懿宗本紀》書：「五年春正月戊午朔，以用兵罷元會。」〔註134〕《新唐書》不書。據《二十史朔閏表》懿宗咸通五年正月朔為「戊子」，《舊書》誤為「戊午」。

（十七）代宗寶應元年七月戊寅朔

　　《舊唐書・代宗本紀》書：「秋七月己卯朔。辛巳，觀軍容使魚朝恩封馮翊郡開國公，宦官程元振為鎮軍大將軍、保定郡開國公。」〔註135〕《新唐書》不書。據《二十史朔閏表》代宗寶應元年七月朔為「戊寅」，《舊書》誤書「己卯」。

　　《舊唐書》朔日記事少有省「朔」，但記法紊亂，有朔日記事、朔日無事而書「朔」及連續幾年書朔者。表示原始資料未加修整，以致書法不純。

〔註128〕《舊唐書》，卷十三。
〔註129〕《新唐書》，卷七。
〔註130〕《舊唐書》，卷十四。
〔註131〕《舊唐書》，卷十六。
〔註132〕《舊唐書》，卷十九上。
〔註133〕《新唐書》，卷九。
〔註134〕《舊唐書》，卷十九上。
〔註135〕《舊唐書》，卷十一。

小　結

　　《舊唐書》朔日紀事約佔本紀總數三分之一左右；《新唐書》朔日記事約佔本紀總數的十分之一弱。若就朔日紀事的總數相比，《新唐書》刪掉近四分之三，約六百筆資料。

　　《舊唐書》日食六十次，《新唐書》八十八次，兩書相同五十九次，《舊唐書》漏掉二十九次，《新書》漏掉一次，足見《新書》增補之功。而《舊書》錯誤較多，有書朔日期錯誤及漏寫朔日等現象。

　　《新唐書》注意日食書寫，除朔日書日食外，月首他事不書「朔」是值得注意。由《新唐書》與《新五代史》比較，更能顯出歐陽修撰史書法的差異，《新五代史》朔日記事而非記日食，《新唐書》則月首日食書朔，其餘月首記事省「朔」。這可能是歐公仿《春秋》故朔日書日食，其餘月首記事不書朔。

　　「朔日記事不書朔」在《舊唐書》、《新唐書》、《舊五代史》、《新五代史》、《資治通鑑》中，僅《新唐書》獨有此現象。這有違宋代修史記朔日書「朔」的書法，反而使日期的推算產生困擾。雖合於《春秋》書法，卻不顧「朔日」其他的事實，是爲一失。

第三節　兩《唐書》記人物籍里考論

　　兩《唐書》所載人先祖郡望、實際籍居出生地之書法爲本文討論的主題，從籍貫可知出生地，由先祖郡望可知家族淵源。兩書雖記載人物眾多，但書籍貫者所佔比例甚少。兩《唐書》增刪的關係是《舊唐書》不載人物而《新唐書》增之，代表新材料補入或是有不同看法。反之《新唐書》刪減《舊唐書》籍貫者，代表《舊唐書》記載錯誤或觀點不同。本文以兩《唐書》同時書籍貫或先祖世系爲研究範圍，共有五百八十四位。

　　籍里相同之處暫無疑議。兩書成書因有先後，所以兩書籍里不同，便衍生書法及史料錯誤兩類問題。此處書法涉及相異之處有四種情形，一者，《舊唐書》籍貫爲先祖郡望，新書改用實際籍居出生地。二者，《新唐書》改《舊唐書》籍貫，有特殊意義。三者，《新唐書》訂正《舊書》錯誤。《新唐書》刪《舊唐書》實際籍居出生地、先祖郡望。四者，《新唐書》漏寫。故本文以兩《唐書》一般情形及特殊情形作討論。

壹、兩《唐書》記人物籍貫之一般情形

一、兩《唐書》籍貫完全相同者

「人物籍貫相同」〔註136〕為普遍的書寫方式，共有三百七十位；相同有四種情形，一是籍貫相同，如弒中宗的韋后，兩書籍貫同為「京兆萬年人」〔註137〕。二是籍貫為先祖郡望，如〈路隨傳〉，《舊唐書》書：「路隨字南式，其先陽平人。」〔註138〕《新唐書》為「其先出陽平。」〔註139〕三是同時寫出實際籍居出生地、先祖郡望。如〈劉文靜傳〉，《舊唐書》書：「劉文靜字肇仁，自云彭城人，代居京兆之武功。」〔註140〕《新唐書》云：「自言系出彭城，世居京兆武功。」〔註141〕四是實際籍居出生地、先祖郡望書法次序不同者，崔敦禮《舊唐書》謂：「崔敦禮，雍州咸陽人，隋禮部尚書仲方孫也。其先本居博陵，世為山東著姓，魏末徙關中。」〔註142〕《新唐書》謂：「崔敦禮，字安上。祖仲方，在隋為禮部尚書。其先，博陵著姓，魏末，徙為雍州咸陽人。」〔註143〕雖實際籍居出生地、先祖郡望次序不同，但內容相同。兩書皆有籍貫者為五百八十四人，籍貫完全相同者有三百七十人，若加上籍貫相似者一百四十六位，兩書籍貫相同的比例高達 88％。這表示《新唐書》採用與《舊唐書》相同的材料。其中包括書現籍或祖籍者及書現籍與祖籍者。

二、兩《唐書》籍貫稍異者

兩書書籍里不一致者兩百一十七位中，有僅是詳略之異同，如馬璘，《舊唐書》謂：「馬璘，扶風人也。」〔註144〕《新唐書》增為「岐州扶風人。」〔註145〕如王翊，《舊唐書》謂：「太原晉陽人也。」〔註146〕《新唐書》謂：「并州晉陽人。」〔註147〕而并州後改為太原府，故地點相同。即這類共有一百四十六位。大部分是《新唐書》詳細，這說明宋祁治史仔細，也有《新唐書》較《舊唐書》省略，擬於下面詳述。

〔註136〕本文有效樣本指同一人物兩書任一書有籍貫者。故排除《舊唐書》人物為《新唐書》刪減者，也避免《新唐書》增而《舊唐書》所無者。「完全相同」指的是先祖郡望或現籍出生地是完全相同，包括州名、縣名或郡名的完整，共計有三百七十位。如《新唐書・韋安石傳》云：「韋安石，京兆萬年人。」《舊唐書》相同。

〔註137〕見《舊唐書》、《新唐書》〈韋后傳〉

〔註138〕見《舊唐書》，卷一百五十九。

〔註139〕見《新唐書》，卷一百四十二。

〔註140〕見《舊唐書》，卷五十七。

〔註141〕見《新唐書》，卷八十八。

〔註142〕見《舊唐書》，卷八十一。

〔註143〕見《新唐書》，卷一百六。

〔註144〕見《舊唐書》，卷一百五十一。

〔註145〕見《新唐書》，卷一百三十八。

〔註146〕見《舊唐書》，卷一百五十七。

〔註147〕見《新唐書》，卷一百四十三。

貳、兩《唐書》書人物籍貫之特殊狀況

一、《新唐書》改用實際籍居出生地

實際籍居出生地是以人物實際上的出生地為籍貫。但家族可能從他處遷徙至此，所以也有以先祖郡望為籍。嚴耕望提出「《新唐書》改用實際籍居出生地」條，他認為「舊傳所書籍貫，皆就祖先郡望而書，極少例外；新傳往往揚棄郡望，儘可能改用實際籍居出生地；如不可知，則云其先某郡縣人，即郡望也。」〔註148〕

顏耕望的論點應分成兩部分來看，一是《新唐書》改寫《舊唐書》籍貫，多書現籍，以符合史實。如劉禹錫《舊唐書》謂：「彭城人。」〔註149〕《新唐書》謂：「自言系出中山。」〔註150〕、韓愈《舊唐書》謂：「昌黎人。」〔註151〕《新唐書》謂：「鄧州南陽人。」〔註152〕二是《舊唐書》為祖籍而未知現籍時，會以「其先某郡縣人」區別。如李固言《舊唐書》謂：「趙郡人。」〔註153〕《新唐書》云：「其先趙人。」〔註154〕此外尚有李珏、崔珙、鄭肅、盧鈞、周墀、裴休、王涯等人。第一部分涉及考證，故暫不列入討論〔註155〕。第二部分其實算是補充說明，《新唐書》確認其籍貫是祖籍故註明。

有效樣本中，兩《唐書》皆書或兩書任一書祖籍者有六十四位，兩書同書有祖籍為二十四位。而兩書任一書書祖籍者，有四十位。《新唐書》註明「其先……」者有三十位。《舊唐書》標明「其先……」者共十位。

二、《舊唐書》不書祖籍者《新唐書》增益者

《新唐書》書祖籍者可再分為兩類，一類是《新唐書》確知籍貫為祖籍而書之。二為兩書同為現籍而《新唐書》增書祖籍。

第一類共有三十位。不僅用「其先……」，也用「系……」。如崔損《舊唐書》謂：「博陵人。」〔註156〕《新唐書》謂：「系本博陵。」〔註157〕《新唐書》也有詳細者如〈白居易傳〉《舊唐書》謂：「太原人。」〔註158〕《新唐書》謂：「其先蓋太

〔註148〕參看嚴耕望《新舊兩唐書史料價值比論》，頁6。
〔註149〕見《舊唐書》，卷一百六十。
〔註150〕見《新唐書》，卷一百六十八。
〔註151〕見《舊唐書》，卷一百六十。
〔註152〕見《新唐書》，卷一百七十六。
〔註153〕見《舊唐書》，卷一百七十三。
〔註154〕見《新唐書》，卷一百八十二。
〔註155〕籍貫不同者共有60多位，不全與改現籍有關，故不列入。
〔註156〕見《舊唐書》，卷一百三十六。
〔註157〕見《新唐書》，卷一百六十七。
〔註158〕見《舊唐書》，卷一百六十六。

原人。北齊五兵尙書，建有功于時，賜田韓城，子孫家焉。又徙下邽。」〔註 159〕

　　二爲兩書同書現籍而《新唐書》增祖籍。如宗楚克《舊唐書》謂：「宗楚客者，蒲州河東人，則天從父姊之子也。」〔註 160〕《新唐書》謂：「宗楚客字叔敖，其先南陽人。曾祖丕，後梁南弘農太守，梁亡入隋，居河東之汾陰，故爲蒲州人。」〔註 161〕除交代先祖郡望外，並交代遷徙之地。相同的例子還有顏師古〔註 162〕。另外，《新唐書》也有不刪舊書祖籍並加入現籍的例子，如高郢傳《舊唐書》謂：「高郢字公楚，其先渤海蓨人。」〔註 163〕《新唐書》書：「高郢字公楚，其先自渤海徙衛州，遂爲衛州人。」〔註 164〕「遂爲衛州人。」便是實際出生籍貫，另有顏師古等共三例。

三、《舊唐書》書祖籍爲《新唐書》所刪

　　《舊唐書》書祖籍而《新唐書》刪除者，如〈宋璟傳〉《舊唐書》謂：「宋璟，邢州南和人，其先自廣平徙焉，……。」〔註 165〕《新唐書》只書「宋璟，邢州南和人。」〔註 166〕《舊唐書》：「盧坦字保衡，河南洛陽人，其先自范陽徙焉。」〔註 167〕新書刪「其先自范陽徙焉。」共計有十例。

　　有《舊唐書》籍貫錯誤，《新唐書》爲之改正者。如《舊唐書·高祖本紀》書「其先隴西狄道人」〔註 168〕，《新唐書》改正爲「隴西成紀人也」。上述宋璟之外另有崔日用、張廷珪、李泌等。另如〈李元諒傳〉《舊唐書》云：「本駱元光，姓安氏，其先安息人也。」〔註 169〕《新唐書》云：「安息人，本安氏，少爲宦官駱奉先養息，冒姓駱，名元光。」〔註 170〕除《新書》改正的可能外，也可能祖籍與現籍是相同。

　　從上述整理《新唐書》祖籍改書現籍的情形比較少，而更正《舊唐書》籍貫爲祖籍者爲多數，雖只有三十例，仍可見宋祁治史不苟；但亦有漏失。王維《舊唐書·

〔註 159〕見《新唐書》，卷一百一十九。
〔註 160〕見《舊唐書》，卷九十二。
〔註 161〕見《新唐書》，卷一百九。
〔註 162〕《舊唐書》，卷七十三，謂：「顏籀字師古，雍州萬年人，齊黃門侍郎之推孫也。」《新唐書》：「顏師古字籀，其先琅邪臨沂人。祖之推，自高齊入周，終隋黃門郎，遂居關中，爲京兆萬年人。」
〔註 163〕見《舊唐書》，卷一百四十七。
〔註 164〕見《新唐書》，卷一百六十五。
〔註 165〕見《舊唐書》，卷九十六。
〔註 166〕見《新唐書》，卷一百二十四。
〔註 167〕見《舊唐書》，卷一百五十三。
〔註 168〕見《舊唐書》，卷一百五十九。
〔註 169〕見《舊唐書》，卷一百四十四。
〔註 170〕見《舊唐書》，卷一百五十六。

王維傳》謂：「王維字摩詰，太原祁人。」〔註171〕《新唐書·王維傳》謂：「王維字摩詰，九歲知屬辭，與弟縉齊名，資孝友。」〔註172〕《新唐書》漏書籍貫，可能是宋祁未曾注意所犯的錯誤。

小　結

　　兩書籍貫相同的比例高達 88％，說明兩《唐書》書籍里有很高的一致性。而書祖籍與祖籍現籍同書者有二十四位，只佔 4％。而籍貫相同《新唐書》註明祖籍者，為宋祁推勘仔細之功。《舊唐書》祖籍標明「其先……」而《新書》未書者，除是舊書錯誤外，應為《新唐書》疏漏，但影響不大。

第四節　兩《唐書》書「殺」考論

　　歷來學者對兩《唐書》有關「殺」字書法的討論很豐富，而學者公認《新唐書》殺字書例為「殺無罪則書其官，殺某人而其人罪不至死，則不書官。」〔註173〕，

　　但《新書》書「殺」不純，遭學者詬病，如王鳴盛云：「所云例者，不據實直書，以著其實，而舞文出入，強立多例，高下其手，故多所抵牾。」〔註174〕而《舊唐書》多按實直書，書法不一。

　　本節以「殺」字書法為研究主題。主要有三：一為《新唐書》書法是否矛盾？二為《舊唐書》是否有書法？三為《新唐書》不合本身書法其影響為何？

　　本節由兩書「殺」字例相同者，建立書法的慣例，再從慣例看兩《唐書》相異處對「殺」例的意函與詮釋，確立兩書各自對「殺」字書法的慣例。最後將兩書相同、相異部分作分析探討。

壹、兩《唐書》相同部分

　　從《新唐書》書「伏誅」可知有罪，由書官職與否可知獲罪有無。因此，兩書相同者共可歸納為三類，一、書「殺」有官職，二、書「殺」不載官職，三、書「殺」而記載詳細者。

一、書官職──書「殺」無罪

〔註171〕見《舊唐書》，卷一百九十二。
〔註172〕見《舊唐書》，卷二百二。
〔註173〕《十七史商榷》，卷七十六，「《新書》殺某之例」條。
〔註174〕同上註

（一）王同皎

　　《新唐書·中宗本紀》謂：「庚戌，殺光祿卿、駙馬都尉王同皎。」〔註175〕《舊唐書》同。

（二）史　翽

　　《新唐書·肅宗本紀》謂：「四月戊申，山南東道將張維瑾反，殺其節度使史翽。」〔註176〕《舊唐書》同。

（三）彭令芳、劉惠光

　　《新唐書·德宗本紀》書：「乙卯，振武軍亂，殺其使彭令芳及監軍劉惠光。」〔註177〕《舊唐書》同。

（四）豫章王亶

　　《舊唐書·則天本紀》書：「秋七月，殺豫章王亶，遷其父舒王元名於和州。」〔註178〕

　　《新唐書·則天本紀》書：「壬午，殺豫章郡王亶。」〔註179〕

（五）燕欽融

　　《舊唐書·中宗本紀》書：「丁卯，前許州司兵參軍燕欽融上書，言皇后干預國政，安樂公主、武延秀、宗楚客等同危宗社。帝怒，召欽融廷見，撲殺之。」〔註180〕

　　《新唐書·中宗本紀》書：「丁卯，殺許州司兵參軍燕欽融。」〔註181〕

二、不載官職——書「殺」有罪

李輔國

　　《新唐書·代宗本紀》謂：「丁卯夜，盜殺李輔國於其第，竊首而去。」〔註182〕

　　《新唐書·代宗本紀》謂：「壬戌，盜殺李輔國。」〔註183〕

兩《唐書》皆不書官銜，似為有罪者。此類例子較少。

三、兩《唐書》皆記載詳細

（一）殺烏蘇米施可汗，來獻其首

〔註175〕《新唐書·中宗本紀》，卷四。
〔註176〕《新唐書》，卷六。
〔註177〕《新唐書》，卷七。
〔註178〕《舊唐書》，卷六。
〔註179〕《新唐書》，卷四。
〔註180〕《舊唐書》，卷七。
〔註181〕《新唐書》，卷四。
〔註182〕《舊唐書》，卷十一。
〔註183〕《新唐書》，卷六。

《舊唐書・玄宗本紀》謂：「秋八月丙午，九姓拔悉密葉護攻殺突厥烏蘇米施可汗，**傳首京師**。」〔註184〕

《新唐書・玄宗本紀》謂：「八月丙午，拔悉蜜攻突厥，殺烏蘇米施可汗，**來獻其首**。」〔註185〕

不過，歐公書「來獻其首」僅此一例。

（二）呂崇賁

《舊唐書・代宗本紀》言：「壬午，**嶺南節度使、廣州刺史呂崇賁爲部將哥舒晃所殺**。」〔註186〕

《新唐書・代宗本紀》言：「九月壬午，循州刺史哥舒晃反，**殺嶺南節度使呂崇賁**。」〔註187〕

兩書詳細之處是交代呂崇賁爲部將哥舒晃所殺這一則事實。

四、兩《唐書》敘述有問題者

（一）高開道

《舊唐書・高祖本紀》言：「二月，高開道爲部將張金樹所殺，以其地降。」〔註188〕《新唐書・高祖本紀》書：「己未，漁陽部將張金樹殺高開道以降。」〔註189〕但兩《唐書》〈高開道傳〉說法稍有出入，《舊唐書・高開道傳》說：

> 先是，劉黑闥亡將張君立奔於開道，因與其將張金樹潛相結連。時開道親兵數百人，皆勇敢士也，號爲「義兒」，常在閤內。金樹每督兵於閤下。金樹將圍開道，潛令數人入其閤內，與諸義兒陽爲遊戲，至日將夕，陰斷其弓弦，又藏其刀仗，聚其矟於床下。迨暝，金樹以其徒大呼來攻閤下，向所遣人抱義兒矟一時而出，諸義兒遽將出戰，而弓弦皆絕，刀仗已失。君立於外城舉火相應，表裏驚擾。義兒窮蹙，爭歸金樹。開道知不免，於是擐甲持兵坐堂上，與其妻妾樂酣宴。金樹之黨憚其勇，不敢逼。天將曉，開道先縊其妻妾及諸子而後自殺。〔註190〕

《新唐書》亦同，故高開道是自縊而死。就兩書〈本紀〉書法，張金樹有害人之心，縱使合於書法但不合高開道死因。

〔註184〕《舊唐書》，卷九。

〔註185〕《新唐書》，卷五。

〔註186〕《舊唐書》，卷十一。

〔註187〕《新唐書》，卷六。

〔註188〕《新唐書》，卷一。

〔註189〕《新唐書》，卷一。

〔註190〕《舊唐書》，卷五十五。

（二）周佖——被殺記載不一

　　《舊唐書·肅宗本紀》云：「丙寅，武威郡九姓商胡安門物等叛，殺節度使周佖，判官崔稱率籲討平之。」〔註191〕

　　《新唐書·肅宗本紀》云：「丙寅，河西兵馬使孟庭倫殺其節度使周佖，以武威郡反。」〔註192〕

　　《通鑑》云：「河西兵馬使蓋庭倫與武威九姓商胡安門物等殺節度使周泌，聚眾六萬。」〔註193〕兼採兩者。

由上述可知，兩書殺字書法皆有相同的情形，包含書官職或不書官職的現象。

　　又由於《舊書》多按時直書，所以這類例子很少。而兩書書殺相同，可以假設兩種原因，一是兩《唐書》書法相合，二是《新唐書》可能延襲《舊唐書》直書。

貳、兩《唐書》不同部分

　　兩書不同處，有書「殺」、書官職與否、記一人與多人。另外，兩《唐書》各有錯誤者。兩書不同反映書法與事實兩個問題，《舊書》體例並不統一，但以直書為其特色，故有問題者多是人、事、時有錯誤，書法問題相對較少。《新書》以《春秋》書法見記載，故書「殺」字多按書法。有問題者以書法體例不一居多。

一、《舊唐書》有問題者

（一）書法有瑕疵

1. 李昭德、來俊臣書法

　　《舊唐書·則天本紀》云：「六月，內史李昭德、司僕少卿來俊臣以罪伏誅。」〔註194〕

　　《新唐書·則天本紀》云：「六月丁卯，殺監察御史李昭德、司僕少卿來俊臣。」〔註195〕

《通鑑考異》言李昭德此時不為內史，《舊書》為誤。這是《舊唐書》說明未盡完善。

　　《通鑑》〔註196〕記曰：

　　　　丁卯，昭德、俊臣同棄市，時人無不痛昭德而快俊臣。仇家爭噉俊臣

〔註191〕《舊唐書》，卷十。
〔註192〕《新唐書》，卷六。
〔註193〕《通鑑·唐紀》，卷二百一十九，至德二年。
〔註194〕《舊唐書》，卷六。
〔註195〕《新唐書》，卷四。
〔註196〕《通鑑·唐紀》，卷二百六，神功元年

之肉，斯須而盡，抉眼剝面，披腹出心，騰蹋成泥。太后知天下惡之，乃
下制數其罪惡，且曰：「宜加赤族之誅，以雪蒼生之憤，可準法籍沒其家。」
士民皆相賀於路曰：「自今眼者背始帖席矣。」

從時人無不痛昭德而快俊臣，恰好是一善一惡。故《舊唐書》用伏誅書兩人，實際上指來俊臣，而非李昭德。王鳴盛以《新唐書》較《舊唐書》為妥，實際上不及《通鑑》詳細。唐朝因無內史之官，故《舊唐書》記載不如《新書》書「監察御史」為是。

（二）官職為誤或脫漏

1. 德妃竇氏——漏德妃之號

《舊唐書・則天本紀》書：「癸亥，殺皇嗣妃劉氏、竇氏。」〔註197〕

《新唐書・則天本紀》書：「二年臘月癸亥，殺皇嗣妃劉氏、德妃竇氏。」〔註198〕

《舊唐書》竇氏前無「德妃」。《新唐書》補之。

2. 王遂——為觀察使誤為節度使

《舊唐書・憲宗本紀》謂：「沂州軍亂，殺節度使王遂。」〔註199〕

《新唐書・憲宗本紀》謂：「辛卯，沂海將王弁殺其觀察使王遂，自稱留後。」〔註200〕

此時王遂為、海、沂、密觀察使，《舊唐書》為誤。

3. 高駢——為秦彥所殺，而非畢師鐸

《舊唐書・僖宗本紀》謂：「九月辛未朔，淮南節度使高駢為其牙將畢師鐸所殺。」〔註201〕

《新唐書・僖宗本紀》謂：「秦彥殺高駢。」〔註202〕

兩書〈高駢傳〉大致相同。《舊唐書・高駢傳》謂：〔註203〕

九月，師鐸出城戰敗，慮駢為賊內應，又有尼奉仙，自言通神，謂師
鐸曰：「揚府災，當有大人死應之，自此善也。」秦彥曰：「大人非高令公
耶？」即令師鐸以兵攻道院，侍者白駢曰：「有賊攻門。」曰：「此秦彥來。」
整衣候之。俄而亂卒升階曳駢數之曰：「公上負天子恩，下陷揚州民，淮

〔註197〕同註194。

〔註198〕同註195。

〔註199〕《舊唐書》，卷十五。

〔註200〕《新唐書》，卷七。

〔註201〕《舊唐書》，卷十九下。

〔註202〕《新唐書》，卷九。

〔註203〕《舊唐書》，卷一百八十二。

南塗炭，公之罪也。」駢未暇言，首已墮地矣。

《通鑑》〔註204〕謂：「甲戌，（秦彥）命其將劉匡時殺駢，并其子弟甥姪無少長皆死，同坎瘞之。」

殺高駢者應是秦彥而非畢師鐸。

（三）《新唐書》書殺而《舊唐書》則否

1. 秦王浩

《舊唐書·高祖本紀》謂：「宇文化及至魏州，鴆殺秦王浩，鴆稱太子，國號許。」〔註205〕

《新唐書·高祖本紀》謂：「辛未，宇文化及殺秦王浩，自稱皇帝。」〔註206〕

《舊唐書》則爲按實直書，《新唐書》則按其書法。

2. 李　岵

《舊唐書·代宗本紀》謂：「宗室潁州刺史李岵專殺，法司以議親，宜賜自盡。」〔註207〕

《新唐書·代宗本紀》謂：「四年正月甲戌，殺潁州刺史李岵。」〔註208〕

這兩例爲《新唐書》按書法，而《舊唐書》照實直書。

（四）《舊唐書》日期有誤

1. 崔季康

《舊唐書·僖宗本紀》謂：「六年春正月辛卯朔，河東節度使崔季康自靜樂縣收合餘勒迴軍，軍亂，殺孔目官石裕。季康委眾遁歸行營，衙將張鍇、郭胐率其眾歸太原，兵士鼓譟，攻東陽門，入使衙，季康父子皆被害。」〔註209〕

《新唐書·僖宗本紀》謂：「二月，京師地震，藍田山裂，出水。河東軍亂，殺其節度使崔季康。」〔註210〕

據《通鑑》河東軍亂，殺節度使崔季康一事應爲二月，《通鑑》同《新唐書》書法相似。

二、《新唐書》有問題者

〔註204〕《通鑑·唐紀》，卷二百五十七，光啓三年。
〔註205〕《舊唐書》，卷一。
〔註206〕《新唐書》，卷一
〔註207〕《舊唐書》，卷十一。
〔註208〕《新唐書》，卷六。
〔註209〕《舊唐書》，卷十九下。
〔註210〕《新唐書》，卷九。

（一）《新唐書》書法有問題

1. 武元衡——不書官職

《舊唐書‧憲宗本紀》謂：「六月辛丑朔。癸卯，鎮州節度使王承宗遣盜夜伏於靖安坊，刺宰相武元衡，死之；又遣盜於通化坊刺御史中丞裴度，傷首而免。」〔註211〕

《新唐書‧憲宗本紀》謂：「六月癸卯，盜殺武元衡。」〔註212〕

書李輔國不言官職，視爲有罪不及死。《舊唐書》記武元衡官職，而《新唐書》則省其官職，認爲武元衡有罪而不及死。德宗謂「元衡眞宰相器也」，《新書》不記官職，其書法似爲不當。（「殺」不記其官職者爲有罪不及死。）

2. 杜能讓——未書官職

《舊唐書‧昭宗本紀》十月乙未謂：「賜杜讓能自盡，其弟戶部侍郎弘徽坐讓能賜死。」〔註213〕

《新唐書‧昭宗本紀》謂：「殺杜讓能及戶部侍郎杜弘徽。楊行密陷舒州。」〔註214〕

王鳴盛《十七史商榷》《新書》殺某之例〔註215〕卷七十六謂：「〈昭紀〉景福二年，以杜讓能之忠，而去其官。但書殺，其下又云：「及戶部侍郎杜宏徽。」何以宏徽官，讓能不官乎？」

如杜能讓是《新唐書》抄於《舊唐書》時未審官名，而成爲「殺某人而其人罪不至死」之錯誤，是歐公未加審視之故。

3. 韓全誨——書官罪不明

《舊唐書‧昭宗本紀》謂：「丁巳，蔣玄暉與中使同押送中尉韓全誨、張弘彥已下二十人首級，告諭四鎮兵士迴鑾之期。」〔註216〕

《新唐書‧昭宗本紀》謂：「戊申，殺左右神策軍護軍中尉韓全誨張彥弘、內樞密使袁易簡周敬容。」〔註217〕

王鳴盛《十七史商榷》「《新書》殺某之例」〔註218〕謂：

〔註211〕《舊唐書》，卷十五。
〔註212〕《新唐書》，卷七。
〔註213〕《舊唐書》，卷二十上。
〔註214〕《新唐書》，卷十。
〔註215〕《十七史商榷》，卷七十六，「《新書》殺某之例」條。
〔註216〕《舊唐書》，卷二十上。
〔註217〕《新唐書》，卷十。
〔註218〕《十七史商榷》，卷七十六，「《新書》殺某之例」條。

> 天復三年正月戊申，殺左右神策軍護軍中尉韓全誨等，全誨之死，有
> 罪乎？無罪乎？若云有罪，滔天逆賊朱全忠與奸臣崔允比而劫帝殺之，以
> 孤帝之勢耳，不可以有罪而去其官也。若云無罪，以宦寺劫遷天子，其罪
> 莫大焉！不可以爲無罪而存其官也。

王鳴盛以「雙刀式」論歐公書「殺全誨」之失，應刪其官。

　4. 燕重旰——「伏誅」義不明

　　《舊唐書‧憲宗本紀》書：「壬戌，河東防秋將劉輔殺豐州刺史燕重旰。」〔註219〕

　　《新唐書‧憲宗本紀》書：「壬戌，河東戌將劉輔殺豐州刺史燕重旰，**伏誅**。」

〔註220〕

歐公書「伏誅」不知是指劉輔還是燕重旰。而《通鑑》言：「河東將劉輔殺豐州刺史
燕重旰，王鍔誅之，及其黨。」〔註221〕故《新書》書「伏誅」者，爲王鍔誅劉輔。
此處，伏誅缺主語，以致指涉的對象不清楚。

（二）《舊唐書》書殺而《新唐書》則否

　1. 安祿山——安慶緒「殺」、「弒」其實

　　安史之亂時，安祿山爲子安子慶所殺，《舊唐書‧肅宗本紀》謂：「乙卯，逆胡
安祿山爲其子慶緒所殺。」〔註222〕而《新唐書‧肅宗本紀》謂：「乙卯，安慶緒**弒**
其父祿山。」〔註223〕此處當以《新書》爲是。

　2. 郭　鋒

　　《舊唐書‧德宗本紀》謂：「己丑，吐蕃陷麟州，殺刺史郭鋒，毀城壘而去。」

〔註224〕

　　《新唐書‧德宗本紀》謂：「己丑，陷麟州，刺史郭鋒**死之**。」〔註225〕

　　《新唐書‧吐蕃傳》謂：「十七年，寇鹽州，陷麟州，殺刺史郭鋒，湮隍墮陴，
係居人，掠党項諸部，屯橫槽烽。」〔註226〕《舊唐書》列傳同。用「死之」爲戰死。

（三）《新唐書》錯誤

　1. 突厥默啜

〔註219〕《舊唐書》，卷十五。
〔註220〕《新唐書》，卷七。
〔註221〕《通鑑‧唐紀》，第二百三十九卷。
〔註222〕《舊唐書》，卷十。
〔註223〕《新唐書》，卷六。
〔註224〕《舊唐書》，卷十三。
〔註225〕《新唐書》，卷七。
〔註226〕《新唐書》，卷二百一十六下。

　　《舊唐書・玄宗本紀》書：「（六月）癸酉，突厥可汗默啜爲九姓拔曳固所殺，斬其首送于京師。默啜兄子小殺繼立爲可汗。」〔註227〕

　　《新唐書・玄宗本紀》書：「（六月）癸酉，大武軍子將郝靈佺殺突厥默啜。」〔註228〕

　　《新唐書・突厥傳》言：「默啜又討九姓拔野古，戰獨樂河，拔野古大敗，默啜輕歸不爲備，道大林中，拔曳固殘眾突出，擊默啜，斬之，乃與入蕃使郝靈佺傳首京師。」〔註229〕《舊唐書・突厥傳》、《通鑑》〔註230〕與《新書・突厥傳》相同，故殺默啜者爲拔曳固而非郝靈佺，乃歐公誤也。

　2. 龐充——官職者缺「前」字

　　《舊唐書・代宗本紀》書：「癸卯，同華節度使周智光專殺陝州監軍張志斌、前虢州刺史龐充，據華州謀叛。」〔註231〕

　　《新唐書・代宗本紀》書：「（十二月）癸卯，周智光反，殺虢州刺史龐充。」〔註232〕

　　《舊唐書》、《新唐書》〈周智光傳〉言「前虢州刺史」，故本紀省「前」字。

參、析　論

一、《舊唐書》多按實書寫

　　《舊唐書》多照實直書，詳細交代死因、影響層面及結果，以斬首送至某地爲例，如宇文化及首至突厥，《舊唐書・高祖本紀》書：「丁酉，竇建德攻宇文化及于聊城，斬之，傳首突厥。」〔註233〕《新書》省「斬之，傳首突厥」六字。

　1. 照實書寫優點

　　照實書寫的優點主要是對史實的描述性較強，而且保持史實的完整性，避免拘泥於書法與事實產生出入。如自縊書自縊、服毒書鴆殺、自焚書自焚，若自縊、服

〔註227〕《舊唐書》，卷八。
〔註228〕《新唐書》，卷五。
〔註229〕《新唐書》，卷二百一十五上。
〔註230〕《通鑑・唐紀》，卷二百一十一，開元四年（七一六年）謂：「癸酉，拔曳固斬突厥可汗默啜首來獻。時默啜北擊拔曳固，大破之於獨樂水，恃勝輕歸，不復設備，遇拔曳固逃卒頡質略，自柳林突出，斬之。時大武軍子將郝靈荃奉使在突厥，頡質略以其首歸之，與偕詣闕，懸其首於廣街。拔曳固、回紇、同羅、霫、僕固五部皆來降，置於大武軍北。」
〔註231〕《舊唐書》，卷十一。
〔註232〕《新唐書》，卷六。
〔註233〕《舊唐書》，卷一。

毒、自焚皆以殺字代之，勢必讓清楚的死因模糊。此外，《舊書》敘述詳細，無須翻閱其他文獻考論死因亦是其優點。

2. 照實書寫缺點

《舊唐書》照實書寫的缺點是往往摘引過多的文字，反而不如《新書》書法簡潔明確，如柳璨、蔣玄暉被殺。《舊唐書》引錄詔書原文，而重點僅為殺柳璨、蔣玄暉兩人。因此《舊唐書》這類照實書寫的方式實為缺點。

《舊唐書》照實書寫純是事實的記載，並未以書法作統一的潤飾，因此相當程度的保留史料原貌。但《舊書》亦有記載不實之處，需要小心考證為是。

二、《新唐書》書法不一致

《新唐書》書「殺」不一致的原因，主要是書殺本身與書弑、書自殺、舒伏誅等書法的義界產生混淆，以致難以從書殺本身看出事實原貌。

（一）書「殺」與「弑」

趙紹祖言：

> 《新書》九月辛未，宇文化及殺秦王浩。二年六月，王世充殺越王侗。案安祿山、史思明、逆賊也。而新紀書之曰：安慶緒弑其父祿山，史朝義弑其父思明，不書殺者，以慶緒為祿山子，朝義為思明子也。秦王浩、越王侗雖不成為帝。要為化及、世充所奉之帝也。而書殺而不書弑其義安居。
>
> 〔註234〕

趙氏對歐公弑、殺書法提出質疑。故先討論書弑書殺的問題，我們須先看歐陽修如何書弑，再以《舊書》相比較，討論《新書》書「殺」之例。

1. 歐公書弑者六例

歐公書弑，有宇文化及弑太上皇（煬帝）〔註235〕、韋皇后弑中宗，立溫王重茂為皇太子〔註236〕、安慶緒弑其父祿山〔註237〕、史朝義弑其父思明〔註238〕、朱全忠弑昭宗，監軍國事〔註239〕、朱全忠弑皇太后〔註240〕六例，原則是是臣殺君，子殺父為「弑」。

〔註234〕（清）趙紹祖撰《新舊唐書互證》（收於《叢書集成》新文豐出版社），卷一。
〔註235〕《新唐書·高祖本紀》卷一，書「丙辰，隋右屯衛將軍宇文化及弑太上皇于江都，立秦王浩為皇帝。」
〔註236〕《新唐書·睿宗本紀》，卷五。
〔註237〕《新唐書·肅宗本紀》，卷六。
〔註238〕《新唐書·肅宗本紀》，卷六。
〔註239〕《新唐書·昭宗本紀》，卷十。
〔註240〕《新唐書·昭宗本紀》，卷十。

2. 《舊唐書》本紀書弒者爲歐公所無者兩例

安慶緒、史朝義之外，《舊唐書》另有兩書書弒且重要者，一是高麗大臣蓋蘇文弒其君高武。《舊唐書・太宗本紀》謂「是歲，高麗大臣蓋蘇文弒其君高武，而立武兄子藏爲王。」〔註241〕而此事歐公不載。

另爲陳弘志弒憲宗。《舊唐書・憲宗本紀》謂：「時以暴崩，皆言內官陳弘志弒逆，史氏諱而不書。」〔註242〕《新唐書・憲宗本紀》只書「十五年正月，宦者陳弘志等反。」〔註243〕陳弘志於文宗時被殺。《舊唐書・文宗本紀》謂：「癸亥，令內養齊抱眞將杖於青泥驛決殺前襄州監軍陳弘志，以有弒逆之罪也。」〔註244〕《新唐書・文宗本紀》謂：「九月癸亥，殺陳弘志。」〔註245〕以歐公書法意爲有罪而不及死。再見文宗贊曰：

> 春秋之法，君弒而賊不討，則深責其國，以爲無臣子也。憲宗之弒，
> 歷三世而賊猶在。至於文宗，不能明弘志等罪惡，以正國之典刑，僅能殺
> 之而已，是可歎也。〔註246〕

明弘志書殺而不書「弒」之意，趙紹祖認爲「其時大璫自吐突承崔意在澧王之外，則猶有梁守謙、楊承和、王守澄等，弘志，微者也。其何敢肆行弒逆哉！」〔註247〕趙翼言「《新唐書》本記書法」言陳弘志者曰：「必應書伏誅，乃反書殺陳弘志，一似無罪而枉殺者。」〔註248〕

有關陳弘志弒逆問題，歐公書法在處理上較《舊書》隱晦。論其書法，言其反、書其殺，書法反映文宗處理方法，而不是對陳弘志本身錯誤而書。因此，《舊唐書》按實直書，不屈筆傳載，值得稱許。

此處《舊唐書》亦未違背書「弒」之原則，故眾家言《新唐書》「殺」、「弒」不明，便是指臣殺君、子殺父者，故違反此例即爲不合。

3. 《新唐書》不合書例者

不合例者爲宇文化及殺秦王浩、王世充殺越王侗。理由是宇文化及與秦王浩、王世充與越王侗是君臣關係。

〔註241〕《舊唐書》，卷三。
〔註242〕《舊唐書》，卷十五。
〔註243〕《新唐書》，卷七。
〔註244〕《舊唐書》，卷十七下。
〔註245〕《新唐書》，卷八。
〔註246〕同註245。
〔註247〕同註234。
〔註248〕同註215。

宇文化及、王世充皆是隋臣，宇文化及弒煬帝立秦王浩，浩之身分不是爲帝是爲何？因此，《新書》書「宇文化及殺秦王浩、王世充殺越王侗。」應是失當。

（二）盜『殺』

1. 《新唐書》書盜殺不書官職者

趙翼《廿二史箚記》謂「盜殺宰相有二事」，指武元衡與李石。《新唐書》書武元衡事書「殺」不書官職，李石是爲盜欲致人於死，但石僅受傷，《新唐書·文宗本紀》僅書「三年正月甲子，盜傷李石」〔註 249〕，亦不書官職。兩位宰相遇盜殺時皆不書官銜。同李國輔共三人不書官職。而《舊唐書》記武元衡、李石事皆書宰相。《新唐書》本紀及列傳不書「宰相」。故歐公本紀書殺不書官職者共兩人。

2. 《新唐書》書盜殺書官職者

《新唐書》書盜殺亦有有書官名者，如〈高祖本紀〉書：「己亥，盜殺商州刺史泉彥宗。」〔註 250〕而泉彥宗僅見於此，不見於《新唐書》列傳、《舊唐書》及《通鑑》。

另一書盜殺且書官職者爲王鐸，《新唐書·僖宗本紀》謂：「盜殺義昌軍節度使王鐸。」〔註 251〕而《舊唐書·僖宗本紀》〔註 252〕敘述詳細，王鐸爲樂彥禎害之。謂：「新除滄德節度使王鐸，爲魏博節度使樂彥禎害之於漳南縣之高雞泊，行從三百餘人皆遇害。」〔註 253〕兩《唐書》列傳、《通鑑》同《舊書》〈本紀〉。《通鑑》謂：「彥禎奏云爲盜所殺，朝廷不能詰。」〔註 254〕歐公採的是彥禎所言，非事實。故歐公本紀書殺官職者僅有一例。

3. 《新唐書》漏盜殺者

《新書》本紀漏明崇儼被盜殺。《舊唐書·高宗本紀》書：「五月壬午，盜殺正諫大夫明崇儼。」〔註 255〕此事又見兩書〈則天傳〉皆提到此人爲盜所殺，疑爲太子所爲〔註 256〕。此事另見兩書〈明崇儼〉傳，而《新書》本紀則不書。

〔註 249〕《舊唐書》，卷十七下書「三年春正月庚申朔。甲子，宰臣李石遇盜於親仁里，中劍，斷其馬尾，又中流矢，不甚傷。」

〔註 250〕《新唐書·高祖本紀》，卷一。

〔註 251〕《新唐書·僖宗本紀》，卷九。

〔註 252〕《舊唐書·僖宗本紀》，卷十九下。

〔註 253〕同註 252。

〔註 254〕《通鑑·唐紀》，卷二百五十五，中和四年。

〔註 255〕《舊唐書》，卷五。

〔註 256〕《新唐書·則天本紀》，卷八十一：「調露中，天子在東都，崇儼爲盜所殺，后疑出賢謀，遣人發太子陰事，詔薛元超、裴炎、高智周雜治之，獲甲數百首於東宮。」《舊書》亦同。

歐陽脩的書法亦有死之與盜殺混淆的情形，《新唐書》書法因戰事陷城、陷州，主事者戰死則書「死之」，如《新唐書·高祖本紀》書：「壬午，朱粲陷鄧州，刺史呂子臧死之。」〔註257〕四月「辛酉，王世充陷鄧州，總管雷四郎死之。」〔註258〕《舊唐書·高祖本紀》書：「竇建德來援王世充，攻陷我管州。」〔註259〕《新唐書·高祖本紀》謂：「乙酉，竇建德陷管州，刺史郭志安死之。」〔註260〕、《舊唐書·高祖本紀》謂「四月壬午，劍南節度使鮮于仲通及雲南蠻戰于西洱河，大敗績，大將王天運死之，陷雲南都護府。」〔註261〕皆是此類。

《舊唐書》書盜殺另有兩次，而歐公書「死之」，一為薛雄，二為王進岌。

薛雄在《舊唐書·代宗本紀》書：「二月乙丑，盜殺衛州刺史薛雄。」〔註262〕《新唐書》書：「田承嗣陷衛州，刺史薛雄死之。」〔註263〕《通鑑》謂：「二月，乙丑，田承嗣誘衛州刺史薛雄，雄不從，使盜殺之，屠其家，盡據相、衛四州之地，自置長吏，掠其精兵良馬，悉歸魏州；逼魏知古與共巡磁、相二州，使其將士割耳劗面，請承嗣為帥。」〔註264〕

若看兩《唐書》〈列傳〉其盜者《新唐書·田承嗣傳》謂：「帝遣使者諭罷兵，承嗣不奉詔，遣將盧子期取洺州，楊光朝取衛州，脅刺史薛雄亂，不從，屠其家。」〔註265〕故薛雄之死非盜者所為。但從《新唐書》謂「脅刺史薛雄亂，不從。」要說戰死很難說的通。

王進岌為盜殺，歐陽脩書死之。

《舊唐書·穆宗紀》謂：「癸酉，王廷湊遣盜殺冀州刺史王進岌，據其郡。」〔註266〕

《新唐書·穆宗紀》謂：「癸酉，王廷湊陷冀州，刺史王進岌死之。」〔註267〕

《通鑑》謂：「癸酉，王庭湊遣人殺冀州刺史王進岋，分兵據其州。」〔註268〕

〔註257〕《新唐書》，卷一。
〔註258〕同註257。
〔註259〕《舊唐書》，卷一。
〔註260〕同註257。
〔註261〕《新唐書》，卷五。
〔註262〕《舊唐書》，卷十一。
〔註263〕《新唐書》，卷六。
〔註264〕《通鑑·唐紀》，卷二百二十五，大曆十年。
〔註265〕《新唐書》，卷二百一十。
〔註266〕《新唐書》，卷十六。
〔註267〕《新唐書》，卷八。
〔註268〕《通鑑·唐紀》，卷二百四十二，長慶元年。

《新唐書‧王廷湊傳》謂:「眾果怨,由是害弘正,自稱留後,脅監軍表請節。又取冀州,殺刺史王進岌。」〔註269〕

上述王進岌並非死於戰場,而是為人所害,所以歐公書死之,似乎不妥。

薛雄、王進岌兩人並非死於戰場上,《新唐書》書「死之」意有擴大死之意涵。即仍書「死之」,似不合理。

上述分類,實際上為盜殺者為李輔國、武元衡、泉彥宗、明崇儼。而王鐸為歐公採樂彥禎之言,自非事實。薛雄、王進岌非戰爭死亡,乃是為人所害,書殺即可。

(三)自 殺

《新唐書》對自殺書法也有助了解殺字書法的界定自殺。《新書》本紀有書殺為自殺、自縊而死等現象。而《舊唐書》書賜死者《新唐書》多書殺。

1. 兩《唐書》本紀書自殺

兩《唐書》有書自殺者有李懷讓、魚朝恩、田布三例。

(1)李懷讓

《舊唐書‧代宗本紀》謂:「同華節度使李懷讓自殺,為程元振所構。」〔註270〕

《新唐書‧代宗本紀》謂:「六月,同華節度使李懷讓自殺。」〔註271〕

由兩書來看,李懷讓自殺而死無爭議。

(2)魚朝恩

《舊唐書‧代宗本紀》謂:「(二月)己巳,朝恩自縊而死。」〔註272〕

《新唐書‧代宗本紀》謂:「三月癸酉,內侍監魚朝恩有罪自殺。」〔註273〕

《通鑑》〔註274〕書魚朝恩乃「擒而縊殺之」。書自縊乃是事實的陳述,故書自縊或縊殺皆接近事實原貌,《新書》書有罪自殺則較為籠統。

(3)田 布

《舊唐書‧穆宗本紀》書:「戊申,魏博牙將史憲誠奪師,『布伏劍而卒。』」
〔註275〕

〔註269〕《新唐書》,卷二百一十一。
〔註270〕《舊唐書》,卷十一。
〔註271〕《新唐書》,卷六。
〔註272〕同註270。
〔註273〕同註271。
〔註274〕《通鑑‧唐紀》,卷二百二十四,大曆五年云:『三月,癸酉,寒食,上置酒宴貴近於禁中,載守中書省。宴罷,朝恩將還營,上留之議事,因責其異圖。朝恩自辯,語頗悖慢,皓與左右擒而縊殺之,外無知者。上下詔,罷朝恩觀軍容等使,內侍監如故。詐云「朝恩受詔乃自縊」,以尸還其家,賜錢六百萬以葬。』
〔註275〕《舊唐書》,卷十六。

《新唐書‧穆宗本紀》書：「癸卯，魏博節度使田布**自殺**兵馬使史憲誠自稱留後。」〔註276〕

「伏」是頭向下趴，《舊書》此句意爲自刎，故《新唐書》書自殺則無爭議。

2.《新唐書》書自殺《舊唐書》否

《新唐書》書自殺《舊唐書》者否有史朝義、蔣王惲、零陵王。

（1）史朝義

《新唐書‧代宗本紀》書：「甲申，史朝義**自殺**，其將李懷仙以幽州降，田承嗣以魏州降。」〔註277〕

《舊唐書‧代宗本紀》書：「二年正月，賊僞范陽節度李懷仙於莫州生擒之，送款來降，梟首至闕下。」〔註278〕

《新唐書‧史朝義傳》書：「謀奔兩蕃，懷仙招之，自漁陽回止幽州，縊死醫巫閭祠下。懷仙斬其首傳長安，召故將收其屍。懷仙改服出次哭之，士皆號慟。及葬，莫知其所。」〔註279〕

《通鑑》〔註280〕書「甲辰，朝義首至京師。」史朝義自殺當屬無疑，而《新唐書》列入叛臣傳，何以不言伏誅？這條最大的特色是歐公按實直書，《舊唐書》本紀僅書「梟首至闕下」。

〔註276〕《新唐書》，卷八。
〔註277〕《新唐書》〈代宗本紀〉卷六
〔註278〕《舊唐書》〈代宗本紀〉卷十一
〔註279〕《新唐書》〈史朝義傳〉卷二百二十五上
〔註280〕《通鑑考異》曰：『河洛春秋曰：「朝義東投廣陽郡，不受。北取潞縣、漁陽，擬投兩蕃。至榆關，李懷仙使使招回，卻至漁陽過，從潞縣至幽州城東阿婆門外，於巫閭神廟中，兄弟同被絞縊而死，乃授首與駱奉仙。經一日，諸軍方知，歸莫州城下。」史朝義傳：「二年正月，李懷仙於莫州生擒之，送款來降，梟首至闕下。」實錄：「寶應元年十一月己亥，僕固懷恩上言：幽州平，河北州縣盡平，史朝義爲亂兵所戮，傳首上都。」舊紀：「寶應二年十月，河北州郡悉平，李懷仙以幽州降，田承嗣以魏州降。」沈既濟建中實錄：「二年正月，賊將李懷仙擒朝義以降，山東平。」唐曆：「正月甲辰，李懷仙擒史朝義，梟首，獻至闕下，盡以所管來降。」年代記：「寶應元年十二月己亥，僕固懷恩上言：『史朝義爲亂兵所殺，傳首上都。』二年正月甲申，朝義梟首至闕。」新紀：「廣德元年正月甲申，朝義自殺，其將李懷仙以幽州降。」按諸軍圍朝義於莫州，已在去年十一月末，而河洛春秋云圍城四十日。懷恩舊傳亦云攻守月餘日。然則朝義之死，必在今年正月明矣。諸書皆云朝義此年正月被殺，而實錄在元年十一月，舊紀因之，又脫十一月字。懷恩傳誤以正月爲三月。甲申，正月十日；甲辰，三十日也。新本紀蓋據年代記，但年代記元年冬十一月己亥朝義死，亦與實錄同。若正月被殺，不應十日首級已至長安。疑甲申自殺，甲辰傳首至闕。新紀止用年代記甲申至闕爲自殺日，未知何所據。今從唐曆，以甲辰傳首至京師。』大體史朝義爲自縊應無問題。

（2）蔣王惲

《舊唐書・高宗本紀》謂：「十二月，蔣王惲薨。」〔註281〕

《新唐書・高宗本紀》謂：「十二月癸未，蔣王惲自殺。」〔註282〕

《新唐書・太宗諸子傳》謂：「上元中，遷箕州刺史。錄事參軍張君徹誣告惲反，詔使者按驗，惲惶懼自殺。高宗知其枉，斬君徹，贈惲司空、荊州大都督，陪葬昭陵。」〔註283〕

由上陳述，蔣王惲自殺是為可信。《舊唐書》書薨不書自殺是因為蔣王惲為皇室之故，《舊唐書》於皇室之死多書薨。

（3）零陵王

《舊唐書・高宗本紀》書：「庚申，零陵王明薨。」〔註284〕

《新唐書・高宗本紀》書：「庚申，零陵郡王明自殺。」〔註285〕

《新書》多一「郡」字。《舊唐書》諸王死曰薨，而《新唐書》直書「自殺」。

3. 《舊唐書》書「自殺」而《新唐書》書「殺」

（1）韓王元嘉、魯王靈夔

《舊唐書・則天本紀》書：「（九月）韓王元嘉、魯王靈夔、元嘉子黃國公譔、靈夔子左散騎常侍范陽王藹、霍王元軌及子江都王緒、故虢王元鳳子東莞公融坐與貞通謀，元嘉、靈夔自殺，元軌配流黔州，譔等伏誅，改姓虺氏。」〔註286〕

《新唐書・則天本紀》書：「（九月）殺韓王元嘉、魯王靈夔、范陽郡王藹、黃國公譔、東莞郡公融及常樂公主，皆改其姓為虺氏。」〔註287〕

《通鑑》謂：「於是收韓王元嘉、魯王靈夔、黃公譔、常樂公主於東都，迫脅皆自殺。」〔註288〕

《舊唐書》黃國公譔等「伏誅」似乎不妥。《通鑑》同《舊唐書》韓王元嘉、魯王靈夔為自殺，《舊唐書》卻以殺書之。

（2）李可舉

《舊唐書》本紀寫「自焚」，《新唐書》本紀用「殺」

〔註281〕《舊唐書》，卷五。
〔註282〕《新唐書》，卷三。
〔註283〕《舊唐書》，卷八十。
〔註284〕《舊唐書》，卷五。
〔註285〕《新唐書》，卷三。
〔註286〕《舊唐書》，卷六。
〔註287〕《新唐書》，卷四。
〔註288〕《通鑑・唐紀》卷二百四，垂拱四年。

《舊唐書‧僖宗本紀》謂：「是月，全忠收合殘眾攻幽州，李可舉舉室登樓自焚而死，全忠自稱留後。」〔註289〕

《新唐書‧僖宗本紀》謂：「六月，幽州盧龍軍亂，殺其節度使李可舉，其將李全忠自稱留後。」〔註290〕

《通鑑》謂：「李全忠既喪師，恐獲罪，收餘眾還襲幽州；六月，李可舉窘急，舉族登樓自焚死，全忠自為留後。」〔註291〕

《通鑑》同《舊唐書》，李可舉是自焚而死無疑，但《新唐書》寫成「其將李全忠自稱留後」。意即李可舉為李全忠所殺，非也。似為書法而曲解事實。

（3）劉　泊

《舊唐書‧太宗本紀》書：「侍中、清苑男劉泊以罪**賜死**。」〔註292〕

《新唐書‧太宗本紀》書：「庚申，**殺**劉泊。」〔註293〕

劉泊以罪賜死，故《新書》書「殺」而省官職。

李懷讓、魚朝恩、田布、史朝義、蔣王惲、零陵王六例主要說明《新唐書》不一。《新唐書》書自殺有按實直書，甚至魚朝恩為「有罪自殺」。若韓王元嘉、魯王靈夔、李可舉自殺，《新唐書》書「殺」。可視為無罪而死，但就人物自殺時，《新唐書》有書「自殺」為按實書寫，或書「殺」為「無罪而死」。

賜死與自殺有何差別？賜死是皇上讓臣子選擇最尊嚴的死亡，仍是自殺。賜死書殺者除劉泊外，尚有劉禕之、魏玄同、崔詧。

	《舊唐書》	《新唐書》	
劉泊	侍中、清苑男劉泊以罪賜死。	庚申，殺劉泊。	賜死
劉禕之	庚午，劉禕之賜死於家。	庚午，殺劉禕之。	賜死
魏玄同、崔詧	九月，納言魏玄同賜死于家。	閏月甲午，殺魏玄同、夏官侍郎崔詧。	賜死

《新唐書》就《舊唐書》「賜死」處，有書「自殺」，或書「殺」者，因此歐陽脩書殺的書法仍有與其他書法混淆的情形。

〔註289〕《舊唐書》，卷十九下。
〔註290〕《新唐書》，卷九。
〔註291〕《通鑑‧唐紀》卷二百五十六，光啓元年。
〔註292〕《舊唐書‧太宗本紀》，卷三。
〔註293〕《新唐書‧太宗本紀》，卷二。

小　結

一、《舊唐書》本紀書「殺」

　　《舊唐書》多是呈現其面貌。書法體例上仍有特色，如李氏封王死書薨。至於書弒僅史思明、安祿山部取，餘則與《新唐書》本紀相同。而死因多按實直書，呈現最眞實的面貌，但如柳璨等賜死書於詔書，《舊唐書》全文記載，不夠精簡，是爲一失。

二、《新唐書》本紀書「殺」矛盾

　　《新唐書》是有書法，書殺且含官職者爲無罪而死，無官職者爲有罪不及死。有罪應死則書伏誅，戰死者曰「死之」。而《新書》書殺者有源自於《舊書》書殺者，如兩書兩書相同，亦有《舊唐書》書「賜死」而歐公書「殺」者。

　　而書法本身頗多例外之處，如自殺者，有書「自殺」，有書「殺」。弒逆者，書殺不書弒。而書法基礎是當時死者死時的狀況爲判準，故死時有罪，便書伏誅。有罪不及死不書官，如李輔國。同時，歐公也加入自己命義，如陳弘志書「殺」不書「弒」。而部分又按實直書。就成爲歐公本紀書殺有紀實、依書法、及歐公命義三種情形，故王鳴盛言「其義例之參錯不一」概由於此。

　　因此，書「殺」便與「弒」產生問題，如宇文化及、王世充。書盜殺三例僅一例書官職，且爲隋臣，而李輔國、武元衡不職稱，恐有議論之處。但武元衡不書官職，個人似爲不妥。

三、《新唐書》書「殺」不一致的影響

　　《新唐書》書「殺」不一致問題。主因在書「殺」死時是否有罪、是否其罪該死。事實與書法不一、各書法之間互相涵蓋，如應爲自殺，而書死之。這顯示歐公擬定書法，與書寫實際情形有所出入。這有損書法建立褒貶是非之原意，也使讓事實混淆，多須見其他文獻方知全貌。

第五節　兩《唐書》論贊研究

　　論贊的意義劉知幾謂「夫論者，所以辯疑惑，釋凝滯。」〔註294〕故論贊爲褒貶人物，論斷是非，抒發議論。《舊唐書》論贊分爲「史臣曰」與「贊曰」，「史臣曰」始於司馬氏紀傳世家，每篇綴以評斷，此爲論體〔註295〕。班固因之，乃不稱論稱「贊」，范曄則每篇並用兩體，論無韻，贊有韻，而且整比其句，概作四言。故《舊

〔註294〕《史通・論贊》，卷四。
〔註295〕《十七史商榷》，卷六十九「《新書》盡黜《舊書》論贊」。

唐書》兼有無韻之論與有韻之贊兩類。《新唐書》則師法班固，將有韻之贊改爲無韻的散文，且非各傳一傳。

　　歷來學者多貶《舊唐書》褒《新唐書》論贊，以《春秋》大義，蘊於散文之體，遠勝《舊書》論贊。王鳴盛「《新書》盡黜《舊書》論贊」〔註296〕則持《舊唐書》論贊不可偏廢。

　　重點有三：

1. 《舊唐書》論贊「文法排儷，稍嫌板實」，優點爲「評斷精確」。

2. 《新唐書》論贊「自成偉議，高情遠識」。言〈高祖贊〉爲脫題文章。〈太宗贊〉爲「題外生枝」。

3. 帝紀合贊的評價，稱：

> 中宗、睿宗舊雖作一卷，然仍各論，新乃并中宗於武后，睿宗於玄宗，方共爲一贊。武后、中宗先泛說武后之入紀合《春秋》書法，而中宗直以駕空了之，睿宗、玄宗則但說玄宗，而直略過睿宗，置之不議，其行文多入語助，好用嗚呼！故爲紆迴頓挫、俯仰揖讓之態，其末輒取複句云，可謂難哉！可不慎哉！層見疊出，一唱三嘆！欲使讀者咀之有餘味！悠然自得其意於言外，遂奮筆全易之。〔註297〕

此三點皆點明歐公好爲高論的特色。

　　何恆澤在《歐陽修經史學》〔註298〕中反駁王鳴盛上述三個論點，如下：

1. 諸帝合傳非始歐公，至謂歐帝一贊，則蔚宗已開其先，（若順沖質三帝共一贊）歐公亦步趨而已。

2. 在推論上，先認定《舊唐書》論贊繁雜。認爲論贊不過爲文中重出，如「後人或謂史書篇中所述賢否已昭然明白，敘而復斷，更無逸事，不免繁雜。甚者謂贊語之作，多錄紀傳之言，其有所異，惟加文飾而已。〈明史稿例議上〉所以認爲舊書論贊不脫前史窠臼。所以《新書》是「免於與史傳重覆之弊。」

3. 例證上舉武后與順宗兩贊，武后贊如西莊所言「高情遠識」、「自成偉議」，但比《舊書》武后贊言「漢晉之惠盈輩」爲優。

4. 言《舊書‧順宗本紀》「史臣曰」是「據實錄，繁簡失當，拙於取舍致順宗懿行，昧而不章。論贊亦多敷衍浮辭。」〔註299〕說《新唐書‧順宗本紀》「贊曰」謂：

〔註296〕同註295。
〔註297〕同註295。
〔註298〕《歐陽修經史學》，頁140。
〔註299〕同註298。

「新紀乃取舊紀史臣韓愈所論一段，置諸紀端，然後順宗寬仁重禮，喜學能斷之德乃見。」〔註300〕言德宗，「贊」稱「能洞察有唐一代洎治興亡之幾。」〔註301〕論〈憲宗贊〉，「贊」稱「歐公又繼之論小人欺國之害，謂不必愚君暗主，即聰明聖智，苟有所惑，亦未有不爲患者也。此其意又見於歐公〈爲君難論〉上、下篇及〈朋黨論〉一文，實可與史贊之語相發明也。」〔註302〕故認爲《舊書》、《新書》二者之識見，有淺深之別矣。

其實論贊的文體爲散文或韻文、是獨贊或合贊並非問題的關鍵，其癥結仍是論贊對褒貶人物是非、抒發議論是否能辯疑惑，釋凝滯，以達到「評斷精確」的效果？故檢驗兩書論贊的方法即觀察論贊陳述人物評論的有效性、正確性。所以本節分爲一、《舊唐書》論贊，二、《新唐書》贊曰與三、分析三個部分討論。

壹、《舊唐書》論贊

一、反映時代特色

大陸學者謝保成認爲《舊唐書》論贊反映著時代特色，謂：

> 《舊唐書》對唐代不同時期的歷史認識，高祖事，反映太宗時的觀點；太宗、高宗、武則天直至睿宗史事，反映玄宗前期觀點；玄宗至順宗史事，以憲宗時的認識爲主；憲宗至武宗，取宣宗、懿宗時觀點較多；宣宗以下，則主要是五代前半段的看法。這一特點，比較明顯地集中在二十卷帝紀中。〔註303〕

而此論述大致屬實。

而反映前朝的原因與史官撰成爲論贊有關。《舊唐書》二十帝紀論贊中有用「臣觀」、「臣讀」等字，皆是出自唐代史官之筆，如〈太宗本紀〉史臣曰：「臣觀文皇帝，發迹多奇，覿明神武。」〔註304〕〈肅宗本紀〉史臣曰：「臣每讀詩至許穆夫人閔宗國之顛覆，周大夫傷宮室之黍離，其辭情於邑，賦論勤懇，未嘗不廢書興歎。」〔註305〕如〈哀帝本紀〉史臣曰：「臣常接咸通耆老，言恭惠皇帝故事。」〔註306〕同時也反映史官對前朝帝王的評價。因此評論上有完整而明確的特色。

〔註300〕同註298。
〔註301〕同註298。
〔註302〕同註298。
〔註303〕《隋唐五代史學》，頁318。
〔註304〕《舊唐書》，卷三。
〔註305〕《舊唐書》，卷十。
〔註306〕《舊唐書》，卷十九上。

時期的特色大致可從太宗、玄宗、德宗、憲宗四位皇帝來看。

（一）太　宗

　　史官對太宗評價可分為兩部分，一是功，二是失。這與太宗前期、中期治道與中期後的轉變相關。就其功，史臣曰：

　　　　臣觀文皇帝，發迹多奇，英明神武。拔人物則不私於黨，負志業則咸盡其才。所以屈突、尉遲，由仇敵而願傾心脅；馬周、劉洎，自疎遠而卒委鈞衡。終平泰階，諒由斯道。嘗試論之：礎潤雲興，蟲鳴蔮躍。雖堯、舜之聖，不能用檮杌、窮奇而治平；伊、呂之賢，不能為夏桀、殷辛而昌盛。君臣之際，遭遇斯難，以至抉目剖心，蟲流筋擢，良由遭值之異也。以房、魏之智，不踰于丘、軻，遂能尊主庇民者，遭時也。〔註307〕

而太宗之過，史臣曰：

　　　　或曰：以太宗之賢，失愛於昆弟，失教於諸子，何也？曰：然，舜不能仁四罪，堯不能訓丹朱，斯前志也。當神堯任讒之年，建成忌功之日，苟除畏偪，孰顧分崩，變故之興，間不容髮，方懼「毀巢」之禍，寧虞「尺布」之謠？承乾之愚，聖父不能移也。若文皇自定儲於哲嗣，不騁志於高麗；用人如貞觀之初，納諫比魏徵之日。況周發、周成之世襲，我有遺妍；較漢文、漢武之恢弘，彼多慚德。迹其聽斷不惑，從善如流，千載可稱，一人而已！〔註308〕

以「或曰」敘述立儲與玄武門事件的評價，「尺布」則指兄弟不相容〔註309〕。論贊總結太宗過失在逆兄弟、晚年立儲君、征伐高麗、及用人問題上。其中以逆兄弟之事最為重要，故以極大的篇幅議論，以大唐外敵蠢動曲筆太宗弒兄之事。

（二）玄　宗

　　玄宗論贊也可分為兩期，前期為先天到開元，後期是天寶年間。前期為屬精圖志，論述可見開元盛況，謂：

　　　　我開元之有天下也，糾之以典刑，明之以禮樂，愛之以慈儉，律之以軌儀。黜前朝徼倖之臣，杜其姦也；焚後庭珠翠之玩，戒其奢也；禁女樂而出宮嬪，明其教也；賜酺賞而放哇淫，懼其荒也；友于而敦骨肉，厚其俗也；蒐兵而責帥，明軍法也；朝集而計最，校吏能也。廟堂之上，無非

〔註307〕同註304。

〔註308〕同註304。

〔註309〕「尺布」取自《漢書·淮南衡山濟北王傳》，卷四十四，謂：「十二年，民有作歌歌淮南王曰『一尺布，尚可縫；一斗粟，尚可舂，兄弟二人，不相容！』」

經濟之才；表著之中，皆得論思之士。而又旁求宏碩，講道藝文。昌言嘉謨，日聞於獻納；長轡遠馭，志在於昇平。貞觀之風，一朝復振。于斯時也，烽燧不驚，華戎同軌。西蕃君長，越繩橋而競款玉　；北狄酋渠，捐毳幕而爭趨鴈塞。象郡、炎州之玩，雞林、鯷海之珍，莫不結轍於象胥，駢羅於典屬。膜拜丹墀之下，夷歌立仗之前，可謂冠帶百蠻，車書萬里。天子乃覽雲臺之義，草泥金之札，然後封日觀，禪雲亭，訪道於穆清，怡神於玄牝，與民休息，比屋可封。於時垂髫之倪，皆知禮讓；戴白之老，不識兵戈。虜不敢乘月犯邊，士不敢彎弓報怨。「康哉」之頌，溢于八紘。所謂「世而後仁」，見於開元者矣。年踰三紀，可謂太平。〔註310〕

後期則總結失敗之因爲「用人之失」，謂：

自天寶已還，小人道長。如山有朽壞，雖大必虧；木有蠹虫，其榮易落。以百口百心之讒諂，蔽兩目兩耳之聰明，苟非鐵腸石心，安得不惑！而獻可替否，靡聞姚、宋之言；妒賢害功，但有甫、忠之奏。豪猾因茲而睥睨，明哲於是乎卷懷，故祿山之徒，得行其僞。屬階之作，匪降自天，謀之不臧，前功併棄。惜哉！〔註311〕

從「小人道長」。道出玄宗之失在「用人問題」。史官近而議論君王任用載府的影響謂：

國無賢臣，聖亦難理；山有猛虎，獸不敢窺。得人者昌，信不虛語。昔齊桓公行同禽獸，不失霸主之名；梁武帝靜比桑門，竟被臺城之酷。蓋得管仲則淫不害霸，任朱异則善不救亡。〔註312〕

以正反兩例對舉，強調君王識人之重要。值得注意此處史臣對梁武帝的評價，宰輔諫佛皆謂「梁武帝身爲寺奴，皆亡國殄家。」〔註313〕此處謂「任朱异則善不救亡。」點明梁武帝的災難仍在用人不當，而非學佛所致，故得人者仍須識人。

（三）德　宗

德宗主政時期是唐代社會面臨轉變的時代，。在位二十五年間完成社會制度的大變革。略陳改革成果如「去無名之費，罷不急之官；出永巷之嬪嬙，放文單之馴象；減太官之膳，誡服玩之奢；解鷹犬而放伶倫，止榷酤而絕貢奉。」〔註314〕這些

〔註310〕《舊唐書·玄宗本紀》，卷九。

〔註311〕同註310。

〔註312〕同註310。

〔註313〕此爲姚崇語。

〔註314〕《舊唐書》，卷十三。

事項也載於《舊書‧德宗本紀》。

對於德宗保奸傷善也有嚴厲的批評，如〔註315〕：

> 德宗在藩齒冑之年，曾爲統帥；及出震承乾之日，頗負經綸。故從初罷郭令戎權，非次聽楊炎謬計，遂欲混同華裔，束縛奸豪，南行襄漢之誅，北舉恆陽之伐。出車雲擾，命將星繁，罄國用不足以餽軍，竭民力未聞于破賊。一旦德音掃地，愁歎連甍，果致五盜僭擬於天王，二朱憑陵於宗社。奉天之窘，可爲涕零，罪己之言，補之何益。所賴忠臣戮力，否運再昌。雖知非竟逐於楊炎，而受佞不忘於盧杞。用延賞之私怨，奪李晟之兵符；取延齡之奸謀，罷陸贄之相位。知人則哲，其若是乎！貞元之辰，吾道窮矣。

故歸結的問題仍是皇帝獨斷獨行，削弱相權及保奸傷善。在〈順宗本紀〉史臣曰：「德宗不委政宰相，人間細務，多自臨決，姦佞之臣，如裴延齡輩數人，得以錢穀數術進，宰相備位而已。」〔註316〕德宗保奸傷善者諸如此類。

（四）憲　宗

憲宗論贊引史官蔣系之語，反映文宗、武宗前後期的觀點。值得注意的是此時黨爭對歷史態度的影響。使憲宗、穆宗、敬宗、文宗四朝出現記載上的矛盾與混亂。憲宗、穆宗、敬宗、文宗四朝實錄主要由牛黨史官修成，《敬宗實錄》爲李黨史官所修。但兩書在評價兩黨人物時，後晉史官，，取李黨觀點而不取牛黨，而如司馬光撰《通鑑》多採李黨觀點。

對現憲宗，史官仍分兩期敘述，就其功謂：

> 史臣蔣係曰：憲宗嗣位之初，讀列聖實錄，見貞觀、開元故事，竦慕不能釋卷，顧謂丞相曰：「太宗之創業如此，玄宗之致理如此，既覽國史，乃知萬倍不如先聖。當先聖之代，猶須宰執臣僚同心輔助，豈朕今日獨能爲理哉！」自是延英議政，晝漏率下五六刻方退。〔註317〕

> 表現憲宗屬精圖治的一面。其功有相權擴大，如「軍國樞機，盡歸之於宰相。由是中外咸理，紀律再張，果能剪削亂階，誅除群盜。」〔註318〕

憲宗其過則謂：

> 自貞元十年已後，朝廷威福日削，方鎮權重。德宗不委政宰相，人間

〔註315〕同註314。
〔註316〕《舊唐書‧憲宗本紀》，卷十五。
〔註317〕同註316。
〔註318〕《舊唐書‧憲宗本紀》，卷十五。

細務，多自臨決，姦佞之臣，如裴延齡輩數人，得以錢穀數術進，宰相備位而已。及上自藩邸監國，以至臨御，訖于元和，軍國樞機，盡歸之於宰相。由是中外咸理，紀律再張，果能剪削亂階，誅除群盜。睿謀英斷，近古罕儔，唐室中興，章武而已。任异、鏄之聚斂，逐群、度於藩方，政道國經，未至衰紊。惜乎服食過當，閹豎竊發，苟天假之年，庶幾于理矣！〔註319〕

《舊書》論贊對帝王的評價採正反俱呈的方式，而太宗、玄宗、憲宗成敗可分為前期之功與後期之過兩部分。

二、注意君王的德行細節

按謝保成分類僅到憲宗而已，個人認為宣宗是賢君故加以說明。從憲宗之後，史官多會提到君王的賢德的小細節，如上面提到憲宗讀列聖實錄，竦慕不能釋卷；延英議政，晝漏率下五六刻方退。順宗則有韓愈謂：「順宗之為太子也，留心藝術，善隸書。……性寬仁有斷，禮重師傅，必先致拜。從幸奉天，賊泚逼迫，常身先禁旅，乘城拒戰，督勵將士，無不奮激。德宗在位歲久，稍不假權宰相。左右倖臣如裴延齡、李齊運、韋渠牟等，因間用事，刻下取功，而排陷陸贄、張滂輩，人不敢言，太子從容論爭，故卒不任延齡、渠牟為相。嘗侍宴魚藻宮，張水嬉，綵艦雕靡，宮人引舟為櫂歌，絲竹間發，德宗歡甚，太子引詩人「好樂無荒」為對。每於敷奏，未嘗以顏色假借宦官。」〔註320〕即注意順宗的尊師、奮勇督戰、知人善任、不喜浮靡等德行細節。

〈文宗紀〉「史臣曰」又細分四條如下：

初，帝在藩時，喜讀《貞觀政要》，每見太宗孜孜政道，有意于茲。洎即位之後，每延英對宰臣，率漏下十一刻。

時憲宗郭后居興慶宮，曰太皇太后，敬宗母寶曆太后及上母蕭太后，時呼「三宮太后」。帝性仁孝，三宮問安，其情如一。嘗內園進櫻桃，所司啟曰：「別賜三宮太后。」帝曰：「太后宮送物，焉得為賜。」遽取筆改賜為奉。

宗正寺以祭器朽敗，請易之，及有司呈進，命陳於別殿，具冠帶而閱之，容色悽然。尤勤於政理，凡選內外群官，宰府進名，帝必面訊其行能，然後補除。

〔註319〕同註318。
〔註320〕《舊唐書・順宗本紀》，卷十四。

中書用鴻臚卿張賈爲衢州刺史，賈好博，朝辭日，帝謂之曰：「聞卿善長行。」對曰：「政事之餘，聊與賓客爲戲，非有所妨。」帝曰：「豈有好之而無妨也！」内外聞之悚息。〔註321〕

史官提到讀《貞觀政要》、每延英對宰臣，率漏下十一刻、改「賜」爲俸、不喜華貴、錄官帝必面訊其行能等。張賈好博之事，爲文宗之失，史官故書「内外聞之悚息。」

宣宗爲太子時即四處雲游。如《唐溪詩話》謂：「唐宣宗微行時以武宗忌之，遁跡爲僧。」〔註322〕即位後仍有微行，如《中朝故事》謂符：「大中皇帝（宣宗）多微行坊曲間，跨驢重載，縱目四顧，往往及暮方歸大內。」〔註323〕故爲帝後仍熟知鄉里民情。〈宣宗本紀〉「史臣曰」也多記載身邊小事，共分三條如下：

自寶曆已來，中人擅權，事多假借，京師豪右，大擾窮民。洎大中臨馭，一之日權豪斂迹，二之日姦臣畏法，三之日閹寺讋氣。由是刑政不濫，賢能效用，百揆四嶽，穆若清風，十餘年間，頌聲載路。

上宮中衣澣濯之衣，常膳不過數器，非母后侑膳，輒不舉樂，歲或小饑，憂形於色。雖左右近習，未嘗見怠惰之容。與群臣言，儼然煦接，如待賓僚，或有所陳聞，虛襟聽納。舊時人主所行，黃門先以龍腦、鬱金藉地，上悉命去之。

宮人有疾，醫視之，既瘳，即袖金賜之，誡曰：「勿令敕使知，謂予私於侍者。」其恭儉好善如此。〔註324〕

這三條多可見宣宗仁慈之舉。贊中並記晚年與軒轅集的談話，謂：

季年風毒，召羅浮山人軒轅集，訪以治國治身之要，其伎術詭異之道，未嘗措言。集亦有道之士也。十三年春，堅求還山。上曰：「先生少留一年，候於羅浮山別創一道館。」集無留意，上曰：「先生捨我亟去，國有災乎？朕有天下，竟得幾年？」集取筆寫「四十」字，而十字挑上，乃十四年也。興替有數，其若是乎！而帝道皇猷，始終無缺，雖漢文、景不足過也。惜乎簡籍遺落，舊事十無三四，吮墨揮翰，有所慊然。〔註325〕

學者多注意「惜乎簡籍遺落，舊事十無三四，吮墨揮翰，有所慊然。」因爲史

〔註321〕《舊唐書・文宗本紀》，卷十七下。
〔註322〕陳巖肖著，《唐溪詩話》，卷上。
〔註323〕尉遲偓著，《中朝故事》卷上。
〔註324〕《舊唐書》，卷十八下。
〔註325〕《舊唐書》，卷十八下。

官點出史籍殘缺的無奈。值得注意的是宣帝與軒轅集的對話，從史官之筆，可以感到命運弄人的無奈，且以史事表現這種對賢君的悵惘。此三事《新書》全無，僅書「宣宗精於聽斷，而以察爲明，無復仁恩之意。嗚呼，自是而後，唐衰矣！」〔註326〕僅注意明察聽斷，《新書》紀中不見其德行事蹟。

貳、《新唐書》的論贊

《新唐書》「贊曰」一改過去韻語的形式，以散文體裁評論人物得失。

一、《春秋》大義的延伸

《新唐書》與《舊唐書》有極大不同，論贊是歐陽修的創作，在視野上也多以春秋大義評論。《舊書》在論贊中有提到春秋之事，但爲借古喻今，如〈肅宗本紀〉史臣言讀詩至許穆夫人之事。歐公則多作爲立論的根據，計有責備於賢者、立〈則天紀〉原因、陳弘志弒君三事，宋祁則有評啖助以己意解《春秋》一事。略陳如下：

（一）責備於賢者

《新唐書》在論贊中提到《春秋》之筆很多，如歐公言太宗盛世之主後，言太宗「牽於多愛，復立浮圖，好大喜功，勤兵於遠，此中材庸主之所常爲。」〔註327〕所以說：「然春秋之法，常責備於賢者，是以後世君子之欲成人之美者，莫不歎息於斯焉。」〔註328〕

「牽於多愛」指嗣立儲君；「復立浮圖」指玄武門事變後復浮圖老子法（詳見本文第三章第四節），好大喜功是晚年生活浮靡；勤兵於遠是征遼東之事。故以四事責備太宗，與《舊唐書》不同處爲提出「復立浮圖」與「好大喜功」兩事論唐太宗。

（二）立〈則天紀〉原因

則天贊的第一部分談立〈則天本紀〉合乎《春秋》之法，謂：「昔者孔子作春秋而亂臣賊子懼，其於弒君簒國之主，皆不黜絕之，豈以其盜而有之者，莫大之罪也，不沒其實，所以著其大惡而不隱歟？」〔註329〕故師司馬遷、班固之法，言「抑亦偶合於春秋之法也。」第二部分言「爲善者罹於凶；爲惡者幸而免者」之論。見本文第五章第四節。

（三）陳弘志弒君

書「殺」例中提到陳弘志弒君之事，〈文紀贊〉謂「《春秋》之法，君弒而賊不

〔註326〕《新唐書》，卷八。
〔註327〕《新唐書》，卷二。
〔註328〕同註327。
〔註329〕《新唐書》，卷四。

討，則深責其國，以為無臣子也。憲宗之弑，歷三世而賊猶在。至於文宗，不能明弘志等罪惡，以正國之典刑，僅能殺之而已，是可歎也。」〔註330〕似譏諷文宗不能正典刑，故不言「弑」，而用「反」。但又提到宦官亂政，言「然其仁而少斷，承父兄之弊，宦官橈權，制之不得其術，故其終困以此。甘露之事，禍及忠良，不勝冤憤，飲恨而已。由是言之，其能殺弘志，亦足伸其志也。」〔註331〕認為「能殺弘志，亦足伸其志也。」雖文宗殺陳弘志不合《春秋》弑君討賊，但以當時情勢亦算是申文宗之志。

（四）評啖助以己意解《春秋》

啖助字叔佐，趙州人，《舊唐書》無此人傳，宋祁列啖助於《新唐書》傳中。啖為陸質、趙匡之師。《新唐書・啖助傳》謂其特色：「助愛公、穀二家，以左氏解義多謬，其書乃出於孔氏門人。且《論語》孔子所引，率前世人老彭、伯夷等，類非同時；而言「左丘明恥之，丘亦恥之」。丘明者，蓋如史佚、遲任者。又《左氏傳》、《國語》，屬綴不倫，序事乖剌，非一人所為。蓋左氏集諸國史以釋《春秋》，後人謂左氏，便傅著丘明，非也。助之鑿意多此類。」〔註332〕其贊對啖助評價如下：

> 左氏與孔子同時，以魯史附春秋作傳，而公羊高、穀梁赤皆出子夏門人。三家言經，各有回舛，然猶悉本之聖人，其得與失蓋十五，義或繆誤，先儒畏聖人，不敢輒改也。啖助在唐，名治春秋，摭訕三家，不本所承，自用名學，憑私臆決，尊之曰「孔子意也」，趙、陸從而唱之，遂顯于時。嗚呼！孔子沒乃數千年，助所推著果其意乎？其未可必也。以未可必而必之，則固；持一己之固而倡茲世，則誣。誣與固，君子所不取。助果謂可乎？徒令後生穿鑿詭辨，詬前人，捨成說，而自為紛紛，助所階已。〔註333〕

而錢大昕《十駕齋養新祿》卷六「宋景文識見勝於歐公」，謂：

> 《唐書》歐陽修撰〈本紀〉、〈志〉、〈表〉，宋祁撰列傳。後世重歐陽修知名，頗惜列傳不出公手。予讀儒學傳啖助論云，啖助，在唐名治春秋，摭訕二家，不本所承。自用名學，憑私臆決，尊之曰：「孔子意也！」趙陸從而唱之，遂顯於時，嗚呼！孔子沒乃數千年，助所推著，果其意乎，其未可必也，以未可必而必之，則固。持一己之固而倡茲世，則誣，誣與

〔註330〕《新唐書》，卷八。
〔註331〕同註330。
〔註332〕《新唐書・儒學傳》，卷二百。
〔註333〕同註332。

固，君子所不取，助果畏可乎？徒令後生穿鑿詭辯，詬前人，捨成説，而
自謂紛紛，助所階己。此等議論，歐陽修所不能道。歐陽修之童子問，正
宋所譏捨成説而詬前人者也。其後王安石，鄭樵輩出，以穿鑿杜撰爲經學，
詆毀先儒，肆無忌憚，景文已先見及之矣！〔註334〕

故《新唐書》言《春秋》大義實應分爲兩部分，第一是歐陽修以己意解《春秋》，及
前述責備於賢者、立〈則天本紀〉及陳弘志弒君者，乃從《春秋》延伸論斷的理路。
第二部分是啖助以己意解《春秋》，列傳出於景文之手，對於啖助以己意解《春秋》
予以批評，其見識高於歐公。

二、帝王綜合評論

歐公多在論贊中將帝王加以比較，是從相似的條件中加以評論，如下：

（一）唐代三盛世

三位盛主有太宗、玄宗、憲宗，歐公言：

嗚呼，可謂難得也！唐有天下，傳世二十，其可稱者三君，玄宗、憲
宗皆不克其終，盛哉，太宗之烈也！其除隋之亂，比迹湯、武；致治之美，
庶幾成、康。自古功德兼隆，由漢以來未之有也。〔註335〕

言三盛主僅太宗盛至其終，玄宗、憲宗皆爲不克其終。

（二）安史之亂與黃巢之亂

肅宗、僖宗各時逢安史之亂與黃巢之亂，將兩帝相比可以看出其平亂能力，謂：

天寶之亂，大盜遽起，天子出奔。方是時，肅宗以皇太子治兵討賊，
真得其職矣！然以僖宗之時，唐之威德在人，紀綱未壞，孰與天寶之際？
而僖宗在蜀，諸鎮之兵　合糺力，遂破黃巢而復京師。由是言之，肅宗雖
不即尊位，亦可以破賊矣。〔註336〕

故歐公將兩帝平亂作比較，稱善肅宗。歐公比較安史與黃巢兩事是很正確的。
但從歸因的理由仍可再作推論。按「唐之威德在人，紀綱未壞」並非僖宗時的真實
面貌，藩鎮問題比肅宗更嚴重，加上宦官亂政，怎能說綱紀未壞，故歐公找到問題，
但沒找出關鍵原因及正確答案。

（三）遜位以授其子

遜位授其子，指高祖授太宗、睿宗授玄宗、玄宗授肅宗。〈肅宗本紀〉贊曰：

〔註334〕清‧錢大昕撰：《十駕齋養新錄》（收於《嘉定錢大昕全集》第七集，江蘇古籍出版
社），卷六輯。
〔註335〕《新唐書》，卷二。
〔註336〕《新唐書》，卷六。

〔註337〕

　　　　蓋自高祖以來，三遜于位以授其子，而獨睿宗上畏天戒，發於誠心，
　　若高祖、玄宗，豈其志哉！

故爲歐公感嘆之詞。高祖因秦王玄武門之變，有感政權不保，便傳位給李世民。玄宗
因安史逃難，故由太子監國而後即位，亦迫於形勢。僅睿宗因天象有異，而傳德避災。
由玄宗即位（此事見於本章第二節），帝王遜位，形勢逼人，有不得委曲求全耳。

參、分　析

一、《新唐書》論點矛盾

　　歐公寫贊有論點上的矛盾與衝突，共計有言「中材庸主」、陳弘志弒主、僖宗時
綱紀未壞等，略陳如下：

（一）中材庸主

　　歐公撰本紀論贊，有兩處提到「中材庸主」，一者見於前述〈太宗本紀〉贊曰，
另見於〈代宗本紀〉贊曰：「代宗之時，餘孽猶在，平亂守成，蓋亦中材之主也！」
〔註338〕

　　歐公在〈太宗贊〉言四事爲中才庸主所常爲，並以此深責太宗，此四事除復立
浮圖爲創見外，餘三者皆有所本。言常爲不一定代表太宗爲中材庸主，但代宗守成，
亦言爲中材庸主。這是否意味太宗「中才庸主所常爲」可言於代宗？或言代宗可及
於太宗？

　　問題是歐公言太宗其盛，故四事由負向列舉；對代宗則是正向列舉。使「中材
庸主」一名詞，產生不同標準。

（二）僖宗時綱紀已壞

　　前面提到歐公將蕭宗與僖宗比較，因爲「紀綱未壞」故認爲僖宗治亂能力不足。
但觀懿僖合贊，總結唐亡原因除方鎮外，另爲國朝不正，謂：〔註339〕

　　　　蓋朝廷天下之本也，人君者朝廷之本也，始即位者人君之本也。其本
　　始不正，欲以正天下，其可得乎？懿、僖當唐政之始衰，而以昏庸相繼；
　　乾符之際，歲大旱蝗，民愁盜起，其亂遂不可復支，蓋亦天人之會歟！

「乾符之際」實指乾符元年大災荒，次年黃巢起義。此有兩問題，一是僖宗時

〔註337〕同註336。
〔註338〕同註336。
〔註339〕《新唐書》，卷九。

紀綱如何？依歐公「懿、僖當唐政之始衰」言，若指懿宗開始，那僖宗時唐政已衰。若指「懿、僖」始衰，然穆宗後宦立七君，若綱紀未壞，何以儲君不由皇帝所立而由宦官。歐公言「其本始不正」，這不正指「紀綱已壞」。因此，肅宗贊言僖宗「綱紀未壞」並非事實。

第二，綱紀已壞，肅宗與僖宗比較，肅宗的結論就有問題。肅宗可以破賊是有賴優秀的將領如郭子儀、李光弼等。另有穩定江南經濟命脈，使財富可作軍資。僖宗既無良將、經濟殘破（黃巢入侵江南），何以能勝黃巢？歐公未分析兩帝平亂成功原因來，僅視功在肅宗之能，對僖宗有欠公允。

這些矛盾在單一論贊中可以成為有效論點，綜合《新唐書》贊曰，其相似論點即有矛盾，顯示歐公論據的單向，或思想的片段性，未能成為合理架構。

二、兩《唐書》論贊相同處

（一）憲宗論贊引史官韓愈之言

《舊唐書》順宗史臣曰：「居儲位二十年，天下陰受其賜。惜乎寢疾踐祚，近習弄權；而能傳政元良，克昌運祚，賢哉！」〔註340〕《新唐書》順宗贊曰：「昔韓愈言，順宗在東宮二十年，天下陰受其賜。然享國日淺，不幸疾病，莫克有為，亦可以悲夫！」〔註341〕而「留心藝術，善隸書」、「性寬仁有斷，禮重師傅，必先致拜」、「從幸奉天，賊泚逼迫，常身先禁旅，乘城拒戰，督勵將士，無不奮激」、「每於敷奏，未嘗以顏色假借宦官。」皆不書。

（二）文宗論贊引喜讀《貞觀政要》

兩《唐書》同引文宗喜讀《貞觀政要》洎即位之後，每延英對宰臣，率漏下十一刻。《舊唐書·文宗本紀》史臣見於上，此處歐公言：

> 文宗恭儉儒雅，出於天性，嘗讀太宗政要，慨然慕之。及即位，銳意於治，每延英對宰臣，率漏下十一刻。〔註342〕

（三）哀帝有志復興，惜無人才

《舊唐書·哀帝本紀》史官曰：「昭宗皇帝英猷奮發，志憤陵夷，帝求奇傑之才，欲拯淪胥之運。而世途多僻，忠義俱亡，極爵位以待賢豪，罄珍奇而託心腹。」〔註343〕

《新唐書·哀帝本紀》贊曰：「昭宗為人明雋，初亦有志於興復，而外患已成，

〔註340〕《舊唐書》，卷十四。
〔註341〕《新唐書》，卷七。
〔註342〕《新唐書》，卷八。
〔註343〕《舊唐書》，卷二十下。

內無賢佐，頗亦慨然思得非常之材，而用匪其人，徒以益亂。」〔註344〕
同樣提到哀帝有志復興，卻無人才。

小　結

《舊唐書》論贊反映時代特色，如太宗、玄宗、德宗言用人問題，在憲宗以後多注意人物的德行問題。《舊唐書》論贊為各時代史官的沉澱，雖「評斷精確」，無史觀的整體性。就《新唐書》而言，論贊較《舊書》應有更大的發揮與前瞻，同時將《舊書》優異處保留。綜觀相同處僅引韓愈言順宗事、文宗憂勤公牘及昭帝有志復興，困於乏才。故「自成偉議」即是歐公多與《舊唐書》論贊不同處。

《新唐書》用嗚呼等語助詞，個人認為是次要問題，主要問題是對人物評價與《舊唐書》不同，《新唐書》有獨發議論或由《春秋》大義延伸的褒貶，究其內容正是「自成偉議，高情遠識」。若更細緻的獨以各紀論贊來看，雖「高情遠識」言之成理。但合而觀之又產生許多論點上的矛盾，如中材庸主標準不一、僖宗時綱紀已壞，呈現歐公撰論贊論點的片段性，這是「自成偉議」最大的問題。

何澤恆引《明史議例》言「甚者謂贊語之作，多錄紀傳之言，其有所異，惟加文飾而已。」言《舊書》論贊為紀傳重出，若以宣宗論贊為例，此三事《新書》全無，僅書「宣宗精於聽斷，而以察為明，無復仁恩之意。嗚呼，自是而後，唐衰矣！」〔註345〕僅注意明察聽斷，《新書》紀中不見其德行事蹟者，豈不為歐公遺珠之憾。劉知幾謂史有三長；三長者，才學識也。章實齋益之以史德。具此是四者然後可以撰史論史。其實苟無才學德，亦不得有真識。就此言，兩書論贊互有見長，究其價值《舊唐書》論贊遠勝歐公。

第六節　兩《唐書》避諱考論

諱字，《說文》曰：「誋也」（告誡），《廣雅·釋詁三》曰：「避也」。而主要是誡避人名。就避諱的對象可分為公諱與私諱。公諱，亦稱國諱，指全國臣民都要敬避的尊者之名；私諱，亦稱家諱，指家族內避宗親長者之名。此外，還有使臣避出使國之諱等。由避諱現象也可以看出兩《唐書》避諱的書法原則。

壹、避唐代皇帝諱

〔註344〕《新唐書》，卷十。
〔註345〕《新唐書》，卷八。

　　兩《唐書》中唐代皇帝的避諱可分為兩部份討論，一是人名、官職、地名避皇帝的諱。二是行文敘述上的避諱。

一、人名、官職、地名的避諱

　　人名、官職、地名的避諱，可見下表。本表參考高振鐸著《古籍知識手冊》〔註346〕所附表格，並加以修改，括弧處為摘錄原書內容。無括弧者為兩《唐書》避諱實例。表格共分帝號、名諱、兩《唐書》事例，以了解避唐代皇帝諱的情形。

世　次	名　諱	所　出	兩《唐書》事例
高祖（李氏）	淵	仕隋為唐國公，自太原留守起兵入長安。	（淵字改為泉，或改為深。改漢清淵縣為清泉，後又改臨清。）
祖父	虎		（虎字改為武、獸、豹、彪。虎賁改武賁。韓虎改名豹，又改禽。改虎丘為武丘或獸丘。）
父	昞		（昞、炳、丙、秉，皆改為景。改蕭昞為蕭景。）
太子	建成		（建成縣改高安。晉城縣，改晉安。）
太宗	世民	高祖次子，封秦王。	李勣，曹州離狐人也。隋末，徙居滑州之南。本姓徐氏，名世勣，永徽中，以犯太宗諱，單名勣焉。〔註347〕 （世改為代，或為系。從世之字改從云，或從曳。民改為人，或從畍。從民之字改從氏。世宗稱代宗。《世本》作《系本》，泄作洩。）
高宗	治	太宗第九子，封晉王。	徐有功名弘敏，敬孝敬皇帝諱，以字行，國子博士文遠孫也。〔註348〕 （「治」改為「持」，為理，或為化。稚改為幼。治書侍御史改持書侍御史。諸州治中改司馬。）
太子	忠		永徽三年，避太子諱，改中郎將

〔註346〕高振鐸著《古籍知識手冊》（萬卷樓圖書有限公司，1997年8月初版）歷代帝王諱字表，頁448。
〔註347〕《舊唐書·李勣傳》，卷六十七，《新唐書·李勣傳》，卷九十三。
〔註348〕《新唐書·徐有功傳》，卷一百一十三。

			將曰旅賁郎，郎將曰翊軍郎。
太子	弘		孝敬皇帝爲太子時，改弘教門爲崇教門；沛王爲皇太子，改崇賢館爲崇文館。皆避名諱，以尊典禮。〔註349〕 武德初置修文館，後改爲弘文館。後避太子諱改曰昭文館。
中宗	顯中間曾改名「哲」		
武后	曌（照）	高宗皇后。改國號曰「周」。	1. 懿德太子重潤，中宗長子也。本名重照，以避則天諱，故改焉。〔註350〕 2. 元忠始名眞宰，以諸生見高宗，高宗慰遣，不知謝即出，儀舉自安，帝目送謂薛元超曰：「是子未習朝廷儀，然名不虛謂，眞宰相也。」避武后母諱，改今名。〔註351〕
祖父	華		1. 崔玄暐，博陵安平人也。父行謹，爲胡蘇令。本名曄，以字下體有則天祖諱，乃改爲玄暐。〔註352〕 2. 華州垂拱二年避武氏諱曰太州，神龍元年復故名，上元二年又更名太州，寶應元年復故名，乾寧四年曰興德府。〔註353〕
父	士		韋思謙，鄭州陽武人也。本名仁約，字思謙，以音類則天父諱，故稱字焉。〔註354〕
母	眞		
殤帝	重茂	中宗少子，封溫王	

〔註349〕《舊唐書·王方慶傳》，卷八十九。
〔註350〕《舊唐書·重潤傳》，卷八十六；《新唐書·懿德太子重潤傳》，卷八十一。
〔註351〕《新唐書·魏元忠傳》，卷一百二十二。
〔註352〕《舊唐書·崔玄暐傳》，卷九十一。
〔註353〕《新唐書·地理志關內道》，卷三十七。
〔註354〕《舊唐書·韋思謙傳》，卷八十八；《新唐書·韋思謙傳》，卷一百一十六。

睿宗	旦，初名旭輪，又名輪。	高宗帝八子，封預王。	張仁愿，以音類睿宗諱改焉。〔註355〕
玄宗	隆基	睿宗第三子。	1. 惠文太子範，始名隆範。玄宗立，與薛王隆業避帝諱去二名。〔註356〕 2. 及高宗崩，改治康舞曰化康以避諱。〔註357〕 3. 劉子玄名知幾，以玄宗諱嫌，故以自行。〔註358〕
肅宗	亨，初名「嗣昇」	玄宗第三子。	亨改通。亨於經籍作享。
代宗	豫，初名俶。	肅宗長子，封廣平王。	**豫章寶應元年六月，以犯代宗諱，改為鐘陵，取地名。**〔註359〕 宿遷　晉宿預縣，隸泗州。寶應元年，以犯代宗諱，改「預」為「遷」，仍隸徐州。 蔡州鼎即豫州鼎，避代宗諱追改。
德宗	适	代宗之子	括州　大曆十四年夏五月，改為處州，避德宗諱〔註360〕。 普王為襄漢元帥，進復戶部尚書、統軍長吏。舊制謂「行軍長吏」，德宗復父諱更之。〔註361〕
順宗	誦	德宗之子。	誦改為詠。鬥誦律改為鬥競律。
憲宗	純，初名淳	順宗之子。	1. 韋處厚字德載，京兆人。父萬，監察御史，為荊南節度參謀。處厚本名淳，避憲宗諱，改名處厚。〔註362〕 2. 韋貫之名純，避憲宗諱，以

〔註355〕　《舊唐書·張仁愿傳》，卷九十三。
〔註356〕　《新唐書·惠文太子範傳》，卷八十一。
〔註357〕　《新唐書·禮樂志》，卷二十一。
〔註358〕　《新唐書·劉子玄傳》，卷一百三十二。
〔註359〕　《舊唐書·地理志江南道》，卷四十。
〔註360〕　《舊唐書·地理志江南道》，卷四十。
〔註361〕　《新唐書·蕭瑀傳》，卷一百十一。
〔註362〕　《舊唐書·韋處厚傳》，卷一百五十九;《新唐書·韋處厚傳》，卷一百五十八。

			字行。後周柱國夐八世孫。〔註363〕
			3. 王紹，本名純，避憲宗諱改焉。〔註364〕
			4. 永貞元年十二月改純化帷慕化，以避憲宗廟諱。
穆宗	恆，初名宥。	憲宗第三子。	恆改為常。恆州改為鎮州。恆農改為宏農。恆岳改為鎮岳。恆山改為平山。
敬宗	湛	穆宗長子。	茂諶避國諱改茂休，開成二年登進士第，四遷太常博士、兵部員外郎、吏部郎中、絳州刺史，位終祕書監。〔註365〕
文宗	昂，初名涵。	穆宗次子，封江子。	鄭涵改名鄭澣。
武宗	炎，初名瀍。	穆宗第五子，封穎王。	李回字昭度，宗室郇王禕之後。父如仙。回本名躔，以避武宗廟諱。〔註366〕
宣宗	忱，初名怡。	憲宗第十三子，風光王。	
懿宗	漼，初名溫。	宣宗長子，封鄆王。	
僖宗	儇，初名儼。	懿宗第五了，封晉王。	
昭宗	曄，初名傑，又名敏	懿宗第七子，封壽王。	
哀帝	柷（祝），初名祚。	昭宗第九子，封輝王。	

　　由兩《唐書》中，避皇帝的諱有改人名、改地名兩個方法。皇帝所諱之字，兩書皆有記載。

三、敘事避諱

〔註363〕《新唐書・韋處之傳》，卷一百六十九。
〔註364〕《新唐書・王紹傳》，卷一百四十九；〈李藩傳〉（卷一百六十九）又言：「憲宗為皇太子，王紹避太子諱，始改名，時議以為諂。」
〔註365〕《舊唐書・鄭茂諶傳》，卷一百五十八。
〔註366〕《舊唐書・李回傳》，卷一百七十三。

另外還有敘事上的避諱，如避太宗李世民的諱，文中有「世」或「民」者便會改動，如《舊唐書·劉文靜傳》謂：「劉文靜字肇仁，自云彭城人，代居京兆之武功。」《新唐書·劉文靜傳》謂：「劉文靜字肇仁，自言系出彭城，世居京兆武功。」其他的例子還有李守素、盧從愿、李泌、尚可孤、杜兼。

貳、私人避諱

唐代私人避諱多是避父親或先祖的諱，最有名的是李賀父名「晉肅」，不敢應進士，愈為賀作諱辯，令舉進士。〔註367〕另外有柳公綽改禮部尚書，以祖諱換左丞。〔註368〕兩《唐書》以《舊書》敘述較詳細，謂：

> 德宗即位，以涵和易，無剸割之才，除太子少傅，充山陵副使。涵判官殿中侍御史呂渭上言：「涵父名少康，今官名犯諱，恐乖禮典。」宰相崔祐甫奏曰：「若朝廷事有乖舛，群臣悉能如此，實太平之道。」除渭司門員外郎。尋有人言：「涵昔為宗正少卿，此時無言，今為少傅，妄有奏議。」詔曰：「呂渭僭陳章奏，為其本使薄訴官名。朕以宋有司城之嫌，晉有詞曹之諱，歎其忠於所事，亦謂確以上聞。乃加殊恩，俾膺厚賞。近聞所陳『少』字，往歲已任少卿，昔是今非，罔我何甚！豈得謬當朝典，更廁周行，宜佐遐藩，用誡薄俗。可歙州司馬同正。」由是改涵為檢校工部尚書、兼光祿卿，仍充山陵副使。〔註369〕

李涵因官名與犯父諱而調職。蔣儼在永淳元年，拜太僕卿，因以父名「卿」，固辭，乃除太子右衛副率。〔註370〕其他較特別的還有三條如下：

> 及憲宗受內禪，王伾、王叔文徒黨並逐，尚以執誼是宰相杜黃裳之婿，故數月後貶崖州司戶。初，執誼自卑官，常忌諱不欲人言嶺南州縣名。〔註371〕

> 牛元翼徙節山南東道，為王廷湊所圍，以宿總留事。還，進中書舍人，出華州刺史，避諱不拜，徙左散騎常侍、兼集賢殿學士。〔註372〕

> 俄擢中書舍人，以父嫌名不拜，徙諫議大夫，知制誥。……開元初，

〔註367〕《舊唐書·韓愈傳》，卷一百六十，《舊唐書·李賀傳》，卷一百三十七，《新唐書·李賀傳》，卷二百三。

〔註368〕《新唐書·柳公綽傳》，卷一百六十三。

〔註369〕《新唐書·李涵傳》，卷一百六十三。

〔註370〕《舊唐書·蔣儼傳》，卷一百八十五上，另見《新唐書·蔣儼傳》，卷一百。

〔註371〕《舊唐書·韋執誼傳》，卷一百三十五。

〔註372〕《新唐書·馮宿傳》，卷一百七十七。

復拜中書舍人，曾固辭。議者謂中書乃曹司，非官稱，嫌名在禮不諱，乃就職。〔註373〕

唐人私人避諱的現象很普遍，這類史實兩《唐書》幾乎都保存下來。

參、析　論

一、《舊唐書》避唐諱

《舊唐書》避唐諱，而《新唐書》則不避。因《舊書》以唐朝爲本朝。王鳴盛謂：

> 劉昫以唐爲本朝，故避其諱，而亦有不諱者，此乃後人所改。其諱者則改之未盡耳。〔註374〕

所以《舊唐書》雖避諱，但文書上仍有未改或改回的現象。王鳴勝謂：

> 如《舊唐書·林士宏傳》持書侍御史，持，本治也。而〈封倫傳〉仍有治書御史唐臨。〈劉文靜傳〉左驍衛大將軍劉弘基，原本無基字。而〈長孫順德傳〉劉弘基原本仍有基字。弘基本傳及長孫無忌傳同，此類甚多，不可枚舉，聊一見之，至於一百三十四卷〈馬燧傳、渾瑊傳〉贊云：『再隆基構，克殄昏氛。』連用隆基二字，則不可解。〔註375〕

他所舉出的例子是正確的。

二、避諱反映當時現象

私人避諱兩書大都記載，僅《舊唐書》漏了朱全忠因避諱而改地名、部隊番號。《舊唐書·昭宗本紀》記載如下：

> 十月丙戌朔，制梁王全忠可充諸道兵馬元帥，別開府幕，加食邑通前一萬五千戶，實封一千五百戶。金州馮行襲奏當道昭信軍額內一字，與元帥全忠諱字同，乃賜號戎昭軍。〔註376〕

> 癸丑，敕成德軍宜改爲武順，管內稾城縣曰稾平，信都曰堯都，樂城曰樂氏，阜城曰漢阜，臨城爲房子，避全忠祖、父名也。〔註377〕

《新唐書·南詔傳》有一條與避諱有關，如下：

〔註373〕《新唐書·貫曾傳》，卷一百一十九。
〔註374〕《十七史商榷》，卷八十四，「《舊書》避唐諱」條。「弘基」，王鳴盛作「宏基」，本條據《舊唐書》〈百衲本〉改之。
〔註375〕同註374。
〔註376〕《舊唐書》，卷二十下。
〔註377〕同註376。

會宣宗崩，使者告哀。是時，豐祐亦死，坦綽酋龍立，恚朝廷不弔卹；又詔書乃賜故王，以草具進使者而遣。遂僭稱皇帝，建元建極，自號大禮國。懿宗以其名近玄宗嫌諱，絕朝貢。〔註378〕

此條不見《舊唐書》，《新唐書》補之。

三、敘述上避諱的差異

《舊唐書》有避有不避，《新唐書》敘述上多不避唐諱。前面提到避太宗諱，故將「世」改為「代」，這多見於《舊唐書》，《新唐書》則多回改。為避中宗諱顯，故高宗顯慶年號書「明慶」，《舊唐書》有書「明慶」或「顯慶」，以「顯慶」居多，《新唐書》全改回「顯慶」。

《舊唐書》書「明慶」者有兩處。《舊唐書‧李善傳》謂：「明慶中，累補太子內率府錄事參軍、崇賢館直學士，兼沛王侍讀。」《新唐書‧李善傳》謂：「顯慶中，累擢崇賢館直學士兼沛王侍讀。」《舊唐書‧柳亨傳》書其子渙在開元上表曰「臣堂伯祖奭，去明慶三年，與褚遂良等五家同被譴戮。」《新唐書》則改為「顯慶」。

《舊唐書》書「顯慶」，居多，應是編撰時改回，僅兩處沒改到。

《新唐書》另有未改進處。如吳縝《新唐書糾謬》卷十一指出：「〈公主傳〉明皇帝女常山公主下嫁薛譚，〈薛稷傳〉作恆山公主下嫁薛談。」這是對《新唐書》提出質疑，是「常山公主」還是「恆山公主」，是「薛譚」還是「薛談」？其實《新唐書》所載「常山公主」即「恆山公主」，是避穆宗名恆而改；「薛譚」即「薛談」，以談字中的「炎」與武宗同名，也由避諱而改。只是〈公主傳〉已改，〈薛稷傳〉未改而已。

小　結

《舊唐書》書中多見史料原貌，這些避諱現象便能保存下來，如避諱而改人名與地名。但敘述上有改回的現象。《新唐書》因為全書加以改寫，所以同件史事，敘述上便與《舊唐書》不同。其次是宋人不避唐諱，所以敘述上多改回原字。但就史論史，仍宜書諱較為允當。

〔註378〕《新唐書‧南詔傳》，卷二百二十二中。

第四章　兩《唐書》筆法考論

古代是文史不分家，故史學著作常有文學性的表現，如司馬遷作《史記》、班固作《漢書》等。故「筆法」主要指文學技巧發揮，包含文法、修辭及文章等範圍。

例如《舊唐書》凡穆宗以前簡而有法，長慶以後雜有其他體裁故語多支蔓固屬事實（見本文頁6）。但《舊書》自有佳處未可輕言者，如本紀略陳其事，其事詳見於列傳。《舊書》如龐勛之亂、黃巢之亂、李茂貞、王行瑜等之劫遷，朱溫之纂弒，即於本紀詳之，不待翻閱各傳，已一覽瞭明。遷、固即有此體，惟本紀摘事目，其餘列傳稍略。《舊書》簡淨則為張昭遠、賈緯等精於史學，雖有漏缺，但仍補綴完善，可見文字之老。

就《新唐書》而言，不僅歐陽脩為文壇巨擘，宋祁亦為當代名家。故《新書》有許多書法特色，如宋祁撰列傳，刻意文辭華采，對《舊書》各傳，無不竄改，惟古法是求，以追三代。但過求簡雅，反令文字晦澀者甚多。再如宋祁喜古文而鄙四六，凡遇詔令奏議有四六者必改為古文。上述特色皆反映一代文風，而有長短之處。故兩書筆法各有所長，茲見於後。

第一節　兩《唐書》引用筆記小說的情形

《新唐書》多採筆記小說，而吳縝謂《新書》是「多採小說，而不精擇」。但近人研究的範圍多集中在《新唐書》與筆記小說的關係，如章群作《通鑑、新唐書引筆記小說考》，即是對《新唐書》引筆記小說進行考察，舉出近一百條例子。本節以兩《唐書》為範圍，探討兩書引用筆記小說的情形。

筆記小說以章群所擬之義界為準，即《新唐書・藝文志》所分為準〔註1〕，凡

〔註1〕章群著《通鑑、新唐書引用筆記小說研究》（文津出版社出版，1999年6月出版），

《通鑑》引用唐人著作，見於丙部小說、乙部雜史、故事、雜傳四類者，均視爲筆記小說。餘者如地理、職官，宋人言「傳奇」者，概不收入。

故此節目的有三，一、確定兩書皆引用筆記小說。二、筆記小說對兩《唐書》而言，不僅是作爲兩書史料來源，更重要的是兩書對史料筆記取捨上有不同的標準，進而造成兩書引用筆記資料懸殊的現象。三是從兩書引用的史料筆記，分析兩書引用筆記材料時潤飾的情形。此外，本文主在證明筆記小說與兩《唐書》事證相同即可，至於筆記小說源於國史或國史採用筆記小說的差異，皆不在討論之列。

壹、《舊唐書》引用筆記小說的情形

《新唐書》採筆記、雜史，故爲「文增」之實。但《舊唐書》也採用筆記小說，《四庫全書總目》謂：「至（穆宗）長慶以後，史失其官，無復善本，昫等自採雜說傳記，排纂成之，動乖體例，良有由矣。」〔註2〕故引用筆記小說在兩《唐書》中均可發現。

《舊唐書》與筆記小說多有類似處，且全書皆見。非如《四庫總目》所說在長慶以後。以下僅從《隋唐嘉話》與《明皇雜錄》舉三例：

一、飛　驛

《舊唐書‧高宗本紀》謂：「十八年，太宗將伐高麗，命太子留鎮定州。及駕發有期，悲啼累日，因請飛驛遞表起居，并遞敕垂報，並許之。飛表奏事，自此始也。」〔註3〕

《隋唐嘉話》謂：「太宗征高麗，高宗留居定州，請驛遞表起居，飛奏事自此始。」〔註4〕

《新唐書》不記此事。

兩書皆舉「飛驛」之事，而《新唐書》未載。論高宗，《舊書》用「太子」，《隋唐嘉話》用「高宗」來看，《舊書》此處應是國朝舊本。〔註5〕

二、一行訪師

《舊唐書‧一行傳》謂：

頁5。

〔註2〕《四庫全書總目‧正史類》，卷四十五。

〔註3〕《舊唐書》，卷四。

〔註4〕唐‧劉餗著：《隋唐嘉話》（中華書局出版，1997年12月湖北第2次印刷），中卷，頁27。

〔註5〕同註4，餗爲劉知己子。已是盛唐時人。

初，一行求訪師資，以窮大衍，至天台山國清寺，見一院，古松十數，門有流水，一行立於門屏間，聞院僧於庭布算聲，而謂其徒曰：「今日當有弟子自遠求吾算法，已合到門，豈無人導達也？」即除一算。又謂曰：「門前水當却西流，弟子亦至。」一行承其言而趨入，稽首請法，盡受其術焉，而門前水果却西流。道士邢和璞嘗謂尹愔曰：「一行其聖人乎？漢之洛下閎造曆，云：『後八百歲當差一日，必有聖人正之。』今年期畢矣，而一行造大衍正其差謬，則洛下閎之言信矣，非聖人而何？」〔註6〕

《明皇雜錄》謂：

嘗至天台國清寺，見一院，古松十數步，門有流水，一行立於門屏間，聞院中僧於庭布算聲，其聲簌簌。既而謂其徒曰：「今日當有弟子求吾算法，已合到門，豈無人導達耶？」即除一算。又謂曰：「門前水當合卻西流，弟子當至。」一行承其言而入，稽首請法，盡受其術焉。而門前水舊東流，乎改爲西流矣！邢和璞嘗謂尹愔曰：「一行其聖人乎？漢之洛下閎造大衍曆，云：『後八百歲當差一日，必有聖人定之。』今年期畢矣，而一行造大衍曆，正其差謬，則洛下閎之言信矣！」〔註7〕

一行作《大衍曆》收入兩書藝文志中，對於曆法的貢獻極大，而事蹟僅見於《舊唐書》，乃爲出家人之故，《新唐書》不列傳。

三、宣宗護佛法

武宗會昌法難後次年崩，宣宗即位，於三年後復寺廟。《北夢瑣言》〔註8〕謂：

武宗嗣位，宣宗居皇叔之行，密游外方，或止江南名山，多識高道僧人。初聽政，謂宰相曰：「佛者雖異方之教，深助理本，所可存而勿論，不欲過毀，以傷令德。」乃遣下詔：「會昌中靈山古跡、招提棄廢之地，並令復之，委長吏擇僧之高行者居之，唯出家者不得妄度也。」

此內容與《舊唐書·宣宗本紀》所記者相同（請參見第五章第三節內容），但爲詔書。《新書》僅書「閏月，大復佛寺。」此事三書皆有，顯示筆記小說「足資考證」的價值。

從一行法師事例可知《舊書》與《明皇雜錄》兩者相似度很高，《新唐書》不列高僧傳（詳見第五章第一節）故未載。

〔註6〕《舊唐書》，卷一百九十一。
〔註7〕唐·鄭處誨：《明皇雜錄·明皇雜錄補遺》（中華書局出版，1997年12月湖北第2次印刷），頁43。
〔註8〕《北夢瑣言》，卷一。

「飛驛」與「一行訪師」皆爲穆宗以前事，故《舊唐書》引用筆記小說應是通篇皆有，而非穆宗以後的現象。

《舊唐書》與筆記小說相同是否代表《舊書》引用筆記小說尚未有定論，因爲筆記小說有可能爲蒐集編實錄後的草稿，也可能實錄亡佚後，憑記憶綴補爲筆記小說，如裴庭裕《東觀奏記》，章群即認爲有《新唐書》與筆記小說同出於實錄者。

因此，可以確定《舊唐書》有引用筆記小說或與筆記小說史料相同。這意味著〈實錄〉成爲《舊唐書》與筆記小說的來源，或是這部分材料多事信而有徵。

貳、《新唐書》引用筆記小說的情形

歐陽修言「事省」乃因宋代學術大興，眾多資料相繼出現，故孫甫《唐書直筆》及大量筆記小說皆爲採入之列（可詳見本文頁 23）。況《新唐書·藝文志》所增筆記小說自是比《舊唐書》多。

《新唐書》引用筆記小說應注意幾個問題，第一是《新唐書》採用小說是否有所擷擇？第二《新唐書》引用筆記小說可信度爲何？

一、《新唐書》採用筆記小說有所擷擇

吳縝於《新唐書糾繆》最早提出《新唐書》引用筆記小說。吳氏於敘文中說「（《新書》）修書之初，其失有八」，其中第五失爲「多採小說，而不精擇」。而於第一卷第一條「一日以無爲有」下，首舉「代宗母吳皇后傳」，以爲傳文所述，「蓋出於傳聞小說增飾之言，不足取信於後世也。」故吳縝認爲《新書》失在「不精擇」。

趙翼《陔餘叢考》則言《新書》仍有善盡篩選之責，謂：

> 然李泌子繁，嘗爲泌著家傳十篇，《新書》泌傳雖採用之，而〈傳贊〉云：「繁言多不可信，按其近實者著於傳」，是《新書》未嘗不嚴於別擇。今按唐人小說所記一軼事甚多，而《新書》初不濫收者，如〈王播傳〉不載其闍黎飯後鐘之事，〈杜牧傳〉不載其揚州狎遊、牛奇章遣人潛護及湖州水嬉、綠數成林之事。〈溫庭筠傳〉不載其令狐綯問故事、答以出在南華、遂遭擯抑之事，〈李商隱傳〉不載其見擯於綯，因作詩謂隱傳不載其見擯於綯、因作詩謂郎君官貴、東閣南窺之事。此皆載《詩話》及《北夢瑣言》等書，膾炙人口，而《新書》一概不收，則其嚴謹可知。〔註9〕

甌北所言大抵是事實，但仍有一些例外，如宣宗即位，李德裕被貶爲崖州司戶參軍，死於任上，《新唐書》記李德裕死後托夢給令狐綯，如下：

〔註9〕《陔餘叢考》，卷十一，「《新唐書》得史裁之正條」

德裕既沒，見夢令狐綯曰：「公幸哀我，使得歸葬。」綯語其子滈，
滈曰：「執政皆其憾，可乎？」既夕，又夢，綯懼曰：「衛公精爽可畏，不
言，禍將及。」白于帝，得以喪還。〔註10〕

此事見於《東觀奏記》，謂：

太尉、衛國公李德裕，上即位後，坐貶崖州司戶參軍，終於貶所。
一日，丞相令狐綯一夢德裕曰：「某已謝明時，幸相公哀之，放歸葬故里。」
綯其爲其子滈言。滈曰：「李衛公犯眾怒，又崔（鉉）、魏二丞相皆敵人
也，見持政，必將上前異同，未可言之也。」後數白，上將坐延英，綯
又夢德裕曰：「某委骨海上，思還故里。與相公有舊，幸憫而許之。」既
寤，召其子滈曰：「向來見李衛公精爽尚可畏，吾不言，必綴禍。」明日，
入中書，具爲同列言之。既於上前論奏，許其子蒙州立山縣尉護喪同歸。

〔註11〕

而此事《舊唐書》不錄。如果《新唐書》取捨嚴謹，何以《新唐書》記德裕托夢之
事？此事除表示朝廷照顧遺臣，但托夢以成其事，仍不應視爲嚴謹的態度。〔註12〕

二、《新唐書》筆記小說增加情形

　　章群於《通鑑、新唐書引用筆記小說研究》，將《新唐書》採自筆記小說進行統
計，共計有一百筆。而《通鑑・唐紀考異》直陳《新書》引筆記小說有五處：（1）
〈皇后傳〉肅宗選吳皇后事，全取《次柳氏舊聞》。〔註13〕（2）〈皇后傳〉記武宗
王夫人事，取於《唐闕史》。〔註14〕（3）〈安祿山傳〉與裴光庭事，一如《安錄山
事蹟》之記載。〔註15〕（4）〈張九齡傳〉玄宗賜白羽扇事，用《明皇雜錄》。〔註16〕
（5）〈仇士良傳〉記崔愼由殺宦官事，承皮光業《見聞錄》之誤。〔註17〕

　　當然這只是冰山的一小部分，但足以證明「文增」的主要來源就是唐代筆記小說
與雜史。這與《舊唐書》國史殘缺而採用筆記小說的出發點是不同的。就《舊唐書》
立場，仍是以國朝實錄爲主，雜以詔書、引文或是雜文。對於國史內容多保留原貌。

　　《新唐書》則不然，宋文治大興，唐代資料陸續出現，因此《新書》編修時在

〔註10〕《新唐書》，卷一百八十。
〔註11〕唐・裴庭裕撰《東觀奏記》（中華書局，1997 年 12 月湖北第二次印刷），中卷，頁 114。
〔註12〕《舊唐書》穆宗後多詔書、雜文，神異之事除〈方伎〉外，他處不多。
〔註13〕《通鑑・唐鑑》，卷二百一十三，「開元十四年」。
〔註14〕《通鑑・唐鑑》，卷二百四十六，「開成五年」。
〔註15〕《通鑑・唐鑑》，卷二百一十四，「開元二十四年」。
〔註16〕《通鑑・唐鑑》，卷二百一十四，「開元二十四年」。
〔註17〕《通鑑・唐鑑》，卷二百四十五，「太和九年」。

史料上比《舊書》要充裕。故趙甌北言《新書》增且重要者近二千條，全取自筆記小說、雜文，應無問題。

　　本文以《隋唐嘉話》、《明皇雜錄》、《東觀奏記》、《隋唐嘉話》爲例，摘錄筆記小說與《新唐書》相同者，如下：

（一）丹陽公主不與萬徹同席

　　《新唐書・丹陽公主傳》書：「丹陽公主，下嫁薛萬徹。萬徹騃甚，公主羞，不與同席者數月。太宗聞，笑焉，爲置酒，悉召它壻與萬徹從容語，握槊賭所佩刀，陽不勝，遂解賜之。主喜，命同載以歸。」〔註18〕

　　《隋唐嘉話》書：「薛萬徹尙丹陽公主，太宗嘗謂曰：『薛駙馬村氣。』主羞之，不與同席數月。帝聞而大笑，置酒召對，握槊，賭所配刀子，佯爲不勝，解刀以佩之。罷酒，主悅甚，薛未及就馬，遽召同載而還，重之逾於舊。」〔註19〕

　　《新唐書》依《隋唐嘉話》補入。與前面《舊唐書》引《隋唐嘉話》「飛驛」一例，表示兩書引用筆記小說的問題是取捨。故「丹陽公主不與萬徹同席」之事，《舊唐書・薛萬徹傳》不書。

（二）宣宗賜金蓮華炬

　　《新唐書・令狐綯傳》書：

　　　　夜對禁中，燭盡，帝以乘輿、金蓮華炬送還，院吏望見，以爲天子來。

　　及綯至，皆驚。〔註20〕

《東觀奏記》謂：

　　　　上將命令狐綯爲相，夜半幸含《春秋經》亭召對，方許歸學士院，
　　　乃賜金蓮花燭送之。院吏忽見，驚報院中曰：「駕來！」俄而趙公至。吏
　　　謂趙公曰：「金蓮花乃引駕燭，學士用之，莫折事否？」頃刻而聞傳說之
　　　命。〔註21〕

《舊唐書》不傳此事。筆記小說用「頃刻而聞傳說之命」較宋祁「俄同中書門下平章事，輔政十年。」要來得典雅，但在事實的敘述上，未免迂曲。

（三）韋　丹

　　《新唐書・韋丹傳》書：

〔註18〕《新唐書》，卷八十三。
〔註19〕唐・劉餗著：《隋唐嘉話》（中華書局出版，1997 年 12 月湖北第 2 次印刷），中卷，
　　　　頁 25。
〔註20〕《新唐書》，卷一百六十六。
〔註21〕《東觀奏記》，上卷，頁 92。

宣宗讀《元和實錄》，見丹政事卓然，它日與宰相語：「元和時治民孰第一？」周墀對：「臣嘗守江西，韋丹有大功，德被八州，歿四十年，老幼思之不忘。」乃詔觀察使紇干臮上丹功狀，命刻功于碑。〔註22〕

《東觀奏記》書：

上因讀《元和實錄》，見故江西觀察使韋丹政事卓異，問宰臣孰爲丹後。宰臣周墀奏：「臣近任江西觀察使，見丹行事，餘風遺愛，至今在人。其子宙，見任河陽觀察判官。」上曰：「速與好官。」持憲者聞之，奏爲侍御史。〔註23〕

用意雖同，內容有別。

（四）崔　鉉

《新唐書‧崔鉉傳》書：

鉉所善者鄭魯、楊紹復、段瓌、薛蒙，頗參議論，時語曰：「鄭、楊、段、薛，炙手可熱；欲得命通，魯、紹、瓌、蒙。」帝聞之，題於扆。是時，魯爲刑部侍郎，鉉欲引以相，帝不許，用爲河南尹。它日，帝語鉉曰：「魯去矣，事由卿否？」鉉惶懼謝罪。〔註24〕

《東觀奏記》謂：

魏國公崔鉉秉政，鄭魯、楊紹復、段瓌、琅、薛蒙一時俊造，鉉所取信，凡有補史、議事，或與之參酌。時人語曰：「炙手育熱，楊、鄭、段、薛；欲得命通，魯、紹、瓌、蒙。」時魯爲刑部侍郎，鉉欲引以爲相，聖旨授河南尹，不測其事。赴後，上問：「鄭魯發後，除改卿還自由否？」鉉驚恐，密以此事訪於左右云：「御扆上題此四句。」鉉益畏。〔註25〕

兩書內容大致相同。

參、兩《唐書》引用筆記小說問題

一、兩《唐書》相同

兩書引用筆記小說有相同的情形，如杜甫之死《明皇雜祿》：「杜甫後漂寓湘潭間，旅於衡洲耒陽縣，頗爲令長所厭。甫投詩於宰，宰遂致牛炙白酒以遺，一夕而卒。集

〔註22〕《新唐書》，卷一百九十七。
〔註23〕《東觀奏記》，上卷，頁87。
〔註24〕《新唐書》，卷一百六十。
〔註25〕《東觀奏記》，中卷，頁106。

中猶有〈贈聶耒陽詩〉也。」〔註26〕兩書皆有提到「啗牛肉白酒」與「一夕而卒」

二、兩《唐書》引用有互有出入

就同一件事而言,《新唐書》採用筆記小說便與《舊唐書》有出入。如高宗欲立則天爲后,褚遂良與長孫無忌、李勣相謀。《新唐書》採《隋唐嘉話》材料。《新唐書・褚遂良傳》曰:

> 帝將立武昭儀,召長孫無忌、李勣、于志寧及遂良入。或謂無忌當先諫,遂良曰:「太尉,國元舅,有不如意,使上有棄親之譏。」又謂勣上所重,當進,曰:「不可。司空,國元勳,有不如意,使上有斥功臣之嫌。」曰:「吾奉遺詔,若不盡愚,無以下見先帝。」〔註27〕

《隋唐嘉話》書:

> 高宗之將冊武后,河南公褚遂良謀於趙公無忌、英公勣,將以死諍,趙公請先入,褚曰:「太尉,國之元舅,脫事有不如意,使上有怒舅之名,不可。英公曰『勣請先入。』褚曰:「司空,國之元勳,有不如意,使上有罪功臣之名,不可。遂良出自草茅,無汗馬功勞,蒙先帝殊遇,以有今日,且當不諱之時,躬奉遺詔,不效其愚哀,何以下見先帝?」揖二公而入。帝深納其言,事遂中寢。〔註28〕

而《舊唐書》與《隋唐嘉話》說法不同《舊唐書・褚遂良傳》曰:

> 六年,高宗將廢皇后王氏,立昭儀武氏爲皇后,召太尉長孫無忌、司空李勣、尚書左僕射于志寧及遂良以籌其事。將入,遂良謂無忌等曰:「上意欲廢中宮,必議其事,遂良今欲陳諫,眾意如何?」無忌曰:「明公必須極言,無忌請繼焉。」〔註29〕

《通鑑》採用《新唐書》的說法。《舊唐書》寫法像是一日內發生。而《新唐書》分爲兩日。當以《新書》爲宜。

三、兩《唐書》引用詳略不同

(一)力士貶巫州

除《新唐書》採筆記小說正《舊唐書》不清楚處詳述外,兩書同引筆記小說也造成詳略不同的情形。

〔註26〕《明皇雜祿》補疑,47。
〔註27〕《新唐書》,卷一百五。
〔註28〕唐・劉餗著:《隋唐嘉話》(中華書局出版,1997年12月湖北第2次印刷),中卷,頁27。
〔註29〕《舊唐書》,卷八十。

以高力士貶巫州爲例，《舊唐書・高力士傳》書：

> 力士至巫州，地多薺而不食，因感傷而詠之曰：「兩京作斤賣，五谿
> 無人採。夷夏雖不同，氣味終不改。」寶應元年三月，會赦歸，至朗州，
> 遇流人言京國事，始知上皇厭代，力士北望號慟，嘔血而卒。〔註30〕

《明皇雜錄》謂：

> 力士既譴巫州，山谷多薺而不食，力士感之，因爲詩寄意：「兩京作
> 斤賣，五溪無人採。夷夏雖不同，氣味終不改。」其後會赦歸，至武溪，
> 道遇開元中羽林軍士，坐事謫嶺南，停車訪舊，方知上皇厭世，力士北望
> 號泣，嘔血而死。〔註31〕

而《新唐書》言貶巫州加入力士向李輔國請求見玄宗一事，並說：「臣當死已久，天
子哀憐至今日，願一見陛下顏色，死不恨。」〔註32〕但是見「見二帝遺詔」而嘔血，
並說：「大行升遐，不得攀梓宮，死有餘恨。」〔註33〕《通鑑》同《舊唐書》謂：「高
力士遇赦還，至朗州，聞上皇崩，號慟，嘔血而卒。」〔註34〕

　　摘引此條主要說明高力士詩句被《新唐書》所刪，個人認爲此詩應有記載的價
值，顯現力士從人生起伏的心情寫照，比直書的方式更能表現貶巫洲後的感慨。《舊
唐書》書「力士北望號慟，嘔血而卒。」已能表現高力士深沉的絕望，是「此時無
言勝有言」。

（二）王維作凝碧詩

　　王維凝碧詩一事，見於《明皇雜祿》，謂：

> 天寶末，群賊陷兩京，大掠文武朝臣及黃門宮嬪樂工騎士，每獲數百
> 人，以兵仗嚴衛，送於洛陽。至有逃於山谷者，而卒能羅捕追脅，授以冠
> 帶。祿山尤致意樂工，求訪頗切，於旬日獲梨園弟子數百人。群賊因相與
> 大會於凝碧池，宴偽官數十人，大陳御庫珍寶，羅列於前後。樂既作，梨
> 園舊人不覺欷歔，相對泣下，群逆皆露刃持滿以脅之，而悲不能已。又樂
> 工雷海清者，投樂器於地，西向慟哭。逆黨乃縛清海於戲馬殿，支解以示
> 衆，聞之者莫不傷痛。王維時爲賊拘於普提寺中，聞之賦詩曰：「萬戶傷心
> 生野煙，百官何日再朝天？秋槐花落空宮裏，凝碧池頭奏管絃。」〔註35〕

〔註30〕《舊唐書》，卷一百八十四。
〔註31〕《明皇雜錄》補遺，頁41。
〔註32〕《新唐書》，卷二百七。
〔註33〕《新唐書》，卷二百七。
〔註34〕《資治通鑑・唐紀》卷二百二十二，寶應元年。
〔註35〕《明皇雜錄》補遺，頁41。

《舊唐書・王維傳》直述其事，並附上〈凝碧詩〉，而《新唐書・王維傳》只書「祿山大宴凝碧池，悉召梨園諸工合樂，諸工皆泣，維聞悲甚，賦詩悼痛。」〔註36〕

此事來龍去脈兩《唐書》皆不言雷海清，而《新唐書》又省王維詩句，僅書詩名。這顯示《舊唐書》除引用筆記小說外，亦會多引詩句。而《新唐書》多略述其事，僅提詩名，聊備一格。但此詩實應摘錄，因其表達王維「人在曹營心在漢」的情懷，正因此詩，得免附賊之罪。

小　結

因為戰亂，所以唐國史多散失，這樣編寫是有困難的，故引用筆記小說是客觀環境下的必然選擇，《舊唐書》的「詳略失中」，仍是史料不足的問題。宋朝穩定的政局，文治大興，有價值的史料一一出現。故《新唐書》編修時，「詳略失中」的因素已經消失。實錄的內容仍是《舊唐書》編寫時的情況，因此《新唐書》「文增」的來源必是從筆記小說或雜文著手。

《舊唐書》引用筆記小說多能如實記載，對於材料的選擇是慎重的。《新唐書》所引用的情形便會出現「不精擇」的情形，如李德裕托夢，萬敬儒斷指復原，之類，也就是無意間會夾雜這類神怪的材料。與《舊唐書》「列傳則多敘官資，曾無事實，或但載寵遇，不具首尾」〔註37〕相較，《舊書》的取捨多是事實而少神怪。
這意味取捨的態度上《舊唐書》較《新唐書》嚴謹，此處所指的是現實與神怪的取捨。

因此兩書引用筆記小說的最大問題，仍是取捨的角度與修史的立場。兩書引用筆記小說會有相同，也有出入的情形。《新唐書》增加材料，而字數與《舊唐書》近似的情形下，便會將敘述精緻化，故文字錘鍊是《新書》列傳的特色，敘述就比《舊唐書》精簡，用最少的字敘述事件，組織成豐富的史料。因此，《新書》「事增文省」的最大目的，是文學簡雅的挑戰。所以筆記小說的原文多被《新書》改寫為最精簡的結構，而犧牲筆記小說的文學作品及詳實敘述功能。

「事增」不是問題，而是「迷思」，歐宋以文學方法處理史書。而「事增」是符合史書撰寫的原則嗎？個人認為每條史料能充分的表現人物的特質、給予適當評價、是非的論斷，就達到其功能。

第二節　兩《唐書》敘事與文字特色

〔註36〕《新唐書》，卷二百二。
〔註37〕《四庫全書總目・正史類一》，卷四十五。

曾公亮於〈進唐書表〉言《舊唐書》為「紀次無法，詳略失中，文采不明，事實零落」。則自言《新唐書》為「其事則增於前，其文則省於舊」。本文主要探討文字特色與語法對兩書的影響，茲以劉知幾《史通・敘事》所揭櫫敘事的原則建立本文評標準如下：

一、史之美者，敘事為先

劉知己《史通・敘事》謂「夫史之美者，以敘事為先。至若書功過，記善惡，文而不麗，質而非野，使人味其滋旨，懷其德音，三復忘疲，百遍無意斁，自非作者曰聖，其孰能於與此乎？」〔註38〕此段指出須文、質並重乃史之美者。

二、敘事之功，簡要為主

劉知幾謂：「國史之美者。以敘事為工，而敘事之工者，以簡要為主。簡之時義大矣哉！⋯⋯然則文約而事豐，此述作之尤美者也！」〔註39〕而敘述之美者第一層是簡要，第二層為文約而事豐。「文約而事豐」仍應「疏而不遺，簡而無缺」。〔註40〕

而敘述之省，一是「省字」，二是「省句」。省字如《春秋經》曰：「隕石於宋五」〔註41〕。「省句」如《穀梁傳》成公二年謂：「冬十月，季孫行父禿晉郤克眇，孫良夫破，曹公子手僂同時而聘於齊。齊使禿者御禿者，使眇者御眇者，使跛者御跛者，使僂者御僂者。」〔註42〕應除「跛者」以下等句〔註43〕故《新唐書》「文省」之要源於此，也是撰寫史書的基本原則。

三、顯晦有據

劉知幾認為文有顯晦之別，謂：「然章句之言，有顯有晦。顯也者，繁詞縟說，理盡於篇中;晦也者，省字約文，事溢於句外。然則晦之將顯，優劣不同，較可知矣。夫能略小存大，舉重明輕，一言而巨細咸該，語而洪纖靡漏，此皆用晦之道也。」〔註44〕故詳述史事者為顯，省文約字，事溢言外為晦。

本文以此三者為標準，作為討論兩《唐書》敘事風格的依據。

〔註38〕唐・劉知己著《史通》（里仁書局，1993 年 6 月 30 日），卷六，言「敘事之省，其流有二焉：『一曰省句，二曰省字。』」

〔註39〕同註 38。

〔註40〕同註 38。

〔註41〕《春秋・僖公十六年》，卷十四。

〔註42〕漢・何休著，唐・徐彥疏《穀梁傳》（十三經注疏本 藝文印書館），卷十三，成公元年。

〔註43〕據劉知幾《史通・敘事》之論。

〔註44〕《史通》，頁 173。

壹、《舊唐書》的筆法

趙翼謂《舊唐書》列傳之文高下不等。文之高者多爲國史舊文，文之低者近俚俗雜語〔註45〕。事實上，高下之分即在於書面語與口頭語的差別。

一、文之高者（多國史舊文）

趙翼言《舊唐書》文之高者類多國史原文，如下：

（一）老生常談

《舊唐書・魏徵傳》記大業末，王世充攻密於洛口，徵說密長史鄭頲曰言：「魏公雖驟勝，而驍將銳卒死傷多矣；又軍無府庫，有功不賞，戰士心惰，此二者難以應敵。未若深溝高壘，曠日持久，不過旬月，敵人糧盡，可不戰而退，追而擊之，取勝之道。且東都食盡，世充計窮，意欲死戰，可謂窮寇難與爭鋒，請愼無與戰。」〔註46〕頲曰言：「此老生之常談耳！」徵曰言：「此乃奇謀深策，何謂常談？」因拂衣而去。宋祁將鄭頲之言：改爲『老儒常語』耳！」〔註47〕「老儒常語」反不如「老生常談」約定成俗。

（二）非我失信

大曆初，持節弔迴鶻。時迴鶻恃功，《舊唐書》載朝廷詰蕭昕曰：「祿山、思明之亂，非我無以平定，唐國奈何市馬而失信，不時歸價？」眾皆失色，昕答曰言：「國家自平寇難，賞功無絲毫之遺，況鄰國乎！且僕固懷恩，我之叛臣，乃者爾助爲亂，聯西戎而犯郊畿；及吐蕃敗走，迴紇悔懼，啓顙乞和。非大唐存念舊功，則當匹馬不得出塞矣。是迴紇自絕，非我失信。」〔註48〕

《新唐書》廷讓昕曰：「乃中國亂，非我無以平，奈何市馬不時歸我直？」眾失色。昕徐曰：「國家纔定寇難，功雖絲毫不遺賞，況鄰國乎？僕固懷恩，我之叛臣，爾與連禍，又引吐蕃暴我郊甸。天舍其衷，吐蕃敗北，回紇悔懼，叩顙乞和。非天子卹舊功，則隻馬不得出塞下，孰爲失信者？」〔註49〕

兩書引蕭昕之言最大的不同，在於《新唐書》將《舊唐書》肯定語氣「是迴紇自絕，非我失信」改爲「孰爲失信者」的疑問語氣。蕭昕持節出使，即代表大唐帝國。此時駁朝廷之語，應堅定的口吻穩固自己的立場，釐清錯誤的責任。《新書》「孰爲失信者」的詰問口氣在氣勢上較《舊書》爲弱。

〔註45〕《陔餘叢考》，卷十一，「《新唐書》筆法」。
〔註46〕《舊唐書》，卷七十一。
〔註47〕《新唐書》，卷九十七。
〔註48〕《舊唐書》，卷一百四十六。
〔註49〕《新唐書》，卷一百五十九。

（三）何忍以汝為「賤隸」

《舊唐書・李大亮傳》謂：

> 以功賜奴婢百人，大亮謂曰：「汝輩多衣冠子女，破亡至此，吾亦何忍以汝爲賤隸乎！」〔註50〕

《新唐書・李大亮傳》謂：

> 而曹皆衣冠子女，不幸破亡，吾何忍錄而爲隸乎？〔註51〕

《舊書》用「賤隸」雖不雅，但強化大亮的善心；較《新書》僅用「隸」字好。

（四）李氏有天下，曆運所屬

《舊唐書・李軌傳》言：

> 軌召群僚廷議曰言：「今吾從兄膺受圖籙，據有京邑，天命可知，一姓不宜競立，今去帝號受冊可乎？」後曹珍進曰言：「若欲以小事大，宜依蕭（水建）故事，自稱梁帝而稱臣於周。」軌從之。〔註52〕

《新唐書・李軌傳》軌召其下議曰：

> 李氏有天下，曆運所屬，已宅京邑。一姓不可競王，今欲去帝號，東向受冊，可乎？」〔註53〕

將「今吾從兄膺受圖籙」改爲「李氏有天下，曆運所屬」，失從兄之意。

二、文之下者（多爲俚語）

《舊唐書》文之下者多爲俚語，且見於對話中。趙翼引《舊唐書・史思明傳》記史思明言：「這胡誤我！」〔註54〕此爲戲曲中打諢，不適合列於史書。「這胡誤我！」一詞，在《舊唐書》僅一次，而《新唐書》寫言：「胡誤我！」〔註55〕僅少「這」字。以語意來看「這胡誤我！」指曹將軍。「胡誤我！」去冠詞，似指所有胡人，不單指曹氏。故個人認爲此條《新書》亦爲俚，且指涉對象不明，不應列爲例證。

趙翼又引祿山之言見《舊唐書・高尚傳》，謂：

> 祿山大懼，怒尚等曰言：「汝元向我道萬全，必無所畏。今四邊若此，賴鄭、汴數州尚存，向西至關，一步不通，河北並已無矣，萬全何在？更

〔註50〕《舊唐書》，卷六十二。
〔註51〕《新唐書》，卷九十九。
〔註52〕《舊唐書》，卷五十五。
〔註53〕《新唐書》，卷八十六。
〔註54〕《舊唐書》，卷二百上。
〔註55〕《新唐書》，卷二百二十五上。

　　　　不須見我。」〔註56〕

而《新唐書》祿山言：「我起，而曹謂萬全。今四方兵日盛，自關以西，不跬步進，爾謀何在，尚見我爲？」〔註57〕《舊唐書》爲口語，《新唐書》所記文言，較雅。茲舉數例如下：

（一）

　　《舊唐書·建成傳》謂：

　　　　高祖大怒，攘袂責太宗曰言：「我詔敕不行，爾之教命州縣即受。」他日，高祖呼太宗小名謂裴寂等言：「此兒典兵既久，在外專制，爲『讀書漢』所教，非復我昔日子也。」〔註58〕

《新唐書·建成傳》謂：

　　　　帝怒，召秦王讓曰言：「我詔令不如爾教邪？」他日，謂裴寂曰：「兒久典兵，爲『儒生』所誤，非復我昔日子。」〔註59〕

《舊唐書》謂「讀書漢」，較《新書》用「儒生」口語，而這正是國朝舊本。

（二）

　　狄仁傑常以舉賢爲意，其所引拔桓彥範、敬暉、竇懷貞、姚崇等，至公卿者數十人。《舊唐書·狄仁傑傳》謂：

　　　　初，則天嘗問仁傑曰：「朕要一好漢任使，有乎？」仁傑曰：「陛下作何任使？」則天曰言：「朕欲待以將相。」〔註60〕

則天皇帝求賢，《舊書》謂「朕要一好漢任使，有乎？」宋祁則將「好漢」改爲「奇士」〔註61〕，較《舊書》雅。

（三）

　　《舊唐書·劉寬夫傳》謂：

　　　　寬夫與同列，因對論之，言岵因供奉僧進經以圖郡牧。敬宗怒謂宰相曰：「陳岵不因僧得郡，諫官安得此言，須推排頭首來。」〔註62〕

《新唐書·劉寬夫傳》謂：

　　　　岵注浮屠書，因供奉僧以聞，除濠州刺史。寬夫劾狀，敬宗怒謂宰相

〔註56〕《舊唐書》，卷二百上。
〔註57〕同註55。
〔註58〕《舊唐書》，卷六十四。
〔註59〕《新唐書》，卷七十九。
〔註60〕《舊唐書》，卷八十九。
〔註61〕《新唐書》，卷一百一十五。
〔註62〕《舊唐書》，卷一百五十三。

曰：「峀不繇僧得州，諫臣安受此言？」〔註63〕

《新書》刪《舊書》「須推排頭首來」。將命令句改爲疑問句。

　　《舊唐書》俚俗概非虛語，且載於國朝史中，基本特色是詳細敘事且符合人物性格。其次《新唐書》常在《舊書》相似的內容上作變化，其方式是將肯定句改爲疑問句，雖意義未變，但語氣不同。

貳、《新唐書》的筆法

　　趙翼對《舊唐書》筆法貶抑而多崇《新唐書》，並趙氏略陳「仿古逼肖者」、「用古語字」、「由古字而晦澀者」、「造語而新奇」四者，本文依此排列，標舉趙氏所陳而加以討論。由於趙氏摘錄時可能未曾核對《舊唐書》，故許多字例，其實兩書均有使用。

一、仿古逼肖者

　　仿古逼肖者，趙翼謂：「《新書·劉濟傳》譚忠激（劉）濟伐王承宗一段文字，絕似戰國策；劉總謀殺濟一段文字，又似《左傳》。」〔註64〕

　　摘錄《新唐書·劉濟傳》譚忠激劉濟伐王承宗一段如下：

　　　　王承宗叛，濟合諸將曰：「天子知我怨趙，必命我伐之，趙且大備我，奈何？」裨將譚忠欲激濟伐承宗，疾言曰：「天子不使我伐趙，趙亦不備燕。」濟怒，繫之。使視趙，果不設備。數日，詔書許濟無出師。濟釋忠，謝而問之，忠曰：「昭義盧從史外親燕，內實忌之；外絕趙，內實與之。此爲趙畫曰：『燕倚趙自固，雖甚怨，必不殘趙，故不足虞也。』趙既不備燕，從史則告天子曰：『燕、趙，宿怨也，今趙見伐而不備燕，是燕反與趙。』此所以知天子不使君伐趙，趙亦不備燕。」濟曰：「計安出？」曰：「今天子誅承宗，而燕無一卒濟易水者，正使潞人賣恩於趙，販忠於上，是君貯忠誼心，而染私趙之名，卒不見德於趙，惡聲徒嘈嘈於天下。」

　　〔註65〕

故可知譚忠所言乃爲策士之言，自似《戰國策》策論體的風貌。

二、用古語字

　　皇帝避難的寫法《舊唐書》多用「幸」而《新唐書》多用「西狩」。《舊唐書》謂：「祿山之亂，玄宗幸蜀，宰相韋見素、楊國忠、御史大夫魏方進等從，朝臣多不

〔註63〕《新唐書》，卷一百六十。
〔註64〕《陔餘叢考》，卷十一，「《新唐書》筆法」。
〔註65〕《新唐書》，一百三十七卷。

至。」〔註66〕《新唐書》謂：「帝西狩至咸陽，唯韋見素、楊國忠、魏方進從。」〔註67〕此例至少有十個，如德宗避難奉天則書「扈狩奉天」。此皆爲宋祁迴護之筆。以下茲舉六例。

（一）

趙翼謂《新唐書》書「多」敘戰功，〔註68〕此源於《周禮》，謂：「戰功曰多。」〔註69〕事例有《新唐書·渾瑊傳》謂其父釋之「父釋之，有才武，從朔方軍，積戰多，遷累開府儀同三司、試太常卿、寧朔郡王。」〔註70〕而《舊唐書·渾瑊傳》則用「積戰功」〔註71〕。此外尚《新唐書·樊興傳》謂：「從秦王積戰多，封營國公，數賜黃金雜物。」〔註72〕《新唐書》多將「積戰功」改爲「積戰多」。

「多」指戰功，《舊唐書》也有使用，如《新唐書·張忠嗣傳》：「忠嗣錄多，授左威衛郎將，專知兵馬。」〔註73〕而《舊唐書·張忠嗣傳》：「既下新城，忠嗣之功居多，因授左威衛郎將，專知行軍兵馬。」〔註74〕雖《舊書》亦有使用，但不及《新唐書》頻繁。

（二）「前馬」

趙翼謂《新唐書》引「前馬」，乃師於《國語》「勾踐爲夫差前馬」〔註75〕。《舊唐書·齊映傳》謂：「上自山南還京，常令映侍左右，『或令前馬』，至城邑州鎮，俾映宣詔令，帝益親信之。」〔註76〕《新唐書·齊映傳》改爲：「帝嘆，擢給事中。……，故帝常令侍左右，或前馬臚傳詔旨。」〔註77〕

事實上《舊唐書》書「或令『前馬』，至城邑州鎮，俾映宣詔令，帝益親信之。」與《新唐書》「『故帝常令侍左右，或『前馬』臚傳詔旨。』」相較，《新唐書》增字，

〔註66〕《舊唐書》，卷一百八十四。
〔註67〕《新唐書》，卷二百八。
〔註68〕同註64。
〔註69〕漢·鄭玄著　唐·賈公彥疏：《周禮注釋》（影印清嘉慶20年（1815年）南昌府學刊十三經注疏本　台北　藝文印書館），卷三十。
〔註70〕《新唐書》，卷一百五十五。
〔註71〕《舊唐書》，卷一百三十四。
〔註72〕《新唐書》，卷八十八。
〔註73〕《新唐書》，卷一百三十三。
〔註74〕《舊唐書》，卷一百三。
〔註75〕《國語·越語上》，卷二十，記『句踐說於國人曰：「寡人不知其力之不足也，而又與大國執讎，以暴露百姓之骨於中原，此則寡人之罪也。寡人請更。」於是葬死者，問傷者，養生者，弔有憂，賀有喜，送往者，迎來者，去民之所惡，補民之不足。然後卑事夫差，宦士三百人於吳，其身親爲夫差前馬。』
〔註76〕《舊唐書》，卷一百三十六。
〔註77〕《新唐書》，卷一百五十。

意義相通。故趙翼引用此例實不恰當，應是兩書均曾使用「前馬」二字。

（三）

趙翼謂《新唐書》將《舊書》車庸、腳直改爲「腳前」〔註78〕。

（四）

《舊唐書‧薛仁杲傳》謂：「太宗知其可擊，遣將軍龐玉擊賊將宗羅睺於淺水原。兩軍酣戰，太宗以勁兵**出賊不意**，奮擊大破之。」〔註79〕《新唐書‧薛仁杲傳》謂：「王策賊可破，遣將軍龐玉擊宗羅睺於淺水原，戰酣，『王以勁兵擣其背』，羅睺敗。〔註80〕」《新唐書》將**出賊不意**改爲王以勁兵擣其背，《通鑑》作「世民引大軍自原北『出其不意』，羅侯引兵還戰。」〔註81〕

個人認爲以『出賊不意』或『出其不意』爲宜，原因是《新唐書》作『王以勁兵擣其背』確定太宗攻擊敵後。而『出賊不意』的意象空間廣大，可以是時間上出其不意，也可以是地點上的出其不意（由敵背或側翼），更可以是心理上的奇襲。故宋祁用「擣其背」，即失去太宗戰略的想像空間。且「擣其背」此說何據，是一疑問。

（五）

《舊唐書‧許紹傳》謂：「紹與王世充、蕭銑疆界連接，紹之士卒爲賊所虜者，輒見殺害。紹執敵人，皆資給而遣之，**賊感其義，不復侵掠，闔境獲安**。」〔註82〕黑體字者《新唐書》改爲「二邦感義，殺掠爲止」〔註83〕，其餘敘述相同。

（六）斲石爲人馬

《舊唐書》謂：「貞觀中，有詔刻石爲人馬以象行恭拔箭之狀，立於昭陵闕前。」〔註84〕

《新唐書》謂：「貞觀中，詔斲石爲人馬，象拔箭狀，立昭陵闕前，以旌武功云。」〔註85〕

斲，意爲斫削，較《舊書》雅。

三、有古字而晦澀者

〔註78〕同註64。
〔註79〕《舊唐書》，卷五十五。
〔註80〕《新唐書》，卷八十六。
〔註81〕《通鑑‧唐紀》，卷一百八十六，武德元年。
〔註82〕《舊唐書》，卷五十九。
〔註83〕《新唐書》，卷九十。
〔註84〕《舊唐書》，卷五十九。
〔註85〕《新唐書》，卷九十。

晦澀者，造成語義不明，難懂或誤讀，甚至會有多重解讀皆可的情形。此共引兩條如下：

（一）

　　《舊唐書·鄭綮傳》謂：

　　　　昭宗見其激訐，謂有蘊蓄，就常奏班簿側注云：「鄭綮可禮部侍郎、平章事。」中書胥吏詣其家參謁，綮笑而問之曰：「諸君大悞，俾天下人並不識字，宰相不及鄭五也。」胥吏曰：「出自聖旨特恩，來日制下。」抗其手曰：「萬一如此，笑殺他人。」明日果制下，親賓來賀，搔首言曰：「歇後鄭五作宰相，時事可知矣。」累表遜讓不獲。〔註86〕

　　　　而《新唐書·鄭綮傳》改寫爲「：俄聞制詔下。歎曰言：『萬一然笑殺天下人。』既視事，宗戚詣慶，搔首曰：『歇後鄭五作宰相，事可知矣。』」〔註87〕

　　　　顧炎武謂：「制已下矣！何萬一之有？」〔註88〕此即省文而使敍述難懂。

（二）

　　顧炎武謂：

　　　　舊唐書皇甫鎛傳，附柳泌事，云言：泌繫京兆府。獄吏叱之曰，何苦作此虛矯？泌曰言：吾本無心，是李道古教我。且云言：壽四百歲，府吏防虞周密，恐有隱化，及解衣就誅，一無變異。語雖煩而敍事則明。新書但云言：皆道古教我，解衣即刑，卒無它異，丟其中間語，則它異二字何所本邪？〔註89〕

此爲宋祁之失。

（三）夷夏「愛便」

　　《新唐書·襄武郡王琛》謂：「政寬簡，爲夷夏愛便。」〔註90〕《舊唐書·襄武郡王琛》言：「馭眾寬簡，夷夏安之。」〔註91〕「愛便」爲合睦之意。

（四）「刜蹄甘辭以附渠牟」

　　趙翼言《舊唐書》亦有晦澀處，如「刜蹄甘辭以附渠牟」〔註92〕。刜，意爲削

〔註86〕《舊唐書》，卷一百七十九。
〔註87〕《新唐書》，卷一百八十三。
〔註88〕《日知錄》，頁110。
〔註89〕同註88。
〔註90〕《新唐書》，卷七十八。
〔註91〕《舊唐書》，卷六十。
〔註92〕《舊唐書》，卷一百三十五。

去邊角，也有雕縷、竭盡之義，故剗蹄意爲爭相趨步之意。見《新唐書·韋渠牟傳改爲「士之浮競甘進者爭出其門」〔註93〕。意即士人驅附於渠牟，取「竭盡」義。《舊唐書》「剗」字共有七處，《新唐書》共有十五處，若「剗」字爲晦澀，仍以《新唐書》居多。

四、造語新奇者

趙翼所整理出「造語新奇者」的字〔註94〕約 25 個，而新奇者又可分爲有數例或僅有一例者。這些例子《舊唐書》或有使用，附於《新唐書》字例之中，如下：

（一）『揠』

杜維運認爲此是「迎合」之義，而大部分當「拔除」講。

1. 數稱壽王美以『揠』妃意

《舊唐書》謂：「其年，駕幸西京，以李林甫代張九齡爲中書令，希惠妃之旨，託意於中貴人，揚壽王瑁之美，惠妃深德之。」〔註95〕

《新唐書》謂：「俄而九齡罷，李林甫專國，數稱壽王美以『揠』妃意，妃果德之。」〔註96〕『揠』爲迎合之意。

2.

《舊唐書·魏元忠》徵引〈言命將用兵之工拙〉謂：「故陰陽不和，擢士爲相；蠻夷不龔，拔卒爲將，即更張之義也。」〔註97〕

《新唐書·魏元忠》則改爲：「故陰陽不和，揠士爲相；蠻貊不廷，擢校爲將。」〔註98〕

《新書》用「揠」代「擢」，「擢」代「拔」，並將卒改爲校，以求其雅。

3. 『揠』去復戰

《舊唐書·阿史那社尒傳》謂：「十九年，從太宗征遼，至駐蹕陣，頻遭流矢，『拔』而又進。其所部兵士，人百其勇，盡獲殊勳。」〔註99〕

《新唐書·阿史那社尒傳》謂：「從征遼東，中流矢，『揠』去復戰，所部奮厲，皆有功。還，擢兼鴻臚卿。」〔註100〕『揠』作爲「拔箭」。

〔註93〕《新唐書》，卷一百六十七。
〔註94〕《陔餘叢考》，卷十一，「《新唐書》筆法」。
〔註95〕《舊唐書》，卷一百七。
〔註96〕《新唐書》，卷八十二。
〔註97〕《舊唐書》，卷九十二。
〔註98〕《新唐書》，卷一百二十二。
〔註99〕《舊唐書》，卷一百九。
〔註100〕《新唐書》，卷一百一十。

4. 『摳』賊根本

《舊唐書‧李光弼傳》謂：「光弼以范陽祿山之巢穴，**將先斷之**，使絕根本。會哥舒翰潼關失守，玄宗幸蜀，人心驚駭。」〔註 101〕

《新唐書‧李光弼傳》謂：「光弼以范陽本賊巢窟，當先取之，**摳賊根本**。會潼關失守，乃拔軍入井陘。」

《新唐書》使用『摳』字，有三義，一是迎合，二是拔除，三為可以引申為提拔之意。

（二）煨

煨，為灰燼。

1. 民爭取煨以汰寶

懿宗女衛國公主

《新唐書‧衛國公主傳》謂：「又許百官祭以金貝、寓車、廞服，火之，民爭取『煨』以汰寶。」〔註 102〕《舊唐書‧衛國公主傳》則謂：「出降之日，傾宮中珍玩以為贈送之資。」〔註 103〕無「煨以汰寶」之事。杜維運言取灰鍊出金寶也，即從灰燼中取寶物，而《舊唐書》不提此事。餘下二者作為灰燼解，此為此字原義。

2. 士之懷琬琰就『煨』塵

《舊唐書‧魏元忠》引〈言命將用兵之工拙〉謂：「且知己難逢，英哲罕遇，士之懷琬琰以就埃塵，抱棟梁而困溝壑者，則悠悠之流，直睹此士之貧賤，安知此士之方略哉。」〔註 104〕《新唐書‧魏元忠》〈言命將用兵之工拙〉謂：「士之懷琬琰就煨塵、抱棟幹困溝壑者，悠悠之人直睹此士之貧賤，安知其方略哉！」〔註 105〕宋公為避俗就雅。

3. 時宮室『煨』殘

李克用

《新唐書‧沙陀傳》謂：「克用請帝還京師，以二千騎衛乘輿。時宮室煨殘，駐尚書省，百官喪馬，克用進乘輿金具裝二駟，又上百乘給從官。」〔註 106〕亦作灰燼解，而《舊唐書》不載此事。

而煨字，《舊唐書》亦有使用，如玄武門之變前，秦王謀府僚議。府僚謂：「向

〔註 101〕《舊唐書》，卷一百一十。
〔註 102〕《新唐書》，卷八十三。
〔註 103〕《舊唐書》，卷一百七十七。
〔註 104〕《舊唐書》，卷九十二。
〔註 105〕《新唐書》，卷一百二十二。
〔註 106〕《新唐書》，卷二百一十八。

使舜浚井不出，自同魚鱉之斃，焉得為孝子乎？塗廩不下，便成煨燼之餘，焉得為聖君乎？」〔註107〕另為《舊唐書‧庶人祐傳》庶人祐謂：「行敏為國討賊，更無所顧，王不速降，當為煨燼。」〔註108〕《新唐書》只書行敏呼曰：「吾為國討賊，不速降，『且焚』。」〔註109〕省煨燼二字。

（三）繚

繚，為纏繞義。

《新唐書‧柴紹傳》謂：「隋將桑顯和來戰，紹引軍**繚**其背，與史大奈合攻之。顯和敗，遂平京師。」〔註110〕杜維運解釋全句，為繞出賊後也。《舊唐書》言：「紹引軍**直掩其背**，與史大奈合勢擊之，顯和大敗，因與諸將進下京城。」〔註111〕意思相同。《舊唐書》書「繚」多指布料纏繞。此字《新唐書》引用頗多。

（四）薎

《新唐書‧裴矩傳》謂：「廛邸皆供帳，池酒林薎。」〔註112〕《舊唐書》謂：「又令三市店肆皆設帷帳，盛酒食，遣掌蕃率蠻夷與人貿易，所至處悉令邀延就座，醉飽而散。」〔註113〕另見《新唐書‧柳玭傳》引〈訓子書〉謂：「余舊府高公先君兄弟三人，俱居清列，非速客不二羹薎，夕食齕葡瓠而已，皆保重名於世。」〔註114〕僅兩處。而《舊唐書》無此字例。

（五）峭 詆

趙翼引「蔓劾峭詆」為造語新奇。「峭詆」應為羅織詆謗。《新唐書》「蔓劾」僅一例，在《新唐書‧裴胄傳》謂：「炎遣員寓蔓劾峭詆，貶汀州司馬。」〔註115〕而書「峭詆」還有一處，《新唐書‧楊國忠傳》謂「國忠乃『慘文峭詆』，逮繫連年，誣纖被誅者百餘族。」〔註116〕《舊唐書》則謂「京兆府法曹吉溫舞文巧詆，為國忠爪牙之用。」〔註117〕時李林甫欲陷太子，楊國忠佞寵，羅織韋堅等入獄，竟數百家。

〔註107〕《舊唐書》，卷六十四。
〔註108〕《舊唐書》，卷七十六。
〔註109〕《新唐書》，卷八十。
〔註110〕《新唐書》，卷九十。
〔註111〕《舊唐書》，卷五十八。
〔註112〕《新唐書》，卷一百。
〔註113〕《舊唐書》，卷六十三。
〔註114〕《新唐書》，卷一百六十三。
〔註115〕《新唐書》，卷一百三十。
〔註116〕《新唐書》，卷二百六。
〔註117〕《舊唐書》，卷一百六。

〔註118〕

『慘文峭詆』之義，《新唐書·韋堅傳》此事則用「文致其獄」，較易懂。故「峭詆」二字共有兩處。

其餘如「撓意諂媚」、「通諢勤」〔註119〕、「亡不旋踵」〔註120〕、「厲止夜行」〔註121〕、「抶疻郵人」、「長柯斧堵進」、「請厲止夜行以備賊諜」、「皆良金壽革，練士卒，號令精明。」、「漂血丹渠」〔註122〕、「無所嫁非」〔註123〕、「朝鼎夕砧」、〔註124〕、「逭暑」〔註125〕、「祈陳哀到」〔註126〕、「胖然無所避屈」〔註127〕、「帥爾」〔註128〕亦書造語新奇者，茲舉例說明。

（一）衿 肘

《新唐書·李密傳》謂：「高祖遣鴈門人元普賜金券，會頡利亦召之，意猶豫。子孝政諫曰言『大人許唐降，又貳頡利，自取亡也。今糧盡眾攜，不即決，恐衿肘變生，孝政不忍見禍之酷也！』」〔註129〕《舊唐書·苑君璋傳》孝政之言為「肘腋」〔註130〕。衿，古代衣服的交領。肘上下臂交接的關節處。肘腋，指的是肐肢窩，比喻極近。故宋祁以「衿肘」代「肘腋」。

（二）鑱蹟民伍

《新唐書·孔巢父傳》謂：「永王璘稱兵江淮，辟署幕府，不應，鑱蹟民伍。璘

〔註118〕《通鑑》採《唐曆》說法。而《新唐書·韋堅傳》則言：「林甫使楊慎矜、楊國忠、王（土康）、吉溫等文致其獄，帝惑之，貶堅縉雲太守，惟明播川太守，籍其家。」有楊國忠之名。此處以《舊唐書》詳細，見《通鑑》此事共鞫者吉溫及楊慎矜，而兩書〈楊慎矜傳〉言「韋堅之獄，王（土康）等方文致，而慎矜依違不甚力」等句。故『慘文峭詆』應為吉溫而非國忠，《新唐書》為省筆之差。

〔註119〕《新唐書·宇文士及傳》言：「士及亦遣家童間道走長安，『通諢勤』，且獻金鐶。」

〔註120〕《新唐書·蕭瑀傳》書：「魏、晉廢之，『亡不旋踵』。」《舊唐書》：「不能永久。」

〔註121〕《新唐書·蕭廪傳》書「廣明初，以諫議大夫知制誥，請厲止夜行以備賊諜，出太倉粟賤估以濟貧民。」

〔註122〕《新唐書·馬璘傳》

〔註123〕李嶠《新唐書》：「中宗以嶠身宰相，乃自陳失政，丐罷官，無所嫁非，手詔詰讓。嶠惶恐，復視事。」

〔註124〕《新唐書》：「雖朝鼎夕砧，猶未可以夸四夷，安足勞聖躬哉？」

〔註125〕張說傳《新唐書》：「久視中，后逭暑三陽宮，汔秋未還。」《舊唐書》：「久視年，則天幸三陽宮，自夏涉秋，不時還都。」

〔註126〕張說傳《新唐書》：「祈陳哀到」。

〔註127〕李朝隱傳

〔註128〕《新唐書》，卷一百三十九。

〔註129〕《新唐書》，卷九十二。

〔註130〕《舊唐書》，卷五十五。

敗，知名。」〔註131〕

　　《舊唐書‧孔巢父傳》謂：「永王璘起兵江淮，聞其賢，以從事辟之。巢父知其必敗，**側身潛遁**，由是知名。」〔註132〕

　　即為側身潛遁於民間。趙翼言：「未免好奇之過。」

（三）築障遮虜

　　《舊唐書‧劉弘基傳》謂：「修營障塞，副淮安王神通備胡寇於北鄙。」〔註133〕「修營障塞」宋祁改為「築障遮虜」。需說明《新唐書》用「築障」共有兩次。「遮虜」另作「遮虜軍」、「遮虜城」，二者為專有名詞，故「築障遮虜」僅為一例。

（四）夷痕士

　　「夷痕士」意為殘弱的士兵，僅一例。《新唐書‧康承訓傳》謂：「勛釋甲服垢襦脫，收『夷痕士』三千以歸，遣張行實屯第城。」〔註134〕《舊唐書》則無此條。

（五）捭豚臑拒貙牙

　　《新唐書‧韓偓傳》謂：「觀綮、朴輩不次而用，捭豚臑拒貙牙，趣亡而已。一韓偓不能容，況賢者乎？」〔註135〕

　　上列字僅一例與《舊唐書》相較，其詞彙多由宋景文自創，語多為新奇者。

參、問題分析

一、從史料觀點

　　本文所持的史料觀點即是「史之美者，敘事為先」。故《舊唐書》敘述、引文多為詳細，因此敘事清楚。甌北以此推論文本是否為國史舊文，以區分文之上、文之下。從本文引證可發現，國史亦有「漢子」、「讀書漢」之語，並非全屬雅致之文。但可以發現《舊唐書》敘述多平易淺近，絕少晦澀之文。《新唐書》產生的問題一方面是史料再一次加工，讓史料失真。另一方面，讓史料的口語特色消失，使莽夫講雅言，對話無法代表人物個性或社會背景，殊為可惜。

二、史書筆法

　　史書筆法從「史之美者，敘事為先」再延伸到「敘事之功，簡要為主」與「繁省有據」。

〔註131〕《新唐書》，卷一百六十三。
〔註132〕《舊唐書》，卷一百五十四。
〔註133〕《舊唐書》，卷五十八
〔註134〕《新唐書》，卷一百四十八
〔註135〕《新唐書》，卷一百八十三，「贊曰」。

（一）《新唐書》較《舊唐書》簡鍊

整體言之，《新唐書》較《舊唐書》簡鍊，「省文」時有可觀。而「省文」的成功在掌握「動詞」，如「斲」、「擢」、「引」、「摳」等，或有晦澀，但代表簡要與求雅，這類字也多爲古語。

《新書》雖以典雅勝出，但敘事無法兼顧史料完整，造成事件因果不明。如《舊唐書·吳筠傳》言：

> 天寶中，李林甫、楊國忠用事，綱紀日紊。筠知天下將亂，堅求還嵩山，累表不許，乃詔於嶽觀別立道院。祿山將亂，求還茅山，許之。既而中原大亂，江淮多盜，乃東遊會稽。嘗於天台剡中往來，與詩人李白、孔巢父詩篇酬和，逍遙泉石，人多從之。竟終於越中。
>
> 筠在翰林時，特承恩顧，由是爲群僧之所嫉。驃騎高力士素奉佛，嘗短筠于上前，筠不悅，乃求還山。故所著文賦，深詆釋氏，亦爲通人所譏。然詞理宏通，文彩煥發，每製一篇，人皆傳寫。雖李白之放蕩，杜甫之壯麗，能兼之者，其唯筠乎！〔註136〕

宋祁則將高力士短筠與筠知天下亂兩事合寫，謂：

> 群沙門嫉其見遇，而高力士素事浮屠，共短筠於帝，筠亦知天下將亂，懇求還嵩山。詔爲立道館。安祿山欲稱兵，乃還茅山。〔註137〕

於筠卒年後書：「始，筠見惡於力士而斥，故文章深詆釋氏。筠所善孔巢父、李白，歌詩略相甲乙云。」〔註138〕

吳筠是因爲高力士短之故還山，還是知天下將亂而走？《舊唐書》列天下將亂於前，堅求還嵩山，累表不許，乃詔立道院。後謂：「祿山將亂，求還茅山，許之。」高力士短之於後，爲還山的另一個理由。《新唐書》安排似又相反，筠因高力士短之，懇求還山，不許而立道館。

以吳筠受玄宗重視，高力士短之就想還山，理由實在牽強。故離開主因應是天下將亂較爲合理，高力士短之只是次要原因。而《新唐書》安排似乎是高力士短之爲主因，祿山將亂爲次因。

（二）《新唐書》簡而不明

此外《新唐書》敘述造成文義不明、意義改變或自創新語。顧炎武曰言：「而

〔註136〕《舊唐書》，卷一百九十二。
〔註137〕《新唐書》，卷一百九十六。
〔註138〕同註137。

列傳出宋祁之手，則簡而不明。」〔註139〕如「夷夏愛便」、「許以便宜」、「卒無它異」等。

（三）《新唐書》改寫不如《舊唐書》

亦有改之反不如《舊唐書》者，〈李子通傳〉，《舊唐書》謂：「性好施惠，家無蓄積，睚眦之怨必報。」〔註140〕《新書》則言：「喜報仇。」〔註141〕「喜」不如「睚眦之怨必報。」貼切。

《新唐書》的敘述，從上文引證可以找到宋祁改後而意思模糊者，或省略小細節等。

（四）《新唐書》敘述改變語氣

也有將直述句改爲疑問句，如「非我失信」條，即失去外交交涉論辯的堅定立場。

（五）《新唐書》《新唐書》愛奇求變

趙翼認爲宋祁造語新奇者的字例，實際僅「撮」、「繚」字爲《新唐書》獨用，且有數個例子。而「煨」字則兩《唐書》都有使用。其餘僅出現一次者，有二十幾個，這顯示宋祁文人愛奇求變的態度。

小　結

《舊唐書》用直述的句子。簡單明瞭，史料性豐富。《新唐書》爲文筆融裁，筆法典雅，多爲古語。雖《新唐書》出現較多，並非《舊唐書》沒有。如趙翼所引「前馬」等事，《舊唐書》也是如此書寫，若《新唐書》彷古逼肖，是否意味《舊唐書》也是，所以這多是甌北印象所然。

敘事既爲第一，便以「簡要」爲主，故「文省」並非是特殊要求，而是史書基本常識。基本要求爲「蓋作者言雖簡略，理皆要害，故能疏而不遺，儉而無闕。」〔註142〕

兩《唐書》筆法討論僅見於趙翼《陔餘叢考》的「《新唐書》文筆」〔註143〕，《舊書》之美者多國史舊文，如郭子儀傳，俚語夾雜、安錄山謂「這胡誤我！」等俗語，皆入正史之中。趙翼故謂：「子京力矯其弊，寧簡毋冗，寧僻勿俗，於《舊書》各傳

〔註139〕《日知錄》，頁 110。
〔註140〕《舊唐書》，卷五十六。
〔註141〕《新唐書》，卷八十七。
〔註142〕《史通・敘事》，卷六。
〔註143〕《陔餘叢考》，卷十一。

無一篇不改竄易換，大日事多而文省，語短而意長，過舊書遠甚，一經對勘。優劣自見。」〔註144〕故趙翼論兩書筆法是貶《舊書》揚《新書》。

理論上，《新唐書》前顯易曉，聞其句便可知其意。《新唐書》則是將史料的口語性潤飾爲書面語。從劉知幾的標準，當以《新唐書》勝出。但宋祁改寫所持的標準與慣例，近乎三代文的特性，以致由晦而雅，易因晦而澀。這樣的敘事方純是宋祁個人的喜好，與宋代其他編修史書的特色不同。其用晦澀所產生的困境有三，一是有傷敘事的完整性，即事實的表達與事件本身容易產生誤讀。二是巨子結構的改寫，也改變對話語氣，行文雖符合氣勢，但難與情境相容，三是與嚴加工一次，便失眞一次。所以《新書》全面改寫史料，便難以觀察唐人的語言習慣與文學風貌；而宋祁改寫的原則依循三代之文，而非宋代書面語習慣。縱使寫成最佳的書面語，亦是唐人言三代之語，讀之亦扞格，頗失原貌。

第三節　兩《唐書》數字記述考論

史料的構成有人、事、時、地、物等因素，而史書撰寫除講究筆法優美與省字外，也需兼顧時空條件的清晰明確。兩《唐書》撰史有清晰處，亦有模糊的地方，而數字的模糊以《新唐書》最爲嚴重。這是歐陽修與宋祁編修《新唐書》時，以文學寫史書使然，而影響到史料的人、事、時、物的準確性。

此一現象因問題的層次而有不同的影響。例如〈食貨志〉數量的誤差會比列傳人物壽命迥異、年次不明要來得重要。以〈食貨志〉爲例，嚴耕望在《新舊兩唐書史料價值比論》認爲：

> （《新唐書》）〈食貨志〉內容雖遠較〈舊志〉爲豐富，但數字觀念不太清楚。《舊書》、《通典》、《會要》、《冊府元龜》等書對於財政經濟之數字，皆較認眞處理，惟〈新志〉爲力求省字，照例只取大數，大失準確性。〔註145〕

此類現象多是《新唐書》因「文省」關係將明確的數字與以概然化，而與《舊書》、《通典》、《會要》、《冊府元龜》校讀時，產生極大的差異。

嚴氏並舉〈食貨志〉「文宗時采灰一斗，比鹽一斤論罪。」〔註146〕爲例，此出《冊府元龜》，作「一斤四兩」，誤差極大。再謂：

〔註144〕同註143。
〔註145〕《新舊兩唐書史料價值比論》，頁12。
〔註146〕同註145。

又或刪除數字之「以上」、「以下」等字樣，又或對於一系列數字，不問其是否等差，有時選首尾兩數，有時任選一數，以偏概全、皆失史實眞相。〔註147〕

數字模糊尚且有幾類現象，一是時間標示不清，二是數量出入，三是人物卒年有出入。

壹、時間標示不清或省略

《新唐書》常以「初」、「中」、「末」概略皇帝在位的前期、中期、晚期，而無清楚的年份。在位十年分三期，年號僅一年也分三期，讓確定的時間又因文省而模糊。而省略年次往往讓不同年份的史料看似同一年發生。

一、隋煬帝大業十一年（615）八月壬申

突厥圍煬帝於鴈門，王世充發將都兵赴難，讓「軍中蓬首垢面，悲泣無度，曉夜不解甲，藉草而臥。」〔註148〕煬帝以爲忠。此事《舊唐書・王世充傳》謂：「十一年，突厥圍煬帝於鴈門。」〔註149〕而《新書》省「十一年」，書：「會突厥圍帝鴈門，世充悉發江都兵赴難，詐爲可喜事以邀聲譽。」〔註150〕此事上接（大業）十年王世充打敗孟讓，易讓人誤以爲煬帝被突厥圍事是大業十年之事。

二、王世充兵臨黎陽，竇建德入殷州

《舊唐書・王世充傳》謂：「十月，世充率眾東徇地，至于滑州，仍以兵臨黎陽。十一月，竇建德入世充之殷州，殺掠居人，焚燒積聚，以報黎陽之役。」〔註151〕

《新唐書・王世充傳》：「世充率眾東徇地至滑，以兵臨黎陽。時黎陽爲竇建德守，故建德亦破世充殷州，以報其役。」〔註152〕

新書記六月殺越王侗，省「十一」、「十二」兩月，若不參看《舊書》便會誤以爲王世充兵臨黎陽與竇建德入殷州同是六月之事（兩件事上接六月）。

三、劉仁軌任青州刺史

劉仁軌爲李義府所惡出任青州刺史。

《舊唐書・劉仁軌傳》：「顯慶四年，出爲青州刺史。五年，高宗征遼，令仁軌監統水軍，以後期坐免，特令以白衣隨軍自效。」〔註153〕

〔註147〕同註145。
〔註148〕《舊唐書》，卷五十四。
〔註149〕同註148。
〔註150〕《新唐書》，卷八十五。
〔註151〕同註148。
〔註152〕同註150。
〔註153〕《舊唐書》，卷八十四。

《新唐書‧劉仁軌傳》：「為李義府所惡，出為青州刺史。顯慶五年，伐遼，義府欲斥以罪，使督漕，而船果覆沒。坐免官，白衣隨軍。」〔註154〕

《新唐書》書仁軌出為青州刺史，上接貞觀十四年，時秋斂未訖，仁軌諫言，拜新安令，累遷給事中。相距二十年的史事，卻未加以區分。

四、師德與王孝傑討吐蕃

《舊唐書‧王孝傑傳》書：「證聖元年，吐蕃寇洮州，令師德與夏官尙書王孝傑討之，與吐蕃大將論欽陵、贊婆戰於素羅汗山，官軍敗績，師德貶授原州員外司馬。」〔註155〕

《新唐書‧王孝傑傳》書：「證聖中，與王孝傑拒吐蕃於洮州，戰素羅汗山，敗績，貶原州員外司馬。」〔註156〕

萬歲登封元年（695）這年共有兩個年號，正月改元「證聖」，九月改元「萬歲登封」，而宋祁作「證聖中」是指哪個月並不清楚。

五、竇懷貞神龍二年（705）遷御史大夫

《舊唐書‧竇懷貞傳》：「神龍二年，累遷御史大夫，兼檢校雍州長史。」〔註157〕

《新唐書‧竇懷貞傳》：「神龍中，進左御史大夫兼檢校雍州長史。」〔註158〕

中宗以神龍爲年號共有三年，《新書》「神龍中」年份並不明確。

六、豆盧欽寬（豆盧欽望之祖）卒年

《舊唐書‧豆盧欽寬傳》書：「永徽元年卒，贈特進、并州都督，陪葬昭陵，諡曰定。」〔註159〕

《新唐書‧豆盧欽寬傳》：「卒，贈特進、并州都督，陪葬昭陵，諡曰定。」〔註160〕

《新書》省「永徽元年」。

七、豆盧欽望卒月

《舊唐書‧豆盧欽望傳》：「十一月卒，年八十餘。贈司空、并州大都督，諡曰元」〔註161〕

〔註154〕《新唐書》，卷一百八。
〔註155〕《舊唐書》，卷九十三。
〔註156〕《新唐書》，卷一百八。
〔註157〕《舊唐書》，卷一百八十三。
〔註158〕《新唐書》，卷一百九。
〔註159〕《舊唐書》，卷九十。
〔註160〕《新唐書》，卷一百一十四。
〔註161〕同註159。

《新唐書・豆盧欽望傳》：「卒，年八十，贈司空、并州大都督，陪葬乾陵，諡曰元。」〔註162〕

《新書》省「十一月」。

八、周允元證聖元年（695）卒年

《舊唐書・周允元傳》書：「證聖元年卒，贈貝州刺史。則天為七言詩以傷之，又自繕寫，時以為榮。」〔註163〕

《新唐書・周允元傳》書：「卒，贈貝州刺史。」〔註164〕

《新書》省「證聖元年」。

九、狄仁傑遷大理丞

《舊唐書・狄仁傑傳》：「仁傑，儀鳳中為大理丞，周歲斷滯獄一萬七千人，無冤訴者。」〔註165〕

《新唐書・狄仁傑傳》：「稍遷大理丞，歲中斷久獄萬七千人，時稱平恕。」〔註166〕

兩《唐書》此事上接有同府法曹鄭崇質，母老且病，當充使絕域。仁傑請代崇質而行之事，《新書》此處書「稍遷大理丞」，敘述上無任何年號可資參考。

其後萬通元年（696）元年，契丹寇冀州，《舊唐書》書「萬歲通元年」，此年為九月改元「萬歲通天」。據〈則天本紀〉契丹於十月寇冀州，恰發生於改元之後。《新唐書》書「萬歲通天中」，讓人不知是元年的哪一個月？

後召拜鸞臺侍郎，復同鳳閣鸞臺平章事。《新唐書》於此事首省「神功元年」。後武則天幸三陽宮，王公百僚咸經侍從，唯仁傑特賜宅一區，此事於「聖元三年」，《新唐書》亦不記時間。

十、劉滋貞元十（794）年十月卒

《舊唐書・劉滋傳》謂：「十年十月卒，時年六十六，贈陝州大都督。」〔註167〕

《新唐書・劉滋傳》謂：「卒，贈陝州大都督，諡曰貞。」〔註168〕

貳、數量出入

〔註162〕《新唐書》，卷一百一十四。
〔註163〕《舊唐書》，卷九十。
〔註164〕同註162。
〔註165〕《舊唐書》，卷八十九。
〔註166〕《新唐書》，卷一百一十五。
〔註167〕《舊唐書》，卷一百三十六。
〔註168〕《新唐書》，卷一百三十二。

《新唐書》在人數上往往有誇大或減少的現象。

一、薛舉舉兵號三十萬

　　大業十三年（617）薛仁杲寇扶風郡。舉遣使召弼，弼殺弘芝，引軍從舉。仁杲因弼弛備，襲破芝，並有其眾，弼以數百騎遁免。《舊唐書・薛舉傳》：「舉勢益張，軍號三十萬，將圖京師。」〔註169〕《新唐書・薛舉傳》：「軍益張，號二十萬，將窺京師。」〔註170〕整整少了十萬人，《通鑑》同《舊書》爲三十萬。

二、建成斬首數百級，擄獲千餘人

　　武德四年稽胡酋帥劉仙成擁部落數萬人爲邊害，高祖派建成討伐，軍至鄜州，擊破之。《舊唐書・隱太子傳》書：「斬首數百級，虜獲千餘人。」〔註171〕。《新唐書・隱太子傳》書：「破之鄜州，斬虜千計，引渠長悉官之，使還招群胡。」〔註172〕如果光從文意好像斬殺俘虜者千計之意，實爲斬者百，虜者千。

　　事後胡人投降，建成防有變皆殺之，《舊唐書・曹憲傳》謂：「竟誅降胡六千餘人。」〔註173〕，《新唐書・曹憲傳》謂：「陰勒兵殺六千人。」〔註174〕「餘」者，爲不確定，涵蓋人數比較模糊；《新唐書》書六千人，千爲整數，似讓人以爲恰好殺了六千人。

三、李僅行部落家僮數千人

　　《舊唐書・李僅行傳》：「子謹行，偉貌，武力絕人。麟德中，歷遷營州都督。其部落家僮數千人，以財力雄邊，爲夷人所憚。」〔註175〕

　　《新唐書・李僅行傳》：「謹行偉容貌，勇蓋軍中，累遷營州都督，家童至數千，以財自雄，夷人畏之。」〔註176〕

　　《新唐書》省「部落」兩字，會讓人誤會「家僮」有數千人。

四、薛萬徹遇敵三萬餘人

　　《舊唐書・薛萬徹傳》謂：

　　　　二十二年，萬徹又爲青丘道行軍大總管，率甲士三萬自萊州泛海伐高麗，入鴨綠水，百餘里至泊汋城，高麗震懼，多棄城而遁。泊汋城主所夫

〔註169〕《舊唐書》，卷五十五。
〔註170〕《新唐書》，卷八十六。
〔註171〕《舊唐書》，卷六十四。
〔註172〕《新唐書》，卷七十九。
〔註173〕《舊唐書》，卷一百八十九上。
〔註174〕《新唐書》，卷一百九十八。
〔註175〕《舊唐書》，卷一百九十九上。
〔註176〕《新唐書》，卷一百一十一。

孫率步騎萬餘人拒戰，萬徹遣右衛將軍裴行方領步卒爲支軍繼進，萬徹及
諸軍乘之，賊大潰。追奔百餘里，於陣斬所夫孫，進兵圍泊汋城。其城因
山設險，阻鴨綠水以爲固，攻之未拔。高麗遣將高文率烏骨、安地諸城兵
三萬餘人來援，分置兩陣。〔註177〕

《新唐書・薛萬徹傳》謂：

貞觀二十二年，以青丘道行軍總管帥師三萬伐高麗，次鴨淥水，以奇
兵襲大行城，與高麗步騎萬餘戰，斬虜將所夫孫。虜皆震恐，遂傅泊汋城。
虜眾三萬來援，擊走之，拔其城。〔註178〕

《新唐書》省「餘」字。

五、回紇等寇邊三十萬

《舊唐書・郭子儀傳》謂：「十月，僕固懷恩引吐蕃、迴紇、党項數十萬南下，
京師大恐，子儀出鎮奉天。」〔註179〕《新唐書・郭子儀傳》謂：「懷恩盡說吐蕃、
回紇、党項、羌、渾、奴剌等三十萬，掠涇、邠，躪鳳翔，入醴泉、奉天，京師
大震。」〔註180〕《新書》增加二十萬人，《通鑑考異》謂：「《舊・子儀傳》謂數
十萬眾，懷恩傳謂誘吐蕃十萬眾。按汾陽家傳，實不過十萬。」故三十萬實有誇
張之嫌。

參、卒年出入

一、曹憲年一百五歲卒

曹憲爲隋官員，後爲李淵重用貞觀中太宗徵爲弘文館學士，以年老不仕，乃遣
使就家拜朝散大夫，學者榮之。《舊唐書・曹憲傳》謂：「年一百五歲卒。」〔註181〕。
《新唐書・曹憲傳》：謂「卒，年百餘歲。」〔註182〕將原本清楚的卒年寫成大約的
數字。

二、南金卒年五十餘

《舊唐書・南金傳》謂：「累轉庫部員外郎，以疾，固辭不堪繁劇，轉爲太子洗
馬。卒年五十餘。」〔註183〕《新唐書・南金傳》謂：「張說、陸象先以賢謂之，由

〔註177〕《舊唐書》，卷一百六十九。
〔註178〕《新唐書》，卷九十四。
〔註179〕《舊唐書》，卷一百二十。
〔註180〕《新唐書》，卷一百三十七。
〔註181〕《舊唐書》，卷一百八十九上。
〔註182〕《新唐書》，卷一百九十八。
〔註183〕《舊唐書》，卷一百八十八。

庫部員外以痼疾改太子洗馬，卒。」〔註 184〕漏卒年似有不妥。

故從上述例證可知《新唐書》會有將人物卒年概略化的現象。

小　結

嚴耕望說：「歐宋以文學治史，遺漏數字意義，僅取大略。史學觀念較弱，不免為求文章雅潔，不顧數字的準確性。」〔註 185〕

兩《唐書》都有年份標示不清的問題。前述多為《新唐書》因數字有問題者，《新唐書》亦有更正《舊書》數量之誤，如義寧元年（617）《舊唐書・李密傳》謂：

> 密恃兵鋒甚銳，每入苑與隋軍連戰。會密為流矢所中，臥於營內，東都復出兵乘之，密眾大潰，棄迴洛倉，歸于洛口。煬帝遣王世充率勁卒五萬擊之。〔註 186〕

《舊唐書》作「五萬」，《新唐書・李密傳》書「十萬」〔註 187〕《通鑑》同《新書》，《舊書》為誤。

因《舊唐書》數字清楚而《新唐書》模糊而刪除，對事實之了解影響頗大。年次不清，幾年之事會誤為同年發生，不同月之事亦然。使事件的發展順序無從得知，須參看《舊唐書》、《通鑑》而後知曉，此皆《新唐書》文省與數字觀念不清的結果。讓事件時間的因素不明，是閱讀的最大困擾。

除文省的理由外，歐陽脩與宋祁對數字的掌握並不精確。因此《新唐書》數字不精確，往往造成數量詞的誇大，就宋代修史而言是很特殊的現象。

第四節　兩《唐書》引文考論

劉知幾謂：「夫觀乎人文，以化成天下；觀乎國風，以察興亡。是知文為用，遠矣大矣。」〔註 188〕引文研究，旨在瞭解兩《唐書》對詔令奏義、詩作、雜文的運用程度，進而探討修史者筆法技巧與得失。

趙翼關於《新唐書》趙翼的論點共有「《新書》盡刪駢體舊文」、「《新書》好用韓柳文」、「《新書》詳載章書」等，其餘有關引文則散見其他條中，如「《新唐書》列傳隸事之當」、「《新唐書》文筆」等。趙氏提供我們對事實觀察的線索，從標題來

〔註 184〕《新唐書》，卷一百九十五。
〔註 185〕《新舊兩唐書史料價值比論》，頁 15。
〔註 186〕《舊唐書》，卷五十三。
〔註 187〕《新唐書》，卷八十四。
〔註 188〕《史通・載文》，卷五。

看《新書》對引文的態度是刪駢體舊文、好用韓柳文，駢文指詔令奏議之類，這意味宋祁喜好散文。再看「《新書》詳載章書」一條，若唐代公文皆爲駢體，「詳載章書」就代表文類由駢文改爲散文。爲何宋祁撰列傳時會致力將駢文改爲散文？這應從文類的角度作一思考。

　　其次是從〈進唐書表〉揭舉《新唐書》「事增文省」的特色，《舊唐書》引用的詔令、詩賦、雜文，在《新書》這樣的特色下呈現的面貌是如何？這樣的面貌又代表什麼意義？值得探討。

壹、兩《唐書》引文情形

　　本節分爲兩《唐書》對關鍵文章的處理方式、《新唐書》引文較《舊唐書》詳細者、兩《唐書》引詩賦及引韓柳文情形三項討論。主要目的是突顯兩《唐書》在引文運用上的差異及其影響。

一、兩《唐書》引舊文情形

（一）德宗奉天之詔

　　《舊唐書‧陸贄傳》記陸贄奉天之詔，如下：

> 　　嘗啓德宗曰：「今盜遍天下，輿駕播遷，陛下宜痛自引過，以感動人心。昔成湯以罪己勃興，楚昭以善言復國。陛下誠能不吝改過，以言謝天下，使書詔無忌，臣雖愚陋，可以仰副聖情，庶令反側之徒，革心向化。」德宗然之。故奉天所下書詔，雖武夫悍卒，無不揮涕感激，多贄所爲也。〔註189〕

趙翼謂：「歐宋二公，不喜駢體。故凡遇詔誥章疏四六行文者，必盡刪之。如德宗《奉天之詔》，山東武夫悍卒，無不感涕。」〔註190〕認爲宋祁不列德宗《奉天之詔》。但在《新唐書‧陸贄傳》記贄卒年後，即是德宗《奉天之詔》，云：

> 　　嘗爲帝言：「今盜徧天下，宜痛自咎悔，以感人心。昔成湯罪己以興，楚昭王出奔，以一言善復國。陛下誠不吝改過，以言謝天下，使臣持筆亡所忌，庶叛者革心。」帝從之。故奉天所下制書，雖武人悍卒無不感動流涕。〔註191〕

《舊唐書》則依時間順序陳述，而宋祁將此詔視爲陸贄最大的特色，故列於其傳後陳述。〔註192〕實際上，宋祁在《新唐書》有引用德宗〈奉天之詔〉，並當作最重要

〔註189〕《舊唐書》，卷一百三十九。
〔註190〕《廿二史箚記》，頁379，「《新書》盡刪駢體舊文」
〔註191〕《新唐書》，卷一百五十七。
〔註192〕宋祁多將人物特色之文，置於傳末以突顯人物性格、喜好的。而類似的敘述《舊唐

的事蹟處理。兩書書寫不同處是宋祁將駢文改爲古文。趙氏誤認〈奉天之詔〉被刪除，似因翻檢未遍，或偶失記。

（二）駱賓王〈徐敬業討武后檄〉

《舊唐書・徐敬業傳》徵引全文，而《新唐書》僅書：「傳檄州縣，疏武氏過惡，復盧陵王天子位。」〔註193〕

此檄精彩之處是武則天讀到之後的反應，兩書都有記載。《舊唐書・徐敬業傳》謂：「初，敬業傳檄至京師，則天讀之微哂，至「一抔之土未乾」，遽問侍臣曰：『此語誰爲之？』或對曰：『駱賓王之辭也。』則天曰：『宰相之過，安失此人？』」〔註194〕《新唐書・駱賓王傳》謂：「徐敬業亂，署賓王爲府屬，爲敬業傳檄天下，斥武后罪。后讀，但嘻笑，至『一抔之土未乾，六尺之孤安在』，矍然曰：『誰爲之？』或以賓王對，后曰：『宰相安得失此人！』」〔註195〕

《新唐書》不載此文，是爲一失。駱賓王爲反武后政權而作，具有時代意義。雖然復唐的起義失敗，駱賓王別以此文傳誦千古，名垂不朽。此文在〈徐敬業傳〉的意義就是引領時代風潮，褒貶是非的意義。武后謂「宰相之過，安失此人？」乃是惜才之意。《新唐書》不載其文，只記武后之言，僅是惜才，忽略這篇文章的時代意義及文學價值。

二、兩《唐書》引詔令奏議情形

（一）李中敏

《舊唐書・李中敏傳》記大和中久旱不雨，詔求致雨之方。中敏上謂：「仍歲大旱，非聖德不至，直以宋申錫之冤濫，鄭注之姦弊。今致雨之方，莫若斬鄭注而雪申錫。」〔註196〕僅略述大義，《新唐書・李中敏傳》則摘引一大段，謂：

> 中敏時以司門員外郎上言：「雨不時降，夏陽驕愆，苗欲槁枯，陛下憂勤，降德音，俾下得盡言。臣聞昔東海誤殺一孝婦，大旱三年。臣頃爲御史臺推囚，華封儒殺良家子三人，陛下赦封儒死。然三人者，亦陛下赤子也。神策士李秀殺平民，法當死，以禁衛，刑止流。宋申錫位宰相，生平饋致一不受，其道勁正，姦人忌之，陷不測之辜，獄不參驗，銜恨而沒，

書》多列在傳中隨事陳述，如〈張巡傳〉引韓愈之言、〈劉知幾傳〉引「史才、史學、史識」之語。

〔註193〕《新唐書》，卷九十三。

〔註194〕《舊唐書》，卷六十七。

〔註195〕同註194。

〔註196〕《舊唐書》，卷一百七十一。

天下士皆指目鄭注。臣知數冤必列訴上帝，天之降災，殆有由然。漢武帝
國用空竭，桑弘羊興筦榷之利，然卜式請亨以致雨。況申錫之枉，天下知
之，何惜斬一注以快忠臣之魂，則天且雨矣。」帝不省。〔註197〕

《舊唐書》寥寥數語，而《新唐書》摘引長篇，足見宋祁注意奏疏對政教的重視。

（二）李　渤

《舊唐書‧李渤傳》記元和十三年，濬之遣人上疏，謂：「論時政凡五事：一禮樂，二食貨，三刑政，四議都，五辯讎。」〔註198〕而《新唐書》摘前言且敘述詳細，謂：

> 至德以來，天下思致治平，訖今不稱者，人倦而不知變。天以變通之運遺陛下，陛下順而革之，則悠久。宜乘平蔡之勢，以德羈服恆、兗無不濟，則恩威暢矣。昔舜、禹以匹夫宅四海，其烈如彼；今以五聖營太平，其難如此。臣恐宰相群臣蘊晦術略，啟沃有所未盡，使陛下翹然思文、武、禹、湯而不獲也。宜正六官，敘九疇，脩王制、月令，崇孝悌，敦九族，廣諫路，黜選舉，復俊造，定四民，省抑佛、老，明刑行令，治兵禦戎。願下宰相公卿大夫議，博引海內名儒，大開學館，與群臣參講，據經稽古、應時便俗者，使切磋周復，作制度，合宣父繼周之言。謹上五事：一禮樂，二食貨，三刑政，四議都，五辨讎。〔註199〕

因此，宋祁於《新唐書》引用奏議之文，足見對該文類頗為重視。

三、兩《唐書》引詩賦情形

唐朝以詩聞名，各時期都有詩人輩出。故《舊唐書》有言及詩題，亦有登錄詩作傳誦，而載其詩多言「詩曰」或「賦曰」，有十一處。而《新唐書》僅提詩名，餘則不錄。

（一）君臣唱和之作

《舊唐書》引詩有宴制之作，亦有皇帝與大臣作詩或皇帝贈詩者。

1. 太宗與魏徵唱和

《舊唐書‧魏徵傳》記貞觀十一年三月庚子，太宗在積翠池，宴群臣，酒酣各賦一事。太宗〈賦尚書〉謂：「日昃玩百篇，臨燈披五典。夏康既逸豫，商辛亦流湎。恣情昏主多，克己明君鮮。滅身資累惡，成名由積善。」〔註200〕徵〈賦西漢〉謂：

〔註197〕《新唐書》，卷一百一十八。
〔註198〕同註196。
〔註199〕《新唐書》，卷一百一十八。
〔註200〕《舊唐書》，卷七十一。

「受降臨軹道，爭長趣鴻門。驅傳渭橋上，觀兵細柳屯。夜宴經柏谷，朝遊出杜原。終藉叔孫禮，方知皇帝尊。」〔註201〕太宗曰：「魏徵每言，必約我以禮也。」〔註202〕足見魏徵之忠，太宗之識，而《新書》刪太宗所賦詩，僅謂：「帝宴群臣積翠池，酣樂賦詩。徵賦西漢，其卒章曰：『終藉叔孫禮，方知皇帝尊。』帝曰：『徵言未嘗不約我以禮。』」。〔註203〕

2. 唐太宗賜詩蕭瑀

《舊唐書‧蕭瑀傳》太宗謂蕭瑀個性，引東漢劉秀對王霸之語，謂：

太宗因賜瑀詩曰：「疾風知勁草，版蕩識誠臣。」又謂瑀曰：「卿之守道耿介，古人無以過也。然而善惡太明，亦有時而失。」〔註204〕

《新唐書》〔註205〕亦引用，內容大致相同。

3. 李　業

李業，惠宣太子，睿宗第五子，本名隆業，後單名業。玄宗皇帝因業孝友，特加親愛。業生病時，帝為其祈禱，病癒，並至其第，置酒讌樂，更為初生之歡。玄宗賦詩曰：「昔見漳濱臥，言將人事違。今逢誕慶日，猶謂學仙歸。棠棣花重滿，鴒原鳥再飛。」〔註206〕其恩意如此，手足情深。而《新唐書》只書：「置酒賦詩為初生歡。」〔註207〕為出生歡是記置酒賦詩的原因，卻不如玄宗賦詩表現親情的深厚，故《新書》刪玄宗詩作，似淡化玄宗與李業手足之情。

4. 德宗賜詩張建封

《舊唐書‧張建封傳》記德宗貞元已後，藩帥入朝及還鎮，如馬燧、渾瑊、劉玄佐、李抱真、曲環之崇秩鴻勳，未有獲御製詩以送者。張建封將還鎮，特賜詩曰：「牧守寄所重，才賢生為時。宣風自淮甸，授鉞膺藩維。入覲展遲戀，臨軒慰來思。忠誠在方寸，感激陳清詞。報國爾所尚，恤人予是資。歡宴不盡懷，車馬當還期。穀雨將應候，行春猶未遲。勿以千里遙，而云無己知。」〔註208〕《新唐書》只書「其還鎮，帝賦詩以餞，于時雖馬燧、渾瑊、劉玄佐、李抱真等勳寵卓越，未有以詩餞者。」不提詩的內容。其餘馬燧、渾瑊、劉玄佐、李抱真等皆不見德宗贈詩之事。

〔註201〕同註200。
〔註202〕同註200。
〔註203〕《新唐書》，卷九十七。
〔註204〕《舊唐書》，卷六十三。
〔註205〕《新唐書》，卷一百一。
〔註206〕《舊唐書》，卷九十五。
〔註207〕《新唐書》，卷八十一。
〔註208〕《舊唐書》，卷一百四十。

5. 文帝賜詩裴度

開成四年正月，文帝准許裴度還京，後屬上巳曲江賜宴，群臣賦詩，中立以疾不能赴。《舊唐書·裴度傳》記文宗遣中使賜度詩謂：「注想待元老，識君恨不早。我家柱石衰，憂來學丘禱。」仍賜御札曰：「朕詩集中欲得見卿唱和詩，故令示此。卿疾恙未痊，固無心力，但異日進來。春時俗說難於將攝，勉加調護，速就和平。千百胸懷，不具一二。藥物所須，無憚奏請之煩也。」〔註209〕御札及門，而度已薨，四年三月四日也。《新唐書·裴度傳》則謂：

> 上巳宴群臣曲江，度不赴，帝賜詩曰：「注想待元老，識君恨不早。我家柱石衰，憂來學丘禱。」別詔曰：「方春慎疾為難，勉醫藥自持。朕集中欲見公詩，故示此，異日可進。」〔註210〕

宋祁將詩保留，而文宗御札仍加以改寫。

6. 張易之

《舊唐書·張易之傳》謂：

> 每因宴集，則令嘲戲公卿以為笑樂。若內殿曲宴，則二張、諸武侍坐，樗蒲笑謔，賜與無算。時諛佞者奏云，昌宗是王子晉後身。乃令被羽衣，吹簫，乘木鶴，奏樂於庭，如子晉乘空。辭人皆賦詩以美之，崔融為其絕唱，其句有「昔遇浮丘伯，今同丁令威。中郎才貌是，藏史姓名非」。〔註211〕

《新唐書·張易之傳》只書「時無檢輕薄者又詔言昌宗乃王子晉後身，后使被羽裳、吹簫、乘寓鶴，裴回庭中，如仙去狀，詞臣爭為賦詩以媚后。」〔註212〕

（二）《舊唐書》引詩呈現個人特色者

1. 李　密

隋末李密到淮陽隱姓埋名，自稱劉智遠，聚徒教授。經數月，鬱鬱不得志，便作五言詩，《舊唐書·李密傳》曰：「金風蕩初節，玉露凋晚林。此夕窮塗士，鬱陶傷寸心。野平葭葦合，村荒藜藋深。眺聽良多感，徙倚獨霑襟。霑襟何所為，悵然懷古意。秦俗猶未平，漢道將何冀？樊噲市井徒，蕭何刀筆吏。一朝時運會，千古傳名諡。寄言世上雄，虛生真可愧。」〔註213〕詩成而泣下數行。時人有怪之者，以告太守趙佗，下縣捕之，密又亡去。《新唐書》只記遁免之事，不載此詩。

〔註209〕《舊唐書》，卷一百七十。
〔註210〕《新唐書》，卷一百七十三。
〔註211〕《舊唐書》，卷七十八。
〔註212〕《新唐書》，卷一百四。
〔註213〕《舊唐書》，卷五十三。

2. 李適之

　　《舊唐書・李適之傳》詩曰：「避賢初罷相，樂聖且銜盃。為問門前客，今朝幾箇來？」〔註214〕《新唐書》不載。《通鑑》謂：「其子衛尉少卿霅嘗盛饌召客，客畏李林甫，竟日無一人敢往者。」〔註215〕

3. 杜鴻漸

　　鴻漸悠然賦詩曰：「常願追禪理，安能挹化源。」〔註216〕此詩有禪意，宋祁不採。但謂：「鴻漸自蜀還，食千僧，以為有報，搢紳效之。」〔註217〕該詩正好反映鴻漸學佛的心情，與《舊書》相較，史料刪減間輕重失衡。

4. 唐衢

　　唐衢久應進士不第，能為歌詩，意多感發。見人文章有所傷歎者，讀訖必哭，涕泗不能已。每與人言論，既相別，發聲一號，音辭哀切，聞之者莫不悽然泣下。嘗客遊太原，屬戎帥軍宴，衢得預會。酒酣言事，抗音而哭，一席不樂，為之罷會，故世稱唐衢善哭。左拾遺白居易遺之詩曰：「賈誼哭時事，阮籍哭路歧。唐生今亦哭，異代同其悲。唐生者何人？五十寒且饑。不悲口無食，不悲身無衣。所悲忠與義，悲甚則哭之。太尉擊賊日，尚書叱盜時。大夫死兇寇，諫議謫蠻夷。每見如此事，聲發涕輒隨。我亦君之徒，鬱鬱何所為？不能發聲哭，轉作樂府辭。」〔註218〕其為名流稱重若此。而此事《新唐書》不載。

5. 鄭虔

　　《新唐書・鄭虔傳》謂：

　　　　虔學長於地里，山川險易、方隅物產、兵戍眾寡無不詳。嘗為天寶軍
　　防錄，言典事該。諸儒服其善著書，時號鄭廣文。在官貧約甚，澹如也。
　　　　杜甫嘗贈以詩曰「才名四十年，坐客寒無氈」云。〔註219〕
此條則《舊唐書》不載。

　　另有《舊唐書》引詠石榴詩曰：「祇為時來晚，開花不及春。」〔註220〕而《新唐書》除引兩首外，餘為《詩經》。《舊唐書》引詩可作為事件說明，也是歷史紀錄。有幾首是宴制詩代表宮廷生活。太宗與魏徵賦詩則是增添君臣佳話。《新唐書》不載

<hr>

〔註214〕　《舊唐書》，卷九十九。
〔註215〕　《通鑑・唐紀》，卷二百一十五，天寶五載。
〔註216〕　《舊唐書》，卷一百八。
〔註217〕　《舊唐書》，卷一百二十六。
〔註218〕　《舊唐書》，卷一百六十。
〔註219〕　《新唐書》，卷二百二。
〔註220〕　《舊唐書》，卷一百九十上。

殊爲可惜！而唐衢《新書》不載奇人軼事、不徵引白居易詩，而無表現之人亦有可書之處〔註221〕。

四、兩《唐書》引韓柳文情形

（一）《新唐書》引韓柳文情形

1. 韓愈之文

趙翼有「《新書》好用韓柳文」一文指出，宋祁引韓愈文有〈張巡傳〉、〈吳元濟傳〉則用〈韓愈平淮西碑〉、〈張籍傳〉又載〈愈答籍一書〉、孔戣傳爲〈論孔戣致仕狀〉，而在〈韓愈傳〉尚有〈進學解〉、〈諫佛骨表〉、〈刺史謝上表〉、〈祭鱷魚文〉等。其餘尚有六處，如下：

（1）〈西原蠻傳〉〔註222〕引韓愈〈黃家賊事宜狀〉，宋祁並加以改寫。

（2）〈李渤傳〉〔註223〕引韓愈〈與少室李拾遺書〉，宋祁略事修整。

（3）宋祁在〈歸崇敬傳〉〔註224〕的論贊，摘引並改寫韓愈的〈處州孔子廟碑〉

（4）〈孝友傳〉〔註225〕序言摘引並改寫韓愈〈復讎狀〉。

（5）〈梁悅傳〉〔註226〕記富平人梁悅父爲秦果所殺，悅殺仇，詣縣請罪。韓愈爲其請罪，改流循州，宋祁摘引韓愈〈鄠人對〉數語。

（6）〈甄濟傳〉〔註227〕摘引韓愈〈答元侍御書〉。

共計《新唐書》引用韓愈文共十四篇。而〈羅池廟碑〉等僅略述其事，未徵引之。

2. 柳宗元之文

柳宗元之文，有宗元傳載〈詒蕭俛〉一書、〈許孟容〉一書、〈自儆賦〉一篇、〈貞符〉一篇。段秀實傳，則用〈柳宗元書逸事狀〉共五篇。尚有四篇如下：

（1）薛約者言事得罪，謫連州。太學諸生何蕃、季償、王魯卿、李讜等二百人頓首闕下，請留城。柳宗元作〈與太學諸生喜詣闕留陽城司業書〉〔註228〕其文爲全文刊載。

〔註221〕「無表現之人」，據錢穆著《中國歷史研究法》（東大圖書公司，1991 年四月再版），頁 91。謂：「中國史家喜歡表彰無表現之人，眞是無微不至。論其事業，斷斷不夠載入歷史。但其無表現之背後，則卓然有一人在，卻是一大表現。」

〔註222〕《新唐書》，卷二百二十二下。

〔註223〕《新唐書》，卷一百二十二下。

〔註224〕《新唐書》，卷一百六十四。

〔註225〕《新唐書》，卷一百九十五。

〔註226〕《新唐書》，卷二百二十二下。

〔註227〕《新唐書》，卷一百九十四。

〔註228〕《新唐書》，卷一百九十四。

（2）〈張琇傳〉〔註229〕引柳宗元〈駁復讎議〉之論，駁陳子昂之論，此文亦爲節
　　錄。

（3）柳宗元爲李興作〈壽州豐安縣孝門銘〉〔註230〕，此文是全文刊載，但加以
　　改寫。

（4）〈宗室傳〉引柳宗元之〈封建論〉〔註231〕爲論贊，此文宋祁節錄。

　　通計《新唐書》引柳宗元文共九篇。

（二）《舊唐書》引用韓柳文情形

　　《舊唐書》引用韓柳文不如《新唐書》頻繁，《舊唐書》保留韓愈文爲〈順宗
本紀〉的「史臣曰」，而歐公此處僅直述未摘引。韓愈文在《舊唐書‧韓愈傳》皆
保留。《舊唐書‧張巡傳》無韓愈文。〈吳元濟傳〉有〈平淮西碑〉，但未錄其文。
〈張籍傳〉僅提「以詩名當代，公卿裴度、令狐楚，才名如白居易、元稹，皆與
之遊，而韓愈尤重之。」〔註232〕無韓愈文。〈孔戣傳〉只書「韓愈在潮州，作詩
以美之（孔戣）。」並未提〈請勿聽致仕〉一疏。梁悅之事，《舊唐書‧憲宗本紀》
不載於列傳，而記於本紀中，謂：「戊戌，富平縣人梁悅爲父復仇，殺秦杲，投獄
請罪。特赦免死，決杖一百，配流循州，職方員外郎韓愈獻議執奏之。」〔註233〕
餘者不見於《舊唐書》中，而柳宗元之文，皆不見於《舊書》。

貳、析　論

一、《新唐書》詔文改爲散文

　　《新唐書》將駢體詔文改寫成散文，這使《舊唐書》就有存在的價值。因《舊
唐書》材料接近於唐代史料，多引用國朝舊史而少有改寫。保留的駢文與詩作，處
處是唐代的文學原貌，反映著唐代的文學意象與內涵，這在《新唐書》是付諸闕如。

　　史書與史料仍有清楚的區分，但文學類別與文學理念與史書價值是不牴觸的，
如對文類的任意改寫，使史蹟失眞，實犯修史大忌。

二、《新唐書》引奏疏篇幅增多，但多爲摘引

〔註229〕《新唐書》，卷一百九十五。
〔註230〕《新唐書》，卷一百九十五。
〔註231〕《新唐書》，卷七十八。
〔註232〕《舊唐書》，卷一百六十。
〔註233〕《舊唐書》，卷十四。

《新唐書》引奏疏篇幅增多宋祁撰書的優點。其缺點即是對摘錄的奏疏摘引或刪改，使引文與原文的解讀上產生誤差，讓原作的意義便隱而不顯。其結果是宋祁將唐代文學特色改為宋代文學風格。

三、《新唐書》關鍵性文章的處理

《新唐書》採用文章與歷史關鍵離的方式。關鍵文章是指文章能啓迪人心，對時局有所影響，如陸贄之文。這些文章《新唐書》加以刪除，就無從得知官軍士氣旺盛的理由。換言之，《舊唐書》在引文的目的有二，一是文章的文辭，二是文章對歷史發展有因果的影響。所以《新唐書》將這類文章刪去，表面上是節省文字增加其他事，無意的使歷史事的脈絡不明，以《新書》刪駱賓王〈為徐敬業討武后檄〉一文，便失去許多義韻。最重要的意義即此文提出徐敬業出師的合法性，從武后之惡見歷史是非。而《新書》多忽略徵引舊文背後的義蘊，直述其事較難感動人心。

劉知幾謂：

> 昔夫子修《春秋》，別是非，申黜陟，而亂臣賊逆子懼。凡史之載文也，苟能撥浮華，採貞實，亦可使夫雕蟲小技者，聞義而知徙矣。此乃禁淫之管轄，凡為載削者，可不務乎？〔註234〕

因此，《新書》刪削舊文，絕非壞事。因為《舊唐書》頗多繁縟之文，直書其事即可。但攸關歷史評價、人文教化之篇實有留存的價值。

四、《新唐書》引用韓柳文的意義

兩書引文相同的內容就是韓愈的〈諫佛骨表〉、〈貶潮州之文〉。趙翼《廿二史箚記》「《新書》好用韓柳文」謂：「蓋《舊書》專表其詩才知高，襟懷之曠，置之恬淡一疏。而《新書》則欲著其立朝丰采議論，以見文人中自有名臣，此為宋祁深意。」〔註235〕

增加者有韓愈、柳宗元一類，可分兩個角度來檢視，一是韓柳與時代環境，指的是韓愈與柳宗元與宮廷宰府，文人士卒的關係。在《舊唐書》中少見這類關係或略陳交友狀況。而《新唐書》以韓柳文章與人物構成關係，如張籍、元稹、孔戣等。讓韓柳與當時社會的環境的互動更為清楚，這是《舊書》所沒有的。

第二是韓柳文由文學的意義轉化為道德的意義。如《新唐書·段秀實傳》用柳宗元逸事狀、《新唐書·孝友傳序》引韓柳文各一篇，〈張巡傳〉引韓愈讀李翰所為

〔註234〕《史通·載文》，卷五。
〔註235〕《廿二史箚記》，卷十八，「《新書》好用韓柳文」條。

巡傳所感。這些文章的徵引代表道德價值的彰顯，由其文知其風教之梗概。

小　結

　　宋祁基於文學理念，故將《舊唐書》駢文盡改爲散文。這與司馬遷改《尚書》的意義是不同的。司馬氏的用意是更趨近於口語，讓當代人易懂。駢文盡改爲散文，爲文類的改變，而非口語的改變。而唐代詔書多駢文，故這樣的方式雖符合宋祁的文學理念，但讓引文的價值失眞，這是《新唐書》引文最大的問題。

　　《新唐書》引奏疏篇幅增多，但多爲摘引。宋祁採摘引方式相對使引文數量增加，且清楚認識引文的重點。相反的，其摘引方式有時會產生原作者與摘引者對重點認知上的差距，容易使閱讀者產生錯誤的認知，此例可見於佛教引文部分。基本言之，宋祁多引奏議，亦與他喜好有關。而詩作不載，有損唐代詩壇面貌。

　　《新唐書》關鍵文章的處理採史料與文章分離的方式，有文章之名，不見其實。德宗奉天之詔《新唐書》載於贊卒年之後，作爲陸贄最重要的表現。但其餘中興之詔、李密討煬帝之文、駱賓王〈討武后檄〉等未詳加引用，即顯示史料與文章分離的方式，未呈現歷史眞實全貌。

　　從兩《唐書》編修的過程言，《舊唐書》多引國朝舊本，故詔令繁多。而編修者的保留便接近唐代文學、公文書牘的原貌。《新唐書》以古文價值看待駢文，以古文理念將駢文改寫爲散文，故成爲宋人風貌的唐朝歷史。

第五章 《新唐書》的闢佛刪史

東漢末年，佛教東傳中土，至唐代，馬祖建叢林，百丈立清規，不僅典章粲然大備，而且已完全中國化，與中華文化融爲一體，堪稱佛教在中國發展的一極盛時期。但兩《唐書》對佛教的記載卻比例懸殊。原因是《舊唐書》記載而《新唐書》刪除者甚多，其刪除者又非去蕪存菁之必須，如高僧事蹟、佛教文物或在敘述上予以淡化。歐陽文忠公乃史學大家，一代大師，何以發生此一刪史之非常現象，有令人不忍言者？爰以《春秋》責於賢者之義，闢專章探討，藉明究竟。

第一節 歐陽修的闢佛思想

壹、歐陽修〈本論〉要旨

在研究《新唐書》對佛教事蹟的記載前，須從歐陽修對佛教的態度著手。歐陽修闢佛，具見〈本論〉一文，其闢佛思想當源於韓愈〈原道〉。〈本論〉原有三篇，作於慶曆二年（時年三十六）。上篇多論當時政治問題，中、下篇專論闢佛，及歐陽修晚年編《居士集》時，乃削去上篇，以純其說，〔註1〕上篇後附於外集。本文只討論《居士集・本論》上、下篇。

這兩篇的要旨主要圍繞在幾個問題上，歐陽修如何解釋佛教在中國興盛的原因？其次是以何種態度面對佛教的發展？這個態度便影響他對佛教的判斷，進而採取措施來因應佛教興盛的局面。

一、佛法發展原因

佛教於東漢時傳入，至唐代興盛。就佛教發展的原因，歐陽修認爲是趁中國王

〔註1〕《歐陽修全集・居士集》〈本論〉上、下篇。

政禮儀廢弛而興起，謂：

> 佛爲夷狄，去中國最遠，而有佛固已久矣！堯舜三代之際，王政修明
> 禮義之教充於天下，於此之時雖有佛無由而入。及三代衰、王政闕、禮義
> 廢，後二百餘年而佛至乎中國。由是言之，佛所以爲吾患者，乘其闕廢之
> 時而來，此其受患之本也！〔註2〕

此處應注意歐公所謂「乘其闕廢之時而來」。意即佛教的發展與中國爲闕廢之時有
關。由歷史的角度看中國的闕廢之時，歐公指的是魏晉南北朝。佛教傳入至魏晉南
北朝，此時五胡亂華，戰亂頻仍，民生凋弊，禮樂崩壞，人民欲求心靈安棲，佛法
以省欲去奢，惡殺非鬥，自易受人歡迎。故歐公視中國闕廢之時，爲佛教發展的根
本原因。

二、尊王攘夷

由於歐陽修治《春秋》及承襲韓愈闢佛影響，便以尊王攘夷將佛教比爲戎狄之
類。首先謂：

> 昔者戎狄蠻夷雜居九州之間，所謂徐戎白狄荊蠻淮夷是也。三代既
> 衰，若此之類，並侵於中國。故秦以西戎據宗周吳楚之國。皆僭稱王，《春
> 秋》書用子，傳記被髮於伊川，而仲尼亦以不左衽爲幸。〔註3〕

以《春秋》不稱楚王、秦王、吳王，以明夷夏之防。春秋正由於中國衰落之際，故
給與外族可趁之機。因此佛教儼然與「外族入侵」產生比附，故謂：

> 當是之時，佛雖不來中國，幾何其不夷狄也，以是而言王道不明而仁
> 義廢，則夷狄之患至矣！及孔子作《春秋》，尊中國而賤夷狄，然後王道
> 復明。〔註4〕

從中國闕廢之時，歐公獲得易遭外族入侵的結論。而王道復明，中國自然強盛，外
族自然咸服。故以尊王攘夷以復王道，佛教自然難與王道爭勝。

三、視佛為患

基於尊王攘夷的立場及中國處在闕廢的危機之秋，所以歐陽修提出佛教爲中國
之患，力欲去之，謂：

> 佛法爲中國患千餘歲，世之卓然不惑而有力者，莫不欲去之，已嘗去
> 矣而復大集。攻之暫破而愈堅，撲之未滅而愈熾。遂至於無可奈何，是果

〔註2〕《歐陽修全集・居士集》〈本論〉下。
〔註3〕同註2。
〔註4〕同註2。

不可去邪？蓋亦莫知其方也。〔註5〕

　　曰：佛是真可歸依者，然則吾民何疑而不歸焉！幸而有一不惑者，方
艴然而怒曰：佛何為者，吾將操戈而逐之。又曰：吾將有說以排之。夫千
歲之患遍於天下，豈一人一日之可為。民之沉酣，入於骨髓，非口舌之可
勝。〔註6〕

　　而不惑而有力者指的是韓愈。此處以歐公視佛為患為主題，主要的意義是由視
佛為患的危機感進而對佛教敵視，最後由敵視進而攻擊。雖然不惑者欲去之，但苦
於不知其方、人力單薄、人民受佛教熏其深等因素。雖視佛為患，仍無法撼動佛教
的發展。

四、闢佛之法

　　基於對韓愈闢佛的思想及檢討韓愈闢佛失敗的原因，歐陽修對闢佛也提出自幾
的方法，為「修其本，以勝之。」其理論依據來自孟子、董仲舒，如下：

　　　　然則將奈何？曰：「修其本，以勝之。」莫若昔戰國之時，楊墨交亂，
　　孟子患之。而專言仁義。故仁饒之説勝，則楊墨之學廢。漢之時，百家並
　　興，董生患之，而退修孔氏。故孔氏之道明而百家息！此所謂修其本以勝
　　之之效也。〔註7〕

從孟子言仁義而楊墨廢、董生退修孔仔而百家息，「其本」即為儒家思想。故楊墨廢、
百家息便是修其本之效。所以對歐陽修而言，「修其本」是以孔子之道以興王道，致
使中國無缺廢之時，自然佛教發展便受影響。

　　而「修其本」具體實踐為「興禮樂」，謂：

　　　　郊天祀地與乎宗廟社稷朝廷之儀，皆天子之大禮也。今皆舉而行之；
　　至　於所謂蒐狩婚姻喪祭鄉射之禮，此郡縣有司之事也。在乎講明而頒布
　　之爾，然非行之以勤，浸之以漸，則不能入於人而成化。〔註8〕

上至天子大禮，小到蒐狩婚姻喪祭鄉射之禮，皆是興禮樂的範圍。而興不僅是禮儀
的講明與頒布，同時勤於成為行為的規範。這就是歐陽修「修其本」的具體內容。

　　從歐陽修的〈本論〉來看，王道衰微或儒學不興便給戎狄等外族或是一於儒家
的學術思想依個發展的機會。所以歐公的闢佛思想便建立在與儒家王道思想對立的
基礎上。在這個基礎上，他依循尊王攘夷的思想謀求弱化佛教的方法。並從韓愈雖

〔註5〕《歐陽修全集・居士集》，〈本論〉上。
〔註6〕同註5。
〔註7〕同註5。
〔註8〕同註2。

患之但收效不彰的教訓，建立以「修其本，以勝之」的柔性方式。王更生謂：「此說確實是排佛的最重要的理論，最精闢的見解。」〔註9〕

　　姑且不論「修其本，以勝之」能否達成王道興盛的理想。以歐陽修的敘述不難看出，以儒家尊王攘夷的建構的脈絡，很輕易的將不同的種族或學術思想視為敵對，所以歐陽修眼中的佛教也難逃這樣的詮釋。因此，儒家的優越感便容易遮蔽認識其他思想的機會，甚至簡化為自我認知的形式來批評。這樣的思想便形成封閉的體系，缺乏辯證上的開放性。

貳、韓愈與歐陽修闢佛思想差異

一、闢佛思想

　　歐陽修承襲韓愈闢佛思想的精神，相同之處即是以攘夷的危機感面對佛教在中國興盛的事實。歐陽修雖見到韓愈闢佛因天時、地利不合而失敗。但歐公闢佛本身也難逃失敗的命運。原因即在兩人闢佛的思想體系上。何澤恆在《歐陽修之經史學》「歐陽修本論之闢佛」中，有一段解析，謂：

> 抑歐公本論之闢佛，其法雖不同於昌黎，而立場則未嘗稍異，蓋皆就和政治人生方面排斥之，而對於佛老所有一套極細密之心性論、宇宙論則未有提出足抗衡之說。昌黎雖有〈性說〉、〈原性〉之作，而謂性分三品，已異於孟子性善之說；至歐公則直以性命之辨非學者之所急，而但倡禮樂，謂使人性善固當如此，人性惡亦當如此，實皆不足以超勝於二氏。〔註10〕

何氏認為韓歐闢佛立場雖未改變，但失敗的原因是闢佛的面向僅觸及政治人生，並未深刻至哲學層次。同時面對佛教完整的理論架構，韓歐的理論自是無法匹敵。勞思光論韓愈時，即謂：「韓氏乃一文人，其談理論問題亦不過文章而已，於一切理論分際皆未深察。」〔註11〕而歐陽修闢佛之論大抵如此，所以儒學復興之路仍然顛簸。

　　韓歐兩人闢佛立場雖相同，但細推兩人闢佛思想，歐陽修的思想有更形窄化的趨勢。之所以言窄化是因為韓愈在〈原道〉、〈原性〉、〈諫佛骨表〉處處可見佛教引發的倫理命題，如〈原道〉謂：

> 今其法曰：「必棄而君臣，去而父子，禁而相生養之道。」以求其所謂清靜寂滅者。〔註12〕

〔註 9〕王耕生著《歐陽修散文研讀》（文史哲出版社印行，1996 年初版），p. 35。
〔註10〕《歐陽修之經史學》，頁 49。
〔註11〕勞思光著《中國哲學史》（三民書局印行，1993 年 8 月出版），頁 26。
〔註12〕《韓昌黎集》，卷十一〈原道〉。

即批評佛教無君、無父。在歐陽修〈本論〉中，尚不見這類倫理的議論，反僅以尊王攘夷的態度看待佛教。

何澤恆認為韓歐雖不能超勝二氏，但由南豐、荊公已知心性，二程子出。並認為與歐陽修「修本勝之」不異。其本由禮義歸到心性，再人生論上勝過二老。在思想上，韓歐闢佛雖然無具體成果，但影響宋明理學產生。

筆者認為應再從兩方面觀察，才能確立韓歐闢佛與宋明理學的關聯性。一是韓歐各自對佛法的了解，二是兩人人生哲學的立場。

二、韓歐對佛學的了解

歐陽修對佛學的了解程度，有助於我們認清韓歐闢佛是否切中佛教的盲點。韓愈在〈原道〉中，除議論無臣無子外，僅寂滅〔註13〕二字為佛教語。印光大師謂：「韓之〈原道〉，只寂滅二字，是佛法中話，其餘皆《老子》、《莊子》中話。」〔註14〕印光大師此語大抵屬實。

韓愈對佛教並無認識，固闢佛將佛教比附老莊思想，「寂滅」只為引用。而歐陽修〈本論〉除無佛教術語，也不見對佛教認知的描述，通篇為「修其本以勝之」的王道思想。韓愈〈原道〉尚有「寂滅」二字，為佛教用語。歐陽修〈本論〉甚至放棄對佛教詮釋。

兩人雖將佛教視為夷狄，試圖振興儒學以抗衡之。相對於韓愈援老莊詮佛教的方式，歐陽修只將佛教與夷狄相提並論，並未深入至哲學對話。明顯是在對佛教的認知是不足的情形下闢佛。韓歐闢佛的差異在於歐陽修儒家本位的思想更加堅固。因此在闢佛的思想感情的執著甚於理智的思辨。

總述上面論點，歐陽修〈本論〉要旨所透露最大的訊息是歐公闢佛的感情因素多於哲學的辯證。從表相上韓歐純然未知佛教教理，評論難免失之偏頗，自難形成廣受歡迎的寄託。更深一層思考，闢佛真正的目的是振興儒學，而振興的希望寄託在儒佛勢力的消長上，這樣主觀的期盼僅能使個人強化闢佛的動機，但喪失儒佛會通的可能。

參、歐陽修晚年學佛

韓愈歐陽修雖為闢佛健將，但兩人晚年亦曾與佛教僧侶交往。與佛教僧侶交往是否增加韓歐認識佛教的機會？甚至改變本身闢佛的想法？故對歐公學佛的考察有

〔註13〕據丁福保編《佛學大辭典》（佛陀教育基金會印贈，1998 年出版。）謂：「寂滅為梵名 Nivana 之譯語。其體寂靜，離一切之相。故云『寂滅』。」

〔註14〕〈福州佛學圖書館緣起〉（收於《印光法師文鈔續編》（下），華藏佛教圖書館），頁 539。

助於我們了解歐公是否在闢佛的思想上有所轉變。

一、歐公學佛考證

韓愈晚年學佛與大顛禪師交往，朱熹謂韓愈「海上見大顛，壁立萬仞，自是心服其言。」〔註15〕故韓愈晚年親近佛教乃是事實。〔註16〕

歐陽修晚年也有學佛之說。《詩話總龜》謂：

> 歐陽永叔素不信釋氏之說。……既登二府，一日被病亟，夢至一所，見十人，冠冕環坐。一人云：『參政安得至此，宜速反舍。』公出門數步，復住問之，『公等豈非釋氏所謂十王者乎？』曰：『然』因問：『世人飯僧造經，爲亡人追福，果有益乎？』答云：『安得無益。』既寢，病良已。自是遂信佛法。

> 文康得之於陳去非，去飛得之於公孫恕，當不妄。葉少縕守汝陰，謁見永叔之子棐，久不出，已而棐持數珠，出謝曰：『今日適與家人共爲佛事。』葉問其故，棐曰：『先公無恙時，薛夫人已如此，公弗之禁止也。』

〔註17〕

而葉夢得《避暑錄話》卷上亦有類似之記載。雖然有關歐陽修學佛的說法頗多，但學界多抱持懷疑的態度，不信其學佛。

剔除感情上不能接受歐陽修學佛的原因外，就歐公與佛教僧侶交往或是學佛的敘述，尚缺乏歐陽修學佛的動機，以致於我們無法從過去闢佛到學佛間找到轉變的緣故。故歐陽修學佛的動機便能解釋學佛的合理性。

二、明教大師影響

印光大師在〈福州佛學圖書館緣起〉提出歐陽修學佛的契機是受明教大師的影響，謂：

> （學）者以歐爲宗師。悉以闢佛是則效，明教大師，欲救此弊，作《輔教編》，上仁宗皇帝。仁宗示韓魏公，韓持以示歐，歐驚曰：「不意僧中有此人也！黎明當一見之！」次日，韓陪明教往見，暢談終日，自茲不復闢佛門。門下士受明教之教，多極力學佛矣！〔註18〕

文中提到的明教大師爲僧契嵩。《四庫全書總目》論其身世謂：「契嵩姓李氏，字仲

〔註15〕《朱子語類》，卷百卅七。
〔註16〕用「親近」的意義是接觸。因爲從韓愈的文章中，尚未有對佛理更深的體會。冒然用「學佛」會有疑慮，故以「親近」爲恰當。
〔註17〕《詩話總龜·後集》卷四十五。
〔註18〕同註14。

靈，藤州鐔津人。慶曆間居杭州靈隱寺，皇祐間入京師，兩作萬言書上之，仁宗賜號明教大師，尋還山而卒。」〔註19〕《輔教編》三卷亦可見於《宋史‧藝文志》〔註20〕中，故明教大師卻有其人，《輔教編》卻有其書。而印光法師所記之事，可詳見於明教大師所著《鐔津集》中。

其所著《輔教編》主要在闡明佛教五戒〔註21〕十善〔註22〕之精義與儒家五常仁義乃義殊而同體，對孝道的宏揚。昔宋文帝聞之曰：「若使率土之濱，皆感此化。朕則垂拱坐致太平矣！」〔註23〕是見儒佛實並行不悖者，非中國之患也。歐公從此不再闢佛，良有以也！

從印光法師所言之事及《鐔津集》為證，可見學佛的轉折乃受明教大師的影響，所以歐陽修晚年學佛便有動機上的依據。由這個事情再與歐公年輕時與僧侶交往但不捨闢佛本懷。及晚年受富弼影響，意於佛教〔註24〕。便將兩類迥異的行為取得合理的解釋。

提出歐陽修晚年學佛一事，主要說明歐公闢佛除實由於不了解佛法，故僅能就事相上議論。也因此只能鞏固儒家立場，強化本身的信念。當知道佛教亦與儒家五常仁義乃義殊而同體，即失去闢佛的理由。

三、韓歐與二程闢佛之異同

從韓、歐從闢佛到晚年皆接受佛教為人生思想歷程的住要轉變。之後兩人雖未提倡佛教，不再闢佛亦不爭的事實。但就宋明理學的發展，韓歐與二程學佛便有不同的結果。

韓歐不知佛理，最後認同佛法。二程是從佛教回到儒家心性論，是以佛教禪宗來看詮釋儒家經典，印光大師謂：

程、朱讀佛大乘經、親近禪宗善知識，會得經中全事即理，及宗門法

〔註19〕（宋）明教大師著：《輔教篇》（收於《大藏經》第52冊《史傳部》四，新文豐出版社），頁648-662。
〔註20〕《宋史‧藝文志》，卷二百五。
〔註21〕五戒即不殺（仁）、不盜（義）、不邪淫（禮）、不妄語（信）、不飲酒（智）。
〔註22〕十善即不殺、不盜、不邪淫、不妄語、不綺語、不兩舌、不惡口、不貪、不瞋、不痴。
〔註23〕同註19。
〔註24〕據葉孟的記載：「歐陽修晚聞富鄭公得道於淨慈本老，執禮甚恭。以為富公非苟下人者，因心動。時法顯師住薦福寺。所謂顯，華嚴本之高弟。公從稍從問其說。顯使觀華嚴經，讀未終而薨。則知韓退之與大顯事，真不巫。公雖為世教立言，要之其不可奪處，不惟少貶於老氏，雖佛亦不得不心與也。」（收於《避暑錄話》，卷一。）在《鐔津集》中有明教大師與韓琦、富弼、歐陽修的書信，故富弼學佛影響歐陽修實應可信。

頭會歸自心之義，便以爲大得。實未遍閱大小乘經，及親近各宗善知識。
遂執理廢事，撥無因果，謂佛所說三世因果，六道輪迴，乃騙愚夫愚婦奉
彼教之根據，實無其事。且謂人死，形既朽滅，神亦飄散，縱有剉斫舂磨，
將何所施。神已散矣，誰另託生。由是惡者放心造業，善者亦難自勉。夫
因果者，聖人治天下，如來度眾生之大權也。謂其實無，致後之學者，皆
不敢說因果，唯以正心、誠意，爲修、齊、治、平之本。而使善者不能不
正心、誠意。惡者不敢不正心、誠意者，因果也。既不講因果，則治國、
治家、治身、治心之法，徒具虛文，不得實益。〔註25〕

韓歐闢佛本身受限於佛學的不足，受善知事啓迪而有所轉變。二程從禪宗入手以建
儒家心性之論，自與儒家五常仁義有所區別。

　　一般而言，韓歐闢佛皆視爲宋明理學發展的先聲，此爲韓歐與二程闢佛相同之
處。但細推佛法對韓歐與二程的影響，便有相異之處。一者韓歐由儒入佛與二程由
禪入儒的路徑。二是韓歐接受佛教是因爲佛教與儒家有會通知處，才能深獲兩人接
納。二程建立〈本性論〉仍不脫禪宗色彩，援禪入儒的結果，使原本儒家倫常之化
自受限制，影響甚大。

小　結

　　由歐陽修〈本論〉能瞭解闢佛乃基於護衛儒家道統。在此想法下，也就少了試
圖認識佛教，並落入闢佛的偏執。因此，闢佛的思想僅爲文章抒發己見，影響究竟
有限。但當成爲撰史的態度時，不能不擔憂其影響的後果。而《新唐書》與《新五
代史》皆有此一態度的影響，故有研究的必要性。

　　韓歐闢佛是有其佛教興盛的時代背景，與振興儒家的歷史責任。從理學的發展，
韓歐闢佛有其重要的影響與意義。在他們嘗試錯誤下，最後建立心性論抗衡佛教思
想。但從韓歐晚年學佛一事，學佛的理由透露出佛教教理與儒家倫常思想並不違背。
故宋明理學與佛教的關係仍應謹慎的加以研究。

　　惜乎！歐公雖知今是昨非，而未能宏揚正法，導正既往闢佛之非，馴至程朱等
理學家，承其餘緒，闢佛所說三世因果，六道輪迴爲虛構，由是善無以勸，惡無以
懲，此對後世影響，深且大矣！

第二節　《新唐書》的闢佛刪史

〔註25〕同註19。

治唐史者多已注意到《新唐書》刪除佛法事蹟的現象。大致都注意到《新書》
不立法師列傳。而其他散佈於本紀及列傳的佛法事蹟則未與以特別關注。故本文以
兩《唐書》本紀及列傳爲範圍，將整理的材料分爲刪高僧事蹟、貶帝王學佛、改佛
教事物、《新唐書》中的佛教形象、《新唐書》淡化處理五部分研析。

壹、《新唐書》闢佛刪史概況

一、刪高僧事績

刪高僧事蹟主要是指《新唐書》將《舊唐書》所立玄奘、神秀、慧能、一行法
師等列傳則予以刪除。除玄奘、一行法師的材料仍可見於《新唐書》其餘列傳外，
神秀、慧能等法師，則付闕如。

（一）玄　奘

《舊唐書·玄奘法師傳》謂：

> 僧玄奘，姓陳氏，洛州偃師人。大業末出家，博涉經論。嘗謂翻譯者
> 多有訛謬，故就西域，廣求異本以參驗之。貞觀初，隨商人往遊西域。玄
> 奘既辯博出群，所在必爲講釋論難，蕃人遠近咸尊伏之。在西域十七年，
> 經百餘國，悉解其國之語，仍採其山川謠俗，土地所有，撰西域記十二卷。
> 貞觀十九年，歸至京師。太宗見之，大悅，與之談論。於是詔將梵本六百
> 五十七部於弘福寺翻譯，仍敕右僕射房玄齡、太子左庶子許敬宗，廣召碩
> 學沙門五十餘人，相助整比。
>
> 高宗在東宮，爲文德太后追福，造慈恩寺及翻經院，內出大幡，敕九
> 部樂及京城諸寺幡蓋眾伎，送玄奘及所翻經像、諸高僧等入住慈恩寺。顯
> 慶元年，高宗又令左僕射于志寧、侍中許敬宗、中書令來濟李義府杜正倫、
> 黃門侍郎薛元超等，共潤色玄奘所定之經，國子博士范義碩、太子洗馬郭
> 瑜、弘文館學士高若思等，助加翻譯。凡成七十五部，奏上之。後以京城
> 人眾競來禮謁，玄奘乃奏請逐靜翻譯，敕乃移於宜君山故玉華宮。六年卒，
> 時年五十六，歸葬於白鹿原，士女送葬者數萬人。〔註26〕

玄奘法師經通經、律、論三藏，人稱三藏法師，或慈恩法師，爲法相宗始祖。從《舊
唐書》的記載中玄奘法師有幾個具體的形象，一是西域求經學法二是做《西域記》
十二卷。三是太宗、高宗、與玄奘的交往、四是譯經事業。

其中應以到西域求經與回國譯經最爲重要。《舊唐書》玄奘法師的史料尚有兩

處，〈高宗本紀〉謂：「夏四月戊申，禦安福門，觀僧玄奘迎禦製並書慈恩寺碑文，導從以天竺法儀，其徒甚盛。」〔註27〕〈天竺傳〉謂：「貞觀十年，沙門玄奘至其國，將梵本經論六百餘部而歸。」〔註28〕故在《舊書》中可見玄奘求經回國對中國的重要意義，而此兩則皆不見於《新唐書》。

而《新唐書》並非無玄奘法師的記載。兩唐書所記相同之處是屍羅逸多朝貢問「曾有摩訶震旦使人至吾國」之事。《舊唐書・天竺傳》謂：

> 貞觀十五年，尸羅逸多自稱摩伽陀王，遣使朝貢，太宗降璽書慰問，尸羅逸多大驚，問諸國人曰：「自古曾有摩訶震旦使人至吾國乎？」皆曰：「未之有也。」〔註29〕

《新書》記錄大致相同故不摘錄，但另補充稱：

> 會唐浮屠玄奘至其國，尸羅逸多召見曰：「而國有聖人出，作秦王跋陣樂，試為我言其為人。」玄奘粗言太宗神武，平禍亂，四夷賓服狀，王喜，曰：「我當東面朝之。」〔註30〕

此事主要意義是天竺遣使至中國朝貢，透露出玄奘在天竺國一事。而在《新唐書》中，玄奘成為宣揚國威的形象。這與我們所認知玄奘求經、譯經的形象稍有不同。從刪玄奘法師求法、譯經，僅記錄玄奘促使天竺國朝貢，實有記錄失衡之慮。

（二）神　秀

《舊唐書・神秀傳》謂：

> 僧神秀，姓李氏，汴州尉氏人。少遍覽經史，隋末出家為僧。後遇蘄州雙峰山東山寺僧弘忍，以坐禪為業，乃歎伏曰：「此真吾師也。」便往事弘忍，專以樵汲自役，以求其道。
>
> 昔後魏末，有僧達摩者，本天竺王子，以護國出家，入南海，得禪宗妙法，云自釋迦相傳，有衣缽為記，世相付授。達摩齎衣缽航海而來，至梁，詣武帝，帝問以有為之事，達摩不說。乃之魏，隱於嵩山少林寺，遇毒而卒。其年，魏使宋雲於蔥嶺回，見之，門徒發其墓，但有衣履而已。達摩傳慧可，慧可嘗斷其左臂，以求其法；慧可傳璨；璨傳道信；道信傳弘忍。
>
> 弘忍姓周氏，黃梅人。初，弘忍與道信並住東山寺，故謂其法為東山

〔註27〕《舊唐書》，卷四。
〔註28〕《舊唐書》，卷一百九十八。
〔註29〕同註28。
〔註30〕《新唐書・天竺傳》，卷二百二十一上。

法門。神秀既師事弘忍，弘忍深器異之，謂曰：「吾度人多矣，至於懸解圓照，無先汝者。」弘忍以咸亨五年卒，神秀乃往荊州，居於當陽山。則天聞其名，追赴都，肩輿上殿，親加跪禮，敕當陽山置度門寺以旌其德。時王公已下及京都士庶，聞風爭來謁見，望塵拜伏，日以萬數。中宗即位，尤加敬異。中書舍人張說嘗問道，執弟子之禮，退謂人曰：「禪師身長八尺，龐眉秀耳，威德巍巍，王霸之器也。」

神秀以神龍二年卒，士庶皆來送葬。有詔賜諡曰大通禪師。又於相王舊宅置報恩寺，岐王範、張說及徵士盧鴻一皆爲其碑文。神秀卒後，弟子普寂、義福，並爲時人所重。〔註31〕

另有普寂、義福兩傳附於神秀傳後，固不摘引。

（三）慧 能

在《舊唐書》中，禪宗六祖的形象與今天所討論他在禪宗的地位稍有差異，略作簡述後再析論之。

慧能，俗姓盧，廣東嶺南人，幼孤貧，無力讀書，採柴奉母，一日入市，聞人讀《金剛經》，問有所得，乃爲往謁黃州梅山五祖弘忍禪師。五祖知其爲異人，使入堆房舂米。因稱盧行者。經八月，機熟，祖爲其講《金剛經》，至「應無所住而生其心」時徹悟。乃謂：「何其自性，本自清靜；何其自性，本不生滅；何其自性，本自具足；何其自性，本無動搖；何其自性，能生萬物！」五祖面授以衣缽，是爲禪宗六祖。時師尚係俗人，年二十三歲。

慧能繼承衣缽後，潛往南方（防同門追殺，討回衣缽。）十五年後，始在廣州法性寺，印宗法師爲其剃度、受戒。翌年，往曹溪，建寶林寺，弘法三十六年，開創「禪學的黃金年代」，宗風遠播。唐玄宗開元元年（713）八月三日示滅，壽七十二，元和十年，敕大鑑禪師。

師著《六祖壇經》（簡稱《壇經》），是中國人有關佛法作品「入藏」唯一稱「經」者。唐代詩人王維、柳宗元等、近代國學大師錢穆，及胡適之先生，皆傳文討論《壇經》的來龍去脈，足見以其價值，無論就宗教上、哲學上洵堪認定。〔註32〕

《舊唐書》所記者如下：

初，神秀同學僧慧能者，新州人也，與神秀行業相埒。弘忍卒後，慧能住韶州廣果寺。韶州山中，舊多虎豹，一朝盡去，遠近驚歎，咸歸伏焉。

〔註31〕《舊唐書》，卷一百九十一上。
〔註32〕參考《六祖壇經》、《宋書》、《傳燈錄》。

神秀嘗奏則天，請追慧能赴都，慧能固辭。神秀又自作書重邀之，慧能謂使者曰：「吾形貌矬陋，北土見之，恐不敬吾法。又先師以吾南中有緣，亦不可違也。」竟不度嶺而死。天下乃散傳其道，謂神秀爲北宗，慧能爲南宗。〔註33〕

　　若以《舊唐書》對神秀與慧能兩位法師的記載來看，有六點特色。一是從內容上比較，描述神秀法師的記錄多於對慧能的記載。且神秀爲本傳，慧能爲附傳。二是《舊唐書》皆描述神秀與慧能的面冒貌。三是就次序而言，神秀排在慧能之前。四是武則天提倡佛教與神秀法師及慧能法師皆有互動。五是兩人爲禪宗代表，而有北禪南禪之分。六是《舊唐書》有一段略敘禪宗簡史。

　　上述特色中，神秀排於慧能之前是與今天所認知的禪宗六祖略有差距。五祖弘忍之後爲六祖慧能。故從《六祖壇經》中，神秀的地位未如弘忍重要。曹仕邦在〈《舊唐書》立僧傳之暗示作用〉提出兩個思考點：

　　第一是《舊唐書》本傳撰於五代之前，較宋・釋贊寧傳《宋高僧傳・羽禪篇》、宋釋道原傳《景德傳燈錄》、釋契嵩《傳法正宗紀》、《兩禪家史著》都要早。

　　第二是禪宗公認六祖慧能爲五祖的衣鉢傳人，其後五宗皆出於慧能之下。《舊唐書》慧能爲附傳而非本傳。其原因是《舊唐書》撰於五代，爲北方文化區域的作品，劉煦、趙瑩等重秀輕能，足證當時南宗尚未勢傾天下。

　　由《舊唐書》神秀傳的特色，故我們可推測此部分有關於禪宗的記錄，較接近唐代禪宗原貌。此外禪宗與皇朝交往，甚至介入其發展，更反應唐朝禪宗發展不可忽視的力量。

（四）一　行

《舊唐書・一行傳》謂：

　　　　僧一行，姓張氏，先名遂，魏州昌樂人，襄州都督、郯國公公謹之孫也。父擅，武功令。一行少聰敏，博覽經史，尤精曆象、陰陽、五行之學。時道士尹崇博學先達，素多墳籍。一行詣崇，借揚雄太玄經，將歸讀之。數日，復詣崇，還其書。崇曰：「此書意指稍深，吾尋之積年，尚不能曉，吾子試更研求，何遽見還也？」一行曰：「究其義矣。」因出所撰大衍玄圖及義決一卷以示崇。崇大驚，因與一行談其奧賾，甚嗟伏之，謂人曰：「此後生顏子也。」一行由是大知名。武三思慕其學行，就請與結交，一行逃匿以避之。尋出家爲僧，隱於嵩山，師事沙門普寂。睿宗即位，敕東

〔註33〕《舊唐書》，卷一百九十一。

都留守韋安石以禮徵，一行固辭以疾，不應命。後步往荊州當陽山，依沙門悟真以習梵律。

開元五年，玄宗令其族叔禮部郎中洽齎敕書就荊州強起之。一行至京，置於光太殿，數就之，訪以安國撫人之道，言皆切直，無有所隱。開元十年，永穆公主出降，敕有司優厚發遣，依太平公主故事。一行以為高宗末年，唯有一女，所以特加其禮，又太平驕僭，竟以得罪，不應引以為例。上納其言，遽追敕不行，但依常禮。其諫諍皆此類也。

一行尤明著述，撰《大衍論》三卷，《攝調伏藏》十卷，《天一太一經》及《太一局遁甲經》、《釋氏系錄》各一卷。時麟德曆經推步漸疏，敕一行考前代諸家曆法，改撰新曆，又令率府長史梁令瓚等與工人創造黃道游儀，以考七曜行度，互相證明。於是一行推《周易》大衍之數，立衍以應之，改撰開元大衍曆經。至十五年卒，年四十五，賜諡曰大慧禪師。〔註34〕

一行法師於《舊唐書》中為通陰陽算曆之學的形象，其最大的貢獻在作《大衍曆》。曹仕邦則論證一行代表佛教密宗的發展。主要原因是宋元以後，佛教視一行為密宗僧人。而唐‧段成式傳《酉陽雜俎》有敘一行求算法於天台國清寺事（詳見本文第四章第一節）。其卷一天咫篇、貝略篇皆有記祈雨施術、盡錮七豕（即北斗七星），此皆為密宗持咒之事。故一行實代表唐朝密宗的發展。

玄奘、神秀、慧能、一行諸高僧，或曾為帝王師，或曾為一宗祖師，其行持不著於史，允非所宜。

二、貶帝王學佛

貶帝王學佛是指《新唐書》對帝王學佛多抱持負面評價。唐代除武宗毀佛之外，太宗、高宗、則天、憲宗、懿宗等都大力提倡佛教。對於提倡佛教的帝王，歐陽修是有所貶抑的。其中對唐太宗，《新唐書‧太宗本紀》贊曰：

> 唐有天下，傳世二十，其可稱者三君，玄宗、憲宗皆不克其終，盛哉，太宗之烈也！其除隋之亂，比跡湯、武；致治之美，庶幾成、康。自古功德兼隆，由漢以來未之有也。至其牽於多愛，復立浮圖，好大喜功，勤兵於遠，此中材庸主之所常為。然春秋之法，常責備於賢者，是以後世君子之欲成人之美者，莫不歎息於斯焉。〔註35〕

〔註34〕《舊唐書》，卷一百九十一。
〔註35〕《舊唐書》，卷三。

　　贊中除了肯定太宗爲唐代三個盛世之一外，值得注意的事是「中材庸主之所常爲」一段。歐陽修對中材庸主常爲之事，列舉四項爲「牽於多愛，復立浮圖，好大喜功，勤兵於遠」。而「復立浮圖」〔註36〕亦被歐陽修視爲中等庸主之行，給予太宗責備之名。

　　由史實而論，太宗對於立儲君的反覆不一，導致兄弟相殘。征伐遼東，鎩羽而歸。《新唐書》謂：「牽於多愛，好大喜功，勤兵於遠」皆有事實佐證，故歐公評論得宜〔註37〕，且與舊唐書對太宗的評價不分軒輊。但就「復立浮圖」爲中材庸主一事，實應再斟酌。

　　我們可以從兩方面來看，此項研析是否得宜。

　　第一，在《新唐書》中，除〈太宗本紀〉提到太宗復浮圖法外。有關於佛教的關係多集中當時的大臣身上，很少直接提到太宗與佛教的史料。而〈太宗本紀〉是少數沒有佛教材料的本紀之一，反而如則天、憲宗本紀多少都有記載佛教事物。所以在《新唐書》中，唐太宗提倡佛教的形象並不具體。

　　在《舊唐書》中，我們反而可以看到唐太宗與佛教的關係如上面提到玄奘回國、於戰場設寺廟超度亡魂等，太宗自然會有親近佛法的機會。可是我們很少看到史學家以太宗復立浮圖來評價他的錯誤，太宗一生最大的包袱反而是玄武門之變殺死自己的親兄弟，並引起自己孩子群起效尤。歐公不言玄武門之變，只論復立佛教，應是輕重失衡的評論。

　　第二，提倡佛教如果是中材庸主所常爲。在唐代佛教興盛的情況下，皇帝很難避免與佛教產生互動。如果太宗提倡佛教就稱爲中材之資。何以則天鑄大象、憲宗迎佛骨，勞民傷財，歐公就未有更嚴厲的批評。只有闢佛的標準，未見善惡的標準，讓史書照鑑人物得失恐有失焦之慮。

　　故我們不難看出《新唐書》對佛教的貶抑。若再與《舊唐書》對照，由於對國史材料抱持「纂修按於舊章」〔註38〕的態度，使佛教事蹟多能保存。不僅見帝王學佛之善，也見誤國誤民之非。

三、改佛教事物

〔註36〕此事件可見本文第五章第三節，爲高組廢佛、道二教，而太宗復立之。而歐公的批評應不限於此，而是對唐太宗提倡佛教的反感。

〔註37〕可參看《舊唐書・太宗紀》，卷一「史臣曰」：『以太宗之賢，失愛於昆弟，失教於諸子，何也？曰：然，舜不能仁四罪，堯不能訓丹朱，斯前志也。當神堯任讒之年，建成忌功之日，苟除畏偪，孰顧分崩，變故之興，間不容髮，方懼「毀巢」之禍，寧虞「尺布」之謠？承乾之愚，聖父不能移也。』

〔註38〕《五代會要・前代史》，卷八十一。

　　《新唐書》改佛教事物者，主要指《新書》就《舊唐書》有關佛法事蹟者多以淡化。《新唐書》有關佛教事物者，本紀有 26 筆，列傳 190 筆，總計有 216 筆。《舊唐書》本紀有 130 筆，列傳共 266 筆，總計 396 筆。〔註39〕

	《舊唐書》	《新唐書》
本紀	130（筆）	26
列傳	266	190
總計	396	216

　　從總數來說，《新唐書》較《舊唐書》減少 180 筆。〈本紀〉與〈列傳〉兩方面來看，《新書》本紀減少近 104 筆佛教事蹟，列傳減少 76 筆。以《新書》本紀減少的幅度最大（僅《舊書》佛教事蹟的 1/5）〔註40〕事實上《新書》雖小幅度增加佛教事蹟，但多數資料仍未被引用。

　　就改佛教事蹟者，《新唐書》有將佛法事蹟完全刪除及淡化佛法事蹟兩者。

（一）刪除佛經

1. 《大勝本生心地觀音經》

　　憲宗元和六年（811）《舊唐書・憲宗本紀》謂：「敕諫議大夫孟簡、給事中劉伯芻、工部侍郎歸登、右補闕蕭俛等於豐泉寺翻譯大乘本生心地觀音經。」〔註41〕《舊唐書・孟簡傳》謂：「六年，詔與給事中劉伯芻、工部侍郎歸登、右補闕蕭俛等，同就醴泉佛寺翻譯大乘本生心地觀經，簡最擅其理。」〔註42〕

　　《新唐書・孟簡傳》：「嘗與劉伯芻、歸登、蕭俛譯次梵言者。」〔註43〕新書只書譯經者，刪佛經名稱。

2. 《大乘百法名門論》

　　懿宗咸通七年（866）七月，《舊唐書・懿宗本紀》書：「七月，……。僧曇延進《大乘百法門明論》等。」〔註44〕《新書》不書。《大乘百法門明論》為法相唯識宗的重要典籍。

3. 《大品般若經》

〔註39〕此處不含兩書志的統計數字。
〔註40〕若將兩書志表列入，情況大致如此。
〔註41〕《舊唐書》，卷十四。
〔註42〕《舊唐書》，卷一百六十三。
〔註43〕《新唐書》，卷一百六十。
〔註44〕《舊唐書》，卷十九上。

　　蕭瑀爲梁武帝後裔，崇尙佛法，唐太宗伐遼東，以瑀爲洛陽宮守，後爲同中書門下。太宗嘗賜與佛經、袈裟等物，《舊唐書·蕭瑀傳》：「太宗以瑀好佛道，嘗賚繡佛像一軀，并繡瑀形狀於佛像側，以爲供養之容。又賜王褒所書大品般若經一部，并賜袈裟，以充講誦之服焉。」〔註45〕此外《舊書》謂：「好釋氏，常修梵行，每與沙門難及苦空，必詣微旨。」〔註46〕同佛經，也爲《新書》所刪。

　　此處除王褒所書《大品般若經》，另有蕭瑀於佛側供養的佛像，足見太宗寵幸蕭瑀，而此事《新唐書》不書，兩書相同處爲蕭瑀請求出家，太宗答應，瑀又反悔，太宗將他貶商州刺史。〔註47〕

　4.《大智度論》、《瑜伽師地論》

　　柳仲郢家書萬卷，有抄書之習，故《舊唐書·柳仲郢傳》書：「九經、三史一鈔，魏、晉已來南北史再鈔，手鈔分門三十卷，號柳氏自備。又精釋典，《瑜伽》、《智度大論》皆再鈔，自餘佛書，多手記要義。」〔註48〕而《新唐書·柳仲郢傳》：「仲郢嘗手鈔六經，司馬遷、班固、范曄史皆一鈔，魏、晉及南北朝史再，又類所鈔它書凡三十篇，號柳氏自備，旁錄仙佛書甚眾，皆楷小精眞，無行字。」〔註49〕就《舊書》來看，對仲郢的描述是經典與佛經並重，而《新書》只突顯經史，佛經僅以仙佛書代之。

　　以上共舉四例，再如每遇詔書、諫文論及佛經者一律刪除，請見本章第三節。不書佛經不應稱「文省」，而是有意的改寫或是淡化。

（二）禁　屠

　　禁屠係北魏所留下的措施，禁屠的資料以《唐會要》最完整。兩《唐書》中，以《舊唐書》較爲詳細。雖然禁屠不全與佛教有關，但以皇帝有好生之德，故予以書之。兩書本記記載的相同的有武德二年禁屠、則天如意元年五月改元，禁屠《新唐書》所漏者：

（1）玄宗開元元年（713）十二月，《舊唐書·玄宗本紀》書：「詔禁人屠殺犬雞。」
　　　〔註50〕

〔註45〕《舊唐書》，卷六十三。

〔註46〕同註45。

〔註47〕《新唐書》，爲一篇詔書，計441字，《新唐書》刪之。《新唐書·蕭瑀傳》謂：『瑀好浮屠法，間請捨家爲桑門，帝許之矣，復奏自度不能爲，又足疾不入謁，帝曰：「瑀豈不得其所邪？」』。

〔註48〕《舊唐書》，卷一百六十五。

〔註49〕《新唐書》，卷一百六十三。

〔註50〕《舊唐書》，卷七。

（2）德宗貞元十五年（799）八月，《舊唐書·德宗本紀》書：「己巳，自今中和、重陽二節，每節只禁屠一日。」〔註51〕

（3）文宗開成二年八月，《舊唐書·文宗本紀》書：

> 甲申，詔曰：「慶成節朕之生辰，天下錫宴，庶同歡泰。不欲屠宰，用表好生，非是信尚空門，將希無妄之福。恐中外臣庶不諭朕懷，廣置齋筵，大集僧眾，非獨凋耗物力，兼恐致惑生靈。自今宴會蔬食，任陳脯醢，永爲常例。」〔註52〕

文宗生日下令禁屠。此爲皇帝好生之德，更是仁孝之舉，《唐會要》記「開成二年八月敕，慶成節，宜令內外司及天下州府，但以素食，不用屠殺，永爲常式。」〔註53〕而《新唐書》不書。

（4）《舊唐書·玄宗本紀》書：「（先天三年）二月，禁斷天下採捕鯉魚。」〔註54〕

（5）武宗會昌四年，《舊唐書·武宗本紀》謂：

> 敕：「齋月斷屠，出於釋氏，國家創業，猶近梁、隋，卿相大臣，或沿茲弊。鼓刀者既獲厚利，糾察者潛受請求。正月以萬物生植之初，宜斷三日。列聖忌斷一日。仍准開元二十二年敕，三元日各斷三日，餘月不禁。」〔註55〕

如果史書有書禁屠時間，解屠自當要書。《舊唐書·則天本紀》：「十二月，開屠禁，諸祠祭令依舊用牲牢。」〔註56〕而未見《新唐書》記載。

「禁屠」《新唐書》增《舊書》所無者有兩處，一是神龍元年，《新唐書·則天本紀》：「五年正月壬午，大赦。庚寅，禁屠。」〔註57〕二是景龍二年二月，《新唐書·睿宗本紀》：「辛卯，禁屠。」〔註58〕而兩條《唐會要》、《通鑑》皆無。

《新唐書》刪《舊唐書》有五例，增者又不見於《通鑑》與《唐會要》。而《舊唐書》、《唐會要》與《通鑑》史料多可互相參看，反映禁屠爲唐朝施政的措施。若看《新唐書》，禁屠之事有存有刪，書法實爲不一。禁屠是因好生之德，不忍殺生。

〔註51〕《舊唐書》，卷十二，但《唐會要》無此條。
〔註52〕《舊唐書》，卷十七下。
〔註53〕見王溥著《唐會要》（中華書局 1998 年 11 月北京第四次印刷），卷四十一，〈禁屠釣〉。
〔註54〕《舊唐書》，卷八。
〔註55〕《舊唐書》，卷十八上。
〔註56〕《舊唐書》，卷六。
〔註57〕《新唐書》，卷四。
〔註58〕《唐會要·禁屠釣》，卷四十一，記：「景龍二年九月八日，敕，鳥雀昆蟲之屬，不得擒捕，以求贖生，犯者先決三十，宜令金吾及市司嚴加禁斷。」與《新唐書》所記日期不符。

況文宗生日，吃素禁屠可彰顯皇帝的仁德與孝道，《新書》不記，至為可惜！

（三）唐代對佛教僧侶的態度

唐代佛教興盛，朝廷對佛教僧侶的態度多可見於《舊唐書》各本紀中，如高宗龍朔二年六月己丑書：「初令道士、女冠、僧、尼等，並盡禮致拜其父母。」〔註59〕載初二年四月謂：「令釋教在道法之上，僧尼處道士女冠之前。」〔註60〕玄宗先天二年閏二月書：「癸亥，令道士、女冠、僧尼致拜父母。」〔註61〕開元二十九年正月壬午詔曰：「道士、女冠宜隸宗正寺，僧尼令祠部檢校。」〔註62〕

兩書所記載相同者僅為至德元載十月籌軍餉而剃度僧尼。《舊唐書・肅宗本紀》至德元載書：「癸未，彭原郡以軍興用度不足，權賣官爵及度僧尼。」〔註63〕。《新唐書・肅宗本紀》僅謂：「始鬻爵、度僧尼。」〔註64〕

《舊唐書》所記的是朝廷對僧尼的管理，包含致祭父母、僧尼所隸屬的權責單位。應屬官方的文獻，《新唐書》則刪除這些記載。

四、《新唐書》中的佛教形象

《新唐書》一方面敘述上對學佛者多用帶偏見的辭彙，二方面多用「浮屠」指佛教，三是記載的佛教事跡多敘述惡性比丘，故書中多為佛教負面的形象。

《新書》對學佛者多用偏見辭彙。如嚴挺之學佛，《新唐書・嚴挺之傳》謂：「然溺志于佛，與浮屠惠義善。」〔註65〕稱杜鴻漸則謂：「而晚節溺浮圖道，畏殺戮。」〔註66〕裴寬則謂：「然惑于佛，喜與桑門游，習誦其書，老彌篤云。」〔註67〕形容白居易則謂：「暮節惑浮屠道尤甚，至經月不食葷，稱香山居士。」〔註68〕故《新書》對於學佛者多用「溺」、「惑」形容。

其次，《新唐書》多用「浮屠」或「浮圖」代佛之名。事實上，「浮圖」為佛的梵音，也有寶塔的意思，如「救人一命，勝造七級浮圖」。唐以前的正史中，皆有書「浮屠」或「浮圖」者。

但兩《唐書》對「浮屠」的書寫卻有懸殊的差別，《舊唐書》書「浮圖」或「浮

〔註59〕《舊唐書》，卷四，「龍朔二年六月」事。
〔註60〕《舊唐書》，卷六，「載初二年四月」事。
〔註61〕《舊唐書》，卷八，「開元二年閏二月」事。
〔註62〕同註61，「開元二十五年春正月壬午制」。
〔註63〕《舊唐書》，卷十。
〔註64〕《新唐書》，卷六。
〔註65〕《新唐書》，卷一百二十九。
〔註66〕《新唐書》，卷一百二十六。
〔註67〕《新唐書》，卷一百三十。
〔註68〕《新唐書》，卷一百一十九。

屠」者僅2處。《新唐書》書「浮圖」或「浮屠」者共有82處，故《新書》使用兩詞的比例明顯偏多。而歐揚脩的《新五代史》亦有此類現象，這可能與歐陽脩好用「浮屠」二字有關。

惡性比丘事蹟者主要是僧侶違背戒律，《新唐書》所記多與政治有關，如懷戒沙門高疊晟者、則天出於感業寺、薛懷義之事、德宗內道場一事、沙門法難等，多是佛教人士介入政治紛爭或因佛教所衍生的社會問題，故《新唐書》中佛教形象多為負面。

五、《新唐書》淡化處理

（一）太平公主與僧寺爭碾磑

《舊唐書‧李元紘傳》謂：「時太平公主與僧寺爭碾磑，公主方承恩用事，百司皆希其旨意，元紘遂斷還僧寺。」〔註69〕《新唐書‧李元紘傳》：「嘗與民競碾磑」〔註70〕，不提僧寺。

（二）白居易

白居易為中唐著名詩人，其詩淺顯易懂，時人爭誦。《新唐書‧白居易傳》：「初，頗以規諷得失，及其多，更下偶俗好，至數千篇，當時士人爭傳。」〔註71〕。《舊唐書‧白居易傳》：「居易嘗寫其文集，送江州東西二林寺、洛城香山聖善等寺，如佛書雜傳例流行之。」〔註72〕「士人爭傳」只能知曉詩受歡迎的程度，《舊唐書》則詳述白居易詩傳播的方式，並以佛教經典流通之廣形容白詩受到歡迎，自是表現多重的意涵。

而白居易與禪師交往一事也為《新唐書》所刪。《舊唐書‧白居易傳》謂：「居易與湊、滿、朗、晦四禪師，追永、遠、宗、雷之迹，為人外之交。每相攜遊詠，躋危登險，極林泉之幽邃。至於翛然順適之際，幾欲忘其形骸。或經時不歸，或踰月而返，郡守以朝貴遇之，不之責。」〔註73〕呈現他自在的生活。

（三）段成式

段成式以《酉陽雜俎》聞名，但同時精於佛理。《舊唐書‧段成式傳》：「家多書史，用以自娛，尤深於佛書。」〔註74〕《新書》不書。

〔註69〕《舊唐書》，卷九十八。
〔註70〕《新唐書》，卷一百二十六。
〔註71〕《新唐書》，卷一百一十九。
〔註72〕《舊唐書》，卷一百六十六。
〔註73〕同註72。
〔註74〕《舊唐書》，卷一百九十下。

（四）王　維

　　兩《唐書》雖都提到王維學佛，但《新唐書》仍有省筆及淡化之處。王維於安史之亂時被安祿山拘於普施寺，《新書》省筆爲「迎置洛陽」（詳見本文第四章第一節）。《舊唐書・王維傳》書：

　　　　在京師日飯十數名僧，以玄談爲樂。

　　　　　　齋中無所有，唯茶鐺、藥臼、經案、繩床而已。退朝之後，焚香獨坐，以禪誦爲事。妻亡不再娶，三十年孤居一室，屏絕塵累。

　　　　　　乾元二年七月卒。臨終之際，以縉在鳳翔，忽索筆作別縉書，又與平生親故作別書數幅，多敦屬朋友奉佛脩心之旨，捨筆而絕。〔註75〕

而《新唐書》僅書「兄弟皆篤志奉佛，食不葷，衣不文綵。」〔註76〕《舊唐書》所記其重要性有三點，第一、《新書》只提王維與文人交游，如「與裴迪游其中，賦詩相酬爲樂。」〔註77〕卻不提維與僧侶交往。第二、王維生活的態度上，《新書》僅保留別墅在輞川閒適的生活。忽略王維因學佛在生活上的簡單與樸素，「唯茶鐺、藥臼、經案、繩床」等陳設，代表著生活上的無欲無求。第三點最重要，即是臨死前的預知時至。即預知自己將要往生，而於臨終之際與王縉、親友作別書，多勸朋友奉佛修心，這正是王維學佛的成就。

　　雖《新書》失載頗多，但亦有補闕之處，如王維母危，表輞川第爲寺，終葬其西。〔註78〕因此在史料的選擇上宋祁多取其次要的資料，忽略王維學佛的主要表現，這也正是《舊唐書》價值所在。

　　其他如寺廟之名，《新唐書》也都予以刪除或修改。如佛寺，《新書》多改爲「佛祠」、「祠」。佛寺書「祠」者多爲隋以前史書的記法，而《舊唐書》已無此種書佛寺的方式。如《舊唐書・德宗本紀》謂：「朱泚害郡王、王子、王孫七十七人於馬璘宅，丁丑，令所司具凶禮收殮於淨域寺。」〔註79〕歐公書：「丁丑，葬宗室遇害者。」〔註80〕省「淨域寺」，此事也不見《新書》列傳。

貳、學者對《新唐書》闢佛刪史的評論

　　《新唐書》對於佛教問題可以分三方面，第一從書法角度。第二是《新唐書》

〔註75〕同註74。
〔註76〕《新唐書》，卷二百二。
〔註77〕同註76。
〔註78〕同註76。
〔註79〕《舊唐書》，卷十二。
〔註80〕《新唐書》，卷七。

不立高僧傳。三是全面檢視佛法事蹟。

一、王鳴盛

王鳴盛〔註81〕提到高祖武德九年四月辛巳，下詔以京師寺觀不淨予以整頓，《新唐書》與《舊唐書》對此事書法不同。王氏以書法的角度來看，認為歐陽脩所記不合乎事實原貌，並提出適宜的書法。

二、林天蔚

在《隋唐史新論》的「新舊唐書之比較」的第四條提到：

> 《舊唐書》方技傳中，有僧玄奘、神秀（附慧能、普寂、義福）、一行（密宗之祖，並為傑出之曆算、天文學家）等傳，可闡明禪宗與密宗的源流，按禪宗影響唐代及宋明理學甚大，《新唐書》卻刪去此數傳，可謂一失。〔註82〕

林氏著眼點是《新唐書》不立法師傳，特別是禪宗對宋明理學的影響很大的情形下，仍刪去此數傳。

三、曹仕邦

在《舊唐書立僧傳之暗示作用》一文，《舊唐書》立法師傳，剛好符合唐代佛教發展的三個方向，立玄奘、神秀、一行三傳有其重要意義，足以代表李唐一代釋教主要活的三個方向。其求法翻經，主要指的是玄奘。第二，是禪宗的創立與發展。指的是神秀與六祖慧能。第三，是密宗的流行。指的是一行法師。同時所立傳者皆為華人僧侶，象徵佛教已中國化。

四、印光大師

印光大師在〈林文中公行與日課發隱〉說：

> 《舊唐書》，凡佛法事蹟及士大夫與高僧往還之言論，俱擇要以載。歐陽脩作《新唐書》，刪去兩千餘條，《五代史》亦然。蓋惟恐天下後世，知佛法有益於身心性命，國家政治而學之也。其他史官，多是此種拘墟之士。故古大人前潛修而密證者，皆不得而知焉。〔註83〕

印光大師全面檢視《新唐書》故作此結論。《新書》刪除佛教事蹟不只不列法師傳，對於諸多記錄佛法事蹟也予以刪除。而印光大師提出《新唐書》刪掉近兩千條有關佛法事蹟，卻是發前人所未發。若與趙翼所論《新唐書》所增重要者近兩千條相比，

〔註81〕《十七史商榷》，卷七十，「廢浮屠老子法」條。
〔註82〕《隋唐史新論》，頁4。
〔註83〕印光法師著〈林文中公行與日課發隱〉（收於《印光法師文鈔續編》（下）華藏佛教圖書館），頁487。

佛教「事減」的影響更大。

小　結

　　《新唐書》刪減佛教事蹟最大的影響莫過於不立玄奘、神秀、慧能、一行法師等列傳。對於佛教學術在唐代的發展留下缺頁，對於佛法事蹟的處理，僅書玄奘法師宣揚國威，不提譯經弘法事業，這是《新書》處理佛教事蹟失衡之處。

　　佛教在唐代盛極一時，從上述法師徒眾、帝王接見，皆代表佛教在當時的重要性，《新書》刻意淡化與刪除，不完全是書法或筆法需要，而是闢佛思想使然。故《新唐書》「事增文省」的同時，對佛教刪近兩千餘條，使《新書》缺乏佛校對當時文化的重要影響，也無法反映唐代佛教的整體面向。其摘錄者多是有損佛教威儀或不具時代意義。〔註84〕

　　《新書》未嘗沒有佳處，就兩《唐書》相同者如肅宗時皇張皇后刺血書佛經為玄宗祈福〔註85〕再如《新唐書・萬敬儒傳》：「萬敬儒，廬州人。三世同居，喪親廬墓，刺血寫浮屠書，斷手二指，輒復生。州改所居曰成孝鄉廣孝聚。大中時，表其家。」〔註86〕等，據實而書彌足珍貴，但與所刪者相比，仍屬少數。

　　歐陽脩、宋祁忽略這些佛教事蹟反映當時佛教與文人貴游及僧侶生活面貌的重要意義。《舊唐書》書中處處佛教事蹟，《新書》欲除之而後快，實源於歐公「佛法為中國患」之念也。

第三節　兩《唐書》摘引諫佛文章考論

　　由於唐代佛教興盛，其影響遍及社會、學術等層面。兩《唐書》有關佛教的引文，多為朝廷有關佛教的詔告或為大臣以文章向皇帝諫佛。而朝廷有關佛教的詔告中，以佛教法難值得嚴析，因為《舊唐書》用詔書呈現高祖去除釋教與武宗會昌法難，是極為特殊的記錄。故本文分兩部分討論，一是兩《唐書》處理法難記載。二

〔註84〕如《新唐書・李罕傳》，卷一百八十七，謂：「初為浮屠，行丏市，窮日無得者，抵鉢裓祇袄去，聚眾攻剽五臺下。」〈賈島傳〉，卷一百七十六，謂：「島字浪仙，范陽人，初為浮屠，名无本。來東都，時洛陽令禁僧午後不得出，島為詩自傷。」〈成汭傳〉，卷一百九十，謂：「成汭，青州人。少無行，使酒殺人，亡為浮屠。」〈夜光傳〉，卷二百四，謂：「夜光者，薊州人，少為浮屠。」，多不具時代意義，或有損佛教威儀者，其數甚眾。

〔註85〕《舊唐書》見於〈肅宗本紀〉，卷十、〈肅宗張皇后傳〉，卷五十二，《新唐書・肅宗張皇后傳》，卷七十七。

〔註86〕《新唐書》，卷一百九十五。

是由唐代諫佛文章看《新唐書》對佛教思想的問題。

壹、兩《唐書》對佛教法難記載

一、高祖武德九年（626）

（一）高祖詔去除釋教

高祖武德九年四月傅奕上疏請除去釋教〔註87〕，高祖召集百官議其事，唯太僕卿張道源稱奕言合理。其中蕭瑀好佛與傅奕論辯，《舊唐書・傅奕傳》云：

> 中書令蕭瑀與之爭論曰：「佛，聖人也。奕爲此議，非聖人者無法，請置嚴刑。」奕曰：「禮本於事親，終於奉上，此則忠孝之理著，臣子之行成。而佛踰城出家，逃背其父，以匹夫而抗天子，以繼體而悖所親。蕭瑀非出於空桑，乃遵無父之教。臣聞非孝者無親，其瑀之謂矣！」瑀不能答，但合掌曰：「地獄所設，正爲是人。」〔註88〕

高祖亦惡沙門、道士苟避征徭，不守戒律，故下詔除釋、道二教。此篇詔書詳見於《舊唐書・高祖本紀》。《舊書》，如下：

> 夏五月辛巳，以京師寺觀不甚清淨，詔曰：
>
> 釋迦闡教，清淨爲先，遠離塵垢，斷除貪慾。所以弘宣勝業，修植善根，開導愚迷，津梁品庶。是以敷演經教，檢約學徒，調懺身心，捨諸染著，衣服飲食，咸資四輩。
>
> 自覺王遷謝，像法流行，末代陵遲，漸以虧濫。乃有猥賤之侶，規自尊高；浮惰之人，苟避徭役。妄爲剃度，託號出家，嗜慾無厭，營求不息。出入閭里，周旋闤闠，驅策田產，聚積貨物。耕織爲生，估販成業，事同編戶，　釋等齊人。進違戒律之文，退無禮典之訓。至乃親行劫掠，躬自穿窬，造作妖訛，交通豪猾。每罹憲網，自陷重刑，黷亂眞如，傾毀妙法。譬茲稂莠，有穢嘉苗；類彼淤泥，混夫清水。又伽藍之地，本曰淨居，棲心之所，理尚幽寂。近代以來，多立寺舍，不求閑曠之境，唯趨喧雜之方。繕采崎嶇，棟宇殊拓，錯舛隱匿，誘納姦邪。或有接延　邸，鄰近屠酤，埃塵滿室，羶腥盈道。徒長輕慢之心，有虧崇敬之義。且老氏垂化，本實沖虛，養志無爲，遺情物外。全眞守一，是謂玄門，驅馳世務，尤乖宗旨。

〔註87〕可見兩《唐書・傅奕傳》，《新唐書》，卷一，謂：「上疏『極詆』浮圖法」。

〔註88〕《新唐書・傅奕傳》與《舊書》同，茲引奕所言：「禮，始事親，終事君。而佛逃父出家，以匹夫抗天子，以繼體悖所親。瑀非出空桑，乃尊其言，蓋所謂非孝者無親。」見其筆法差異。

朕膺期馭宇，興隆教法，志思利益，情在護持。欲使玉石區分，薰蕕有辨，長存妙道，永固福田，正本澄源，宜從沙汰。諸僧、尼、道士、女冠等，有精勤練行、守戒律者，並令大寺觀居住，給衣食，勿令乏短。其不能精進戒行者、有闕不堪供養者，並令罷遣，各還桑梓。所司明爲條式，務依法教，違制之事，悉宜停斷。京城留寺三所，觀二所。其餘天下諸州，各留一所。餘悉罷之。〔註89〕

此文後書「事竟不行」，即去佛、道二教未能實施。而全文要旨僅在這「事竟不行」四字。

（二）《新唐書》書去釋教之事

《舊唐書》去釋教詔書全文共 571 字，此事《新唐書》只書「四月辛巳，廢浮屠、老子法。」〔註90〕僅 10 字而已。後因玄武門之變，去釋教之事因而中斷。同年六月，太宗即位，《新唐書》謂：「復浮屠、老子法。」〔註91〕《舊書》不書「復立」的時間。

由《新唐書》紀錄方式，歐陽脩認爲高祖的詔令已經實行去釋教，故於六月書太宗復佛法。

（三）問題焦點

兩《唐書》針對除去佛法一事有兩個不同的書法方式而產生去除佛教是否實施的問題。《舊書》存其實，於末尾書「事竟不行」，以示未有實施。《新書》則以直筆書「廢」、「復」二法，以示曾經實施。

王鳴聖於「廢浮屠老子法」說：

觀此（《舊書·高祖本紀》）詔文，何嘗欲盡廢其法乎？而載畢詔文之下，乃又綴云『事竟不行』。然此詔爲虛文矣！何又嘗既廢而旋復乎？若欲存其實，當如《舊書》，若欲改而從簡，則當云：『詔沙汰僧道，既而不果。』方合事實。又不然，則竟刪去此一條可也。歐陽子竟改易就己意，以見其不能沿襲前人，何哉！〔註92〕

故問題有二，此詔是否實施？其次，歐公書法是否得體？

1. 詔令有無實行

按兩《唐書·傅奕傳》記蕭瑀與傅奕辯論佛法，瑀無言以對。此事末

〔註89〕《舊唐書》，卷一。
〔註90〕《新唐書》，卷一。
〔註91〕同註90。
〔註92〕《十七史商榷》，卷七十，「廢浮屠老子法」條。

《舊書》書「高祖將從奕言，會傳位而止。」〔註93〕《新書》謂：「帝善
　　奕對，『未及行』，會傳位止。」〔註94〕
從兩書〈傳奕傳〉皆書「會傳位而止」，知此事因太宗即位而停止。而《新書》於「會
傳位止」前加「未及行」三字。可清楚知道去佛教、道教因故未能實施。再看《通
鑑》武德九年六月云：
　　　是日，下詔：「赦天下。凶逆之罪，止於建成、元吉，自餘黨與，一
　　無所問。其僧、尼、道士、女冠並宜依舊。國家庶事，皆取秦王處分。」
　　〔註95〕
如果從距時代越近進越眞實來看，《舊唐書》「事竟不行」應符合事實。且如果實行，
應有明確已廢僧、尼、道士等還俗的人數，及裁撤寺觀總數。故雖有太宗下詔，而
事實應是「未及行，會傳位止」。而《新唐書》本紀語列傳於此事的書法不一。
　2. 其次，歐公書法是否得體？
　　王鳴盛據《舊書》擬爲「詔沙汰僧道，既而不果」。而《通鑑》略詳，其四月廢
浮屠法如下：
　　　辛巳，下詔：「命有司沙汰天下僧、尼、道士、女冠，其精勤練行者，
　　遷居大寺觀，給其衣食，毋令闕乏。庸猥粗穢者，悉令罷道，勒還鄉里。
　　京師留寺三所，觀二所，諸州各留一所，餘皆罷之。」〔註96〕
與之相較，《通鑑》較王氏所擬詳實，更得廢浮屠老子法詔文要旨，歐公簡淨的書寫
方式實爲一失。但《舊唐書》詔文又過於冗長，增加閱讀的困難。而書「事竟不行」
以存其實，確保留歷史原貌。故以保留歷史眞實來看以《舊唐書》爲佳。以簡淨而
論以《新唐書》勝長。

二、武宗會昌法難（845）

（一）《新唐書》記會昌法難

　　歐公過簡之失也發生在滅佛法難上。中國佛教史上有三次滅法，稱爲「三武滅
法」。其中唐武宗於會昌五年下詔僧尼還俗，史稱「會昌法難」。《新唐書・武宗本紀》
會昌五年（845）書：「八月壬午，大毀佛寺，復僧尼爲民。」〔註97〕詳見《新唐書・
食貨志》謂：

〔註93〕《舊唐書》，卷七十九。
〔註94〕《新唐書》，卷三十二。
〔註95〕《資治通鑑・唐紀》，卷一百九十一，武德九年。
〔註96〕同註95。
〔註97〕《新唐書》，卷八。

武宗即位，廢浮圖法，天下毀寺四千六百、招提蘭若四萬，籍僧尼為民二十六萬五千人，奴婢十五萬人，田數千萬頃，大秦穆護、祆二千餘人。上都、東都每街留寺二，每寺僧三十人，諸道留僧以三等，不過二十人。腴田鬻錢送戶部，中下田給寺家奴婢丁壯者為兩稅戶，人十畝。以僧尼既盡，兩京悲田養病坊，給寺田十頃，諸州七頃，主以耆壽。〔註98〕

歐公列於〈食貨志〉的原因，主要就對法難對經濟的作用，如毀寺總數四千六百座，田地千萬頃。僧尼還俗人數二十六萬五千人，還包括大秦穆護、祆二千餘人還俗。代表國家勞動人力的增加，糧食來源的擴大。《舊唐書》與《新書》不同之處，是將會昌法難記於〈武宗本紀〉，而非食貨志。

（二）會昌法難的原因

1、經濟問題

中唐後經濟問題日益嚴重，無法負擔稅賦有的成為佃農，或出家或逃亡。使生產力大量降低。所以朝中大臣諫佛多從此處而發。（詳見下一子題）所以佛教對經濟生產力的影響自是深遠。如《舊唐書·李德裕傳》謂：

元和已來，累敕天下州府，不得私度僧尼。徐州節度使王智興聚貨無厭，以敬宗誕月，請於泗州置僧壇，度人資福，以邀厚利。江、淮之民，皆群黨渡淮。德裕奏論曰：「王智興於所屬泗州置僧尼戒壇，自去冬於江、淮已南，所在懸牓招置。江、淮自元和二年後，不敢私度。自聞泗州有壇，戶有三丁必令一丁落髮，意在規避王徭，影庇資產。自正月已來，落髮者無算。臣今於蒜山渡點其過者，一日一百餘人，勘問唯十四人是舊日沙彌，餘是蘇、常百姓，亦無本州文憑，尋已勒還本貫。訪聞泗州置壇次第，凡僧徒到者，人納二縑，給牒即回，別無法事。若不特行禁止，比到誕節，計江、淮已南，失卻六十萬丁壯。此事非細，繫於朝廷法度。」狀奏，即日詔徐州罷之。〔註99〕

「戶有三丁必一丁落髮」，「一日一百餘人，勘問唯十四人是舊日沙彌，餘是蘇、常百姓，亦無本州文憑，尋已勒還本貫。」男丁挺而出家，皆是逃避賦稅。所以歐公將會昌法難僧尼還俗、拆毀寺廟等數據列入食貨志，即是以國家經濟利益著眼。

2、宗教問題

〔註98〕《新唐書·食貨志》，卷五十二。
〔註99〕《舊唐書》，卷一百七十四。

經濟問題並非法難發生的唯一原因，主要是道教與佛教之間利益衝突。所要強調的是《新唐書》處理會昌法難問題，純粹以經濟問題紀錄，而忽略其他歸因。《舊唐書》將法難記入〈武宗本紀〉，更重要的是如實的呈現法難的諸多現象、問題及原因。

（三）《舊唐書》記會昌法難

法難是長久以來的經濟問題所積壓，這只能視爲遠因。而近因是道士趙歸眞請求滅佛。《舊唐書》會昌五年正月己酉謂：

> 歸眞自以涉物論，遂舉羅浮道士鄧元起有長年之術，帝遣中使迎之。
>
> 由是與衡山道士劉玄靖及歸眞膠固，排毀釋氏，而拆寺之請行焉。〔註100〕

而此事卻未書於《新唐書》中。

至於寺戶毀壞的數量、僧尼還俗人數，兩書是相同的。《舊唐書》基本上存實，故多以詔書留其事實。而會昌法難並非在會昌五年八月才發生，若從趙歸眞、劉玄靖有拆寺之請在此年正月。四月即清查全國寺廟、僧尼總數，即《新唐書》記於〈食貨志〉者，於七月中書省下三道奏說明寺廟、僧尼處理原則，來回共計四則公文。《新唐書》不書有：

> 中書又奏：「天下廢寺，銅像、鐘磬委鹽鐵使鑄錢，其鐵像委本州鑄爲農器，金、銀、瑜石等像銷付度支。衣冠士庶之家所有金、銀、銅、鐵之像，敕出後限一月納官，如違，委鹽鐵使依禁銅法處分。其土、木、石等像合留寺內依舊。」
>
> 又奏：「僧尼不合隸祠部，請隸鴻臚寺。其大秦穆護等祠，釋教既已釐革，邪法不可獨存。其人並勒還俗，遞歸本貫充稅戶。如外國人，送還本處收管。」〔註101〕

《舊唐書》將實際狀況紀錄下來。其重要性爲《新書》以經濟問題出發，所注意到的是勞動人力的經濟價值。對於寺產的處理、僧尼還俗後隸屬哪個單位管轄，並無交代。

法難於這年八月發生，故《新唐書》僅書「八月壬午，大毀佛寺，復僧尼爲民。」《舊唐書》爲武宗詔文計565字，其具體措施多見於七月中書省的奏疏中。

（四）法難結果

1. 武宗下場

唐武宗最於後會昌六年三月二十三日崩，死於服食藥丹。《舊唐書》書：

〔註100〕《舊唐書》，卷十八。
〔註101〕同註100。

三月壬寅，上不豫，制改御名炎。帝重方士，頗服食修攝，親受法籙。至是藥躁，喜怒失常，疾既篤，旬日不能言。宰相李德裕等請見，不許。中外莫知安否，人情危懼。是月二十三日，宣遺詔以皇太叔光王柩前即位。是日崩，時年三十三。〔註102〕

即法難次年武宗過世，《新唐書·武宗本紀》贊曰：「然其奮然除去浮圖之法甚銳，而躬受道家之籙，服藥以求長年。以此見其非明智之不惑者，特好惡有不同爾。」〔註103〕歐公之意，為武宗僅喜好不同，難堪智者。《舊唐書·武宗本紀》「史官曰」為不同，說：

於是削浮圖之法，懲游惰之民，志欲矯步丹梯，求珠赤水。徒見蕭衍、姚興之謬學，不悟秦王、漢武之非求，蓋惑於左道之言，偏斥異方之說。況身毒西來之教，向欲千祀，蚩蚩之民，習以成俗，畏其教甚於國法，樂其徒不異登仙。如文身祝髮之鄉，久習而莫知其醜；以吐火吞刀之戲，乍觀而便以為神。

安可正之以咸韶，律之以章甫。加以笮融、何充之佞，代不乏人，非荀卿、孟子之賢，誰與正論。一朝隳殘金狄，燔棄胡書，結怨於膜拜之流，犯怒於鄙夫之口。哲王之舉，不駭物情，前代存而勿論，實為中道。欲革斯弊，以俟河清，昭肅明照，聽斯弊矣。〔註104〕

《舊書》所言較歐公之論更有意義，歐公僅評斷武宗滅佛非出於智慮，實為所好不同。而《舊書》從社會層面或信仰的角度觀察，「畏其教甚於國法」，「結怨於膜拜之流，犯怒於鄙夫之口」，皆反映事實。故對於佛法的態度是「哲王之舉，不駭物情，前代存而勿論，實為中道。欲革斯弊，以俟河清，昭肅明照，聽斯弊矣。」

2. 宣宗復佛法

唐宣宗於武宗崩後即位，此年為會昌六年，五月依左右街功德使奏將上都兩街舊留四寺外，更添置八所。〔註105〕並誅殺劉玄靜等十二人，「以其說惑武宗，排毀釋氏故也。」《新唐書》此事皆不書。

到大中元年閏三月，宣帝下詔，謂：

閏三月，敕：「會昌季年，併省寺宇。雖云異方之教，無損致理之源。中國之人，久行其道，釐革過當，事體未弘。其靈山勝境、

〔註102〕同註100。
〔註103〕《新唐書·武宗本紀》，卷八，「贊曰」。
〔註104〕《舊唐書·武宗本紀》，「史臣曰」，卷十七。
〔註105〕同註104。

　　天下州府，應會昌五年四月所廢寺宇，有宿舊名僧，復能修創，一
　　任住持，所司不得禁止。」〔註106〕

結束法難。而《新唐書・宣宗本紀》只書：「閏月，大復佛寺。」〔註107〕

三、《新唐書》對法難的書法

　　《新唐書》本紀對法難的書法是有差異的，高祖廢佛教時書：「廢浮屠、老子法」，而會昌法難書：「八月壬午，大毀佛寺，復僧尼爲民。」廢是廢教，而毀是毀壞有形的產業，故敘述的對象不同。再看會昌法難時，柳仲郢爲京畿鑄錢使。《舊書》書「時廢浮圖法，以銅像鑄錢。」《新書》書「會廢浮屠法，盡壞銅象爲錢。」故會昌法難若書「廢浮圖法」亦爲不可。歐公於此又變書法，書法體例自是不純，也無法勾勒會昌法難完整的面貌。

貳、從諫佛文章看《新唐書》對佛教的觀點

　　「諫佛」一辭取自《唐會要》有諫佛篇，意爲大臣勸諫皇帝，減少佛事。如傅奕、狄仁傑、李叔明、田嗣立、張廷珪、韓愈、朱蔚等皆上書直言諫佛。有人獲得賞識如傅奕、狄仁傑、李叔明、田嗣立、張廷珪等，也有人因此獲罪，如韓愈因諫佛骨表而入獄。

　　而諫佛文章本身也提供我們研究唐代佛教現象的線索，除了反映佛教與社會政治的互動與問題外，也提供觀察諫佛文章的思想特質。而編修者摘引也提供我們觀察的機會，因爲本文透過編修者的修飾，將會使編修者的想法滲入文本中，以下以姚崇、張廷珪爲例說明。

一、姚　崇

　　《新唐書・姚崇傳》有姚崇所作〈分產戒子〉一文，主要探討佛教的問題。《舊唐書》全文引用，《新唐書》則採用改寫的方式，謂：

　　　　今之佛經，羅什所譯，姚興與之對翻，而興命不延，國亦隨滅。
　　梁武帝身爲寺奴，齊胡太后以六宮入道，皆亡國殄家。近孝和皇帝
　　發使贖生，太平公主、武三思等度人造寺，身嬰夷戮，爲天下笑。
　　五帝之時，父不喪子，兄不哭弟，致仁壽，無凶短也。下逮三王，
　　國祚延久，其臣則彭祖、老聃皆得長齡，此時無佛，豈抄經鑄像力
　　邪？緣死喪造經像，以爲追福。夫死者生之常，古所不免，彼經與

〔註106〕《舊唐書》，卷十八。
〔註107〕《新唐書》，卷八。

像何所施爲？兒曹愼不得爲此！〔註108〕

《舊唐書》摘引全文共七百二十二字，《新唐書》改寫爲一百八十七字。兩者比較可以發現兩個問題，一是姚崇這篇文章的義蘊與宋祁所摘引後的義蘊是否相同？第二修史者的佛學素養不足時，是否影響到文章的原意。

第一個問題，宋祁所摘錄的爲姚崇闢佛之語，試想這是姚崇訊誡子弟，除不希望子孫學佛，也希望將自己的後事安排妥當，《舊唐書》謂：

> 吾亡後必不得爲此弊法（佛法）。若未能全依正道，須順俗情，從初七至終七，任設七僧齋。若隨齋須布施，宜以吾緣身衣物充，不得輒用餘財，爲無益之枉事，亦不得妄出私物，徇追福之虛談。〔註109〕

此段則透露姚崇死後希望不以佛教儀軌安葬，但不強求子孫依自己的意思，只要順俗人情、簡單隆重、以求節儉，佛事依然可爲。所以姚崇雖然不喜歡佛教，但也無意強求子孫。而宋祁省略姚崇對後事安排的部份，僅取闢佛爲重點，忽略姚崇也抵擋不住佛教的影響。

第二，修史者的闢佛立場，便窄化文章呈現的意義。姚崇〈分產戒子〉依文，宋祁未摘錄的尚有謂：「且佛者覺也，在乎方寸，假有萬像之廣，不出五蘊之中，但平等慈悲，行善不行惡，則佛道備矣。」〔註110〕五蘊者，色、受、想、行、識；慈悲等爲佛家語。姚崇在提到五帝三王前還有一段，謂：

> 經云：「求長命得長命，求富貴得富貴」，「刀尋段段壞，火坑變成池」。比來緣精進得富貴長命者爲誰？生前易知，尚覺無應，身後難究，誰見有徵。』〔註111〕

姚崇論佛援引佛教經典，表示對佛教三世因果的懷疑。從引證的佛經來看，姚崇不僅接觸過佛法，也涉獵過佛經。《新唐書》刪除此段的結果，僅能窺知姚崇是諫佛之人，卻忽略此文反映佛教對社會生活的影響及文人接觸佛法對事理上的質疑。〔註112〕

《新唐書》在摘引姚崇誡子一文，以文省來強化重點本無可厚非。但試想所有諫佛之文都只討論佛教對國家的負面影響或是帝王學佛的壞處，致使論述的內容同

〔註108〕《新唐書》，卷一百二十四。
〔註109〕《舊唐書》，卷九十六。
〔註110〕同註109。
〔註111〕《舊唐書》，卷九十六。
〔註112〕尚有一段「宋書西域傳，有名僧爲白黑論，理證明白，足解沈疑，宜觀而行之。」

質性過高，失去摘引的代表性。

二、張廷珪

　　《新唐書》節錄引文的情形不限姚崇〈分產戒子〉一文。長安中，則天稅天下僧尼出錢，欲於白司馬寺營建大像。張廷珪上疏勸諫則天停止此事。《舊唐書》張廷珪引《金剛經》而論：

> 　　夫佛者，以覺知爲義，因心而成，不可以諸相見也。經云：「若以色見我，以音聲求我，是人行邪道，不能見如來。」此眞如之果不外求也。陛下信心歸依，發宏誓願，壯其塔廟，廣其尊容，已於天下久矣。蓋有住於相而行布施，非最上第一希有之法。何以言之？經云：「若人滿三千大千世界七寶以用布施，及恆河沙等身命布施，其福甚多。若人於此經中受持及四句偈等爲人演說，其福勝彼。」如佛所言，則陛下傾四海之財，殫萬人之力，窮山之木以爲塔，極冶之金以爲像，雖勞則甚矣，費則多矣，而所獲福不愈於一禪房之匹夫。
> 　　菩薩作福德，不應貪著，蓋有爲之法不足高也。況此營建，事殷木土，或開發盤礴，峻築基階，或塞穴洞，通轉採斫，輒壓蟲蟻，動盈巨億。豈佛標坐夏之義，愍蠢動而不忍害其生哉！〔註123〕

《新唐書‧張庭珪賺》對此文捷錄並改寫，謂：

> 　　傾四海之財，殫萬民之力，窮山之木爲塔，極冶之金爲象，然猶有爲之法，不足高也。填塞澗穴，覆壓蟲蟻，且巨億計。工員窮窶，驅役爲勞，饑渴所致，疾疹方作。又僧尼乞丐自贍，而州縣督輸，星火迫切，鬻賣以充，非浮屠所謂隨喜者。今天下虛竭，蒼生彫弊，謂宜先邊境，實府庫，養人力。〔註124〕

宋祁將「殫萬人之力，窮山之木以爲塔，極冶之金以爲像」與「菩薩作福德，不應貪著，蓋有爲之法不足高也。」改寫爲「傾四海之財，殫萬民之力，窮山之木爲塔，極冶之金爲象，然猶有爲之法，不足高也。」

　　從《舊唐書》的兩段引文，上段張守珪原以「任於相而行布施，非最上第一希有之法。」論武宗雖殫萬人之力以布施，其功德不及依經奉行、勸人演說的僧侶。次段以「菩薩作福德，不應貪著」勸諫則天「應無所住而行布施」，因爲有爲之法終非究竟之道。

〔註123〕《舊唐書》，卷一百一。
〔註124〕《新唐書》，卷一百一十八。

宋祁所改憑己意，有爲法似爲「四海之財、萬民之力、寺廟、金象」等，有爲法不是只有形之物，同時包括看不見之物。若以《百法明門論》來看，有爲法包括心法、心所法、心不相應行法、色法，計九十六個，無爲法四個，包含看得見的看不見的都是有爲法。這是因爲忽略張廷珪所引《金剛經》經文，而將「有爲」誤爲「有形」。

《新唐書》改寫之後便出現兩個問題。

一是張廷珪論述的層次感消失。他用「無所住而行布施」與「住於相而行布施」對比，暗示武則天是住於相布施，雖耗費甚大，但收效有限。再勸伍則天不應貪著「住於相行布施」，因爲著於相而獲得的功德是事倍功半。

《新唐書》各擷取首末兩句的結果，使廷珪論證的結構受到破壞，意思成爲武則天以其財力做塔爲象，但這些都是有爲之法，並非最究竟的。試問：有形之法，如果並非最究竟的。何者最爲究竟？從《新唐書》的摘引結果我們無法找到何者最究竟的線索。當然就很難以相信「有形之法，並非究竟」是否爲眞？缺乏對照的例子，所以《新唐書》改寫之後很難說服人佛法的問題。

二是文本與詮釋的誤讀。這主要指《新唐書》的刪改使「有爲法」的定義不清。因爲《新唐書》修改後，有爲法是「四海之財、萬民之力、寺廟、金像」等具體的形象。

若以玄奘法師譯的《百法明門論》來看，云法爲何？謂：

> 一切法者，略有五種：一者心法、二者心所法、三者色法、四者心不
> 相應行法、五者無爲法。〔註125〕

前四者便是我們稱的有爲法，簡言之心法、心所法、心不相應行法、色法計九十六個法，包含眼、耳、鼻、舌、身的觸覺所感，及看不見的心理狀態都是有爲法的範疇。

因此，《新唐書》改原文兩句合爲一，將有爲之法詮釋爲有形之物。這樣的解釋與佛教對有爲法的解釋有極大的不同，故宋祁的改寫便造成文本與修史者詮釋誤讀，也影響讀者對文本的原意的錯解。

小　結

一、法難部分

《舊唐書》引文過長，但完整保留於書中，所以事件的脈絡、文章的敘述、義

〔註125〕世親菩薩造 唐三藏法師玄奘譯《百法明門論》（收於《相宗八要直解》，台中蓮社恭印 1997年七月出版），頁66。

蘊的詮釋相當清楚。而《新唐書》的問題可分爲三部份。

　　一是從書法來看，若武德九年眞的已實施廢法的行動，按理會如會昌法難由中書省奏疏呈遞，往復斟酌，僅於四月、六月記廢復之事。故仍是爲施行的政策尚未執行應無問題。

　　《新唐書》武德九年與會昌五年兩事比較，九年書：「四月辛巳，廢浮屠、老子法。」會昌五年書：「八月壬午，大毀佛寺，復僧尼爲民。」初看兩者重要性相同。從《舊唐書》相關詔文的敘述，武德九年的廢法是未實行，會昌五年的滅法卻實施近八個月之多。而在《新唐書》本紀卻是近似的書法，便無法看出會昌法難對唐代佛教嚴重的影響。同時產生《新書》法難書法的不一致性。

　　第二是會昌法難的歸因，《新唐書》僅視爲經濟問題，故詳細內容見於〈食貨志〉，而《舊唐書》則記於〈武宗本紀〉。由於《舊唐書》的詳細，可知法難發生的直接原因是劉玄靜、趙歸眞等人慫恿。雖然經濟的遠因最爲關鍵，但事發的起因仍不得不明，故《新唐書》僅以經濟問題看待，便缺乏宗教力量對法難的想性，使歸因不夠完整。

　　三是《新唐書》法難記載失衡。《新唐書》簡略的描述雖符合書法簡約，其餘相關的敘述卻不急《舊唐書》完整，故很容易輕忽掉會昌法難對唐朝後期國情的影響。

二、諫佛文章部分

　　《新唐書》除韓愈〈諫佛骨表〉外，其餘諫佛多被宋祁改寫。究其改寫的結果，使《新唐書》諫佛文章具特色者僅韓愈之文。其餘諫佛文章的論述大多相同。其中被改寫的如張廷珪、辛替否的文章，文中多引用佛法教理勸諫。這代表唐代諫佛之文，除以佛教對社會、政治關係爲著眼點外，也以佛教義理論述的諫佛文章。這個現象反映諫佛者本身具有一定的佛學素養。同時了解佛教教義，才能提出切中時弊的諍言。經宋祁編修的結果，一次修改便有一層誤解，時應爲宋祁不足佛理或誤讀之失。

　　《舊唐書》引文篇幅動輒六七百字，自有刪改的必要。而宋代學者承韓愈闢佛餘續，故闢佛思想大致相同。因爲缺乏對佛教的認識，《新唐書》的諫佛之文多趨向一致的風格，便忽略原作者的寫作背景。

第四節　兩《唐書》對因果報應的觀點

　　本節「兩《唐書》對因果報應的觀點」是本文《新唐書》闢佛刪史的總結。從前面幾節可知《新唐書》對於佛教事蹟的記載有許多殘缺的現象。因此，有關於報應之事的記載也值得注意。

《春渚紀聞》記唐子西論史，謂：

> 唐子西言，司馬遷敢亂道卻好，班固不敢亂道卻不好，不亂道又好，是《左傳》，亂道又不好，是《唐書》，八識田中，若有一毫《唐書》，亦爲來生種子矣！〔註126〕

唐子西論《史記》、《漢書》、《左傳》及《唐書》。其中對於《唐書》的觀感應予以注意，他認爲《唐書》深植於八識田中，可爲來生的種子。從其形容《唐書》的狀況及兩《唐書》對佛教的描述，此《唐書》應指《舊唐書》無疑。

細看八識田及種子之說，應有兩種解釋方式：

1. 以唯識學的角度，八識爲唯識學的心法，八識田主要指阿賴耶識，它是深藏萬法的種子，依前七識（包括眼、耳、鼻、舌、身、意識起作用），其本身不生不滅，故存在過去、現在與未來。種子依緣而起現行（即起作用）。所以《唐書》若深植八識田，即有機會於未來起現行（即起作用）。

2. 從佛教的角度，唐子西認爲《舊唐書》具有濃厚的佛教色彩。所以才用八識田、種子、來生來形容《舊唐書》。

本文故從《新唐書》模糊因果焦點談起，此處模糊因果者多與佛教有關，而使《新唐書》敘事上有所影響。此次從儒家與佛教的報應思想的融合作爲總結。

壹、《新唐書》模糊因果

兩《唐書》有關涉及因果之處，茲舉二例如下：

一、劉總毒父殺兄，善惡未辨

幽州節度使劉總，毒父殺兄，事後每見父兄爲祟，心不自安，晚年恐悸尤甚，冀圖出家贖罪，旋暴卒，兩《唐書》載之如次：

《舊唐書·穆宗本紀》三月記：

> 甲子，劉總請以私第爲佛寺，乃遣中使賜寺額曰報恩。幽州奏劉總堅請爲僧，又賜以僧衣，賜號大覺。總是夜遁去，幽州人不知所之。〔註127〕

隔一個月謂：

> 庚午，易定奏劉總已爲僧，三月二十七日卒于當道界，贈太尉。

本紀所記爲劉總受朝廷封寺、賜僧衣、法號，及死亡時間。《新唐書·穆宗本紀》則沒有記載。就劉總死亡之事又可見於《舊唐書·劉總傳》謂：

〔註126〕《春渚紀聞》，卷五，〈雜記〉，「唐子西論史」。
〔註127〕《舊唐書》，卷十六。

　　　　初，總弒逆後，每見父兄為祟，甚慘懼，乃於官署後置數百僧，厚給衣食，令晝夜乞恩謝罪。每公退，則憩于道場，若入他室，則怳惕不敢寐。

　　　　晚年恐悸尤甚，故請落髮為僧，冀以脫禍，乃以判官張皋為留後。總以落髮，上表歸朝，穆宗授天平軍節度使，既聞落髮，乃賜紫，號大覺師。總行至易州界，暴卒。〔註128〕

〈劉總傳〉陳述他佛的原因是畏懼父、兄為祟，甚至不敢憩於道場以外的地方。最後請求出家，以化解良心的不安，但最後仍暴卒而死。

　　再看《新唐書·劉總傳》謂：

　　　　又數見父兄為祟，乃衣食浮屠數百人，晝夜祈禳，而總憩祠場則暫安，或居臥內，輒驚不能寐。晚年益慘悸，請剔髮，衣浮屠服，欲被除之。

　　　　會穆宗沖逸，宰相崔植、杜元穎無遠謀，欲寵弘靖，重其權，故全付總地，唯分瀛、莫置觀察使。拜總檢校司徒兼侍中、天平節度使。又賜浮屠服，號大覺，榜其第為佛祠，遣使者以節、印偕來。時總已自髠祝，讓節、印，遂衣浮屠服。行及定州，卒。〔註129〕

　　比較兩《唐書·劉總傳》敘述大致是相同。不同之處在劉總死亡的描寫。《舊唐書》用「暴卒」，《新唐書》用「卒」。按常理「暴卒」有死於非命之意。僅書一「卒」字，只說明死的事實與生命的終結，並無法交代劉總死亡的懸疑性。

　　古人云：「善有善報，惡有惡報。」劉總雖然晚年學佛，也知道逃避不了因果的報應〔註130〕。故《舊唐書》用「暴卒」，本身則是因果報應絲毫不爽的肯定。《舊唐書·劉總傳》「史官曰」：

　　　　國家崇樹藩屏，保界山河，得其人則區宇以寧，失其授則干戈勃起。若懷仙之輩，習亂河朔，志深狡蠹，忠義之談，罔經耳目，以暴亂為事業，以專殺為雄豪，或父子弟兄，或將帥卒伍，迭相屠滅，以成風俗。斯乃王道寖微，教化不及，惜哉蒸民，陷彼虎吻！其間劉總，粗貯臣誠，然而殺父兄以圖榮，落鬢髮而避禍，未旋踵而暴卒他境，斯謂報應之驗與！〔註131〕

故《舊書》總結對劉總的評價，就在「報應之驗與！」《新唐書》贊中並無劉總評價。

〔註128〕《舊唐書》，卷一百四十三。
〔註129〕《新唐書》，卷二百一十二。
〔註130〕從劉總置內道場、落髮為僧、上表歸朝，可知贖罪的意念。
〔註131〕《舊唐書》，卷一百四十三。

似有曲宥成全之意，一字之失，遂致善惡未辨，是非不明，置《春秋》大義於不顧，去聖教遠矣！

二、武后不及於戮，應非無因

《新唐書・則天本紀》「贊曰」：

> 贊曰：昔者孔子作春秋而亂臣賊子懼，其於弒君篡國之主，皆不黜絕之，豈以其盜而有之者，莫大之罪也，不沒其實，所以著其大惡而不隱歟？自司馬遷、班固皆作高后紀，呂氏雖非篡漢，而盜執其國政，遂不敢沒其實，豈其得聖人之意歟？抑亦偶合於春秋之法也。唐之舊史因之，列武后于本紀，蓋其所從來遠矣。

> 夫吉凶之於人，猶影響也，而爲善者得吉常多，其不幸而懼於凶者有矣；爲惡者未始不及於凶，其幸而免者亦時有焉。而小人之慮，遂以爲天道難知，爲善未必福，而爲惡未必禍也。武后之惡，不及於大戮，所謂幸免者也。至中宗韋氏，則禍不旋踵矣。然其親遭母后之難，而躬自蹈之，所謂下愚之不移者歟！〔註132〕

「事必有因，因必有果，福無雙至，禍不單行」此世之常理。武后竊唐，「殘害忠良，殺姐屠兄，弒君毒母，人神之同嫉，天地之所不容」〔註133〕其所以不及於大戮，應非無因。

就因果言，人之禍福，乃前世與今生所以爲善爲惡的果報。以有前世因，故今生爲善罹凶者有之，爲惡不及於凶亦時有焉。非無因而幸免者，若不辨明，無知愚人，將謂無有因果，爲非作歹，心存「倖免」，危矣！是知「武后之惡，不及於戮」者，應非「幸免者也」，其畢生弘護佛法，或爲「轉業」之因也。

貳、儒家因果觀

《左傳》是紀錄春秋時期的歷史著作，同時也是褒貶善惡的經學典籍。徐復觀總結左丘明爲《春秋》作傳的成就之一，謂：「他以行爲的因果關係，代替了宗教預言，由此使歷史從一堆雜亂的材料中，顯出它是由理性的人類生活所遺留下來的大秩序，大方向，……並由此而更有力的表達了褒貶善惡的意義。」〔註134〕並應從行爲自身的因果關係以證明善與惡在歷史中的審判。〔註135〕故因果報應，應爲治史者

〔註132〕《新唐書》，卷四。
〔註133〕駱賓王〈爲徐敬業討武后檄〉。
〔註134〕徐復觀《兩漢思想史》（台灣學生書局，1979年9月出版），卷三，頁280。
〔註135〕同註134。

所重視。而因果報應並非佛教專有，且儒家經典皆有因果思想。

一、《周易》的因果觀

一般咸認佛家講三世因果，而儒家避談因果之事，事實則否。《易經》謂：「積善之家必有餘慶，積不善之家必有餘央，臣弒其君，子弒其父，非一朝一夕之故，其所由來者漸矣，由辯之不早辯也。」〔註136〕故「積善之家必有餘慶，積不善之家必有餘央」已道出「善有善報，惡有惡報」的因果觀念。所以儒家也講因果，雖不如佛教究竟，但仍可照鑑人物的得失。

二、《尚書》記載的因果觀

箕子陳《洪範》有「嚮用五福，威用六極」之說，五福謂：

> 一曰壽，二曰富，三曰康寧，四曰攸好德，五曰考終命。〔註137〕

六極謂：

> 一曰凶短折，二曰疾，三曰憂，四曰貧，五曰惡，六曰弱。〔註138〕

阮元疏則謂：

> 五福、六極天實得為之。而曆者言此，以人生於世有此福極，為善致福，為惡致極。勸人君使行善也。五福、六極如此次者。〔註139〕

所以五福六極為勸善避惡之法。印光大師對五福六極作詮釋，謂：

> 嚮用五福：嚮，順也。用，以也，得也。五福，壽，富，康寧，修好德，乃前生修道修德之習性也。考修命，乃前生修道修德所感之果。威用六極：極，窮俄戹也。威，義當作違，悖逆也。謂萌生所作所為，悖逆道德，致今生得橫死之凶，與天壽之短折，身不康之疾，心不寧之憂，用不足之貧。貌醜之惡，身無能力之弱也。〔註140〕

因此「五福六極，乃示前生之因，為今生之果。」所以五福、六極之說，已具三世因果之義，只是未如佛教三世因果之明確。

而儒家的因果論並非只是理論學說，史書中亦有許多事例。如《左傳》襄公二十一年，齊侯、衛侯會朝怠禮不敬，叔向斷二君將不免為因。〔註141〕襄公二十五年齊國弒光，二十六年衛弒剽則為果。此類因果報應例子不勝枚舉。

〔註136〕《周易·坤掛》（《十三經注疏》，1815年《阮元刻本》），卷一。
〔註137〕《尚書·洪範》（《十二經注疏》，1815年《阮元刻本》），卷十二。
〔註138〕同註137。
〔註139〕同註137。
〔註140〕印光法師著，釋廣覺　徐志一編：《印光法師嘉言錄續編》（華藏圖書館印行），頁145。
〔註141〕《左傳》，卷三十四，頁247，成公十七年。

《史記》亦有言因果報應者，如李廣技冠群倫，但屢吃敗仗。他的弟名聲不如他，可是隨霍去病出征，為封列侯，而李廣仍沒有爵邑。與王朔嘁語，朔問：「將軍自念，豈嘗有所恨乎？」李廣謂：「吾嘗為隴西守，羌嘗反，吾誘而降，降者八百餘人，吾詐而同日殺之，至今大恨獨此耳。」朔曰：「禍莫大於殺已降，此乃將軍所以不得侯者也!」〔註 142〕而殺降者亦有王翦、白起等人，其下場亦十分悲慘。故以行為的因果來褒貶善惡為史書重要的價值。所以印光大師謂：「因果一法，儒教亦極注重。」〔註 143〕

參、佛教因果觀

一、因緣果報，報通三世

（一）因果定義

因果是因緣果的簡稱。因是種因，果是結果，由此因而得此果，是因果義。但若有因無緣，即不得其果。如稻穀，種子是因，泥土、雨露、空氣、陽光、肥料、農作、等為緣。由此種因遇緣方起現行，因緣之和合始能生出稻穀（果）。佛視萬事萬物莫不受因果法則支配，所謂「諸法因緣生，萬法因緣滅。孤因不出，獨緣不生，因緣具足，而後生起一切宇宙現象。」〔註 144〕

（二）因果是佛法的中心

釋迦摩尼佛說法四十九年，恆以「因果」為中心。由於因中有果，果中有因，是流動而延續的，故提出三世（過去世、現在世、未來世）因果，過去無始，未來無終，較「一世說」（今世）及「二世說」（今生與來生）者，要究竟圓滿。

（三）報通三世

有因、有緣、即得果報。果分三種，為現果，來果，與後果，即所謂報通三世者：

1. 現　報

現生作善作惡，現生獲報獲殃，謂之現報。唐武宗信李德裕及道士趙歸真之誣謗而滅佛。不及一年，歸真被誅，德裕竄死，武宗服道士金丹，疽發背死，即為現世報（請見本文第五章第三節）；此外，史有「三武滅佛」者，除唐武宗外，尚有魏太武帝及北周武帝，魏武帝信崔浩之蠱惑廢教，不五、六年，崔浩赤足，己亦被弒；

〔註 142〕《史記‧李將軍列傳》，卷一百九。
〔註 143〕同註 140。
〔註 144〕李炳南《佛學十四講》（台中慈光圖書館印行），頁 21。

周武信元嵩之讒譖，廢教後，元嵩貶死，不五年而身感惡疾，遍體糜爛死亡，皆現世報也。〔註 145〕

2. 生　報

今生作善作惡，來生獲報獲殃，謂生報。莆田林氏，先世有老母好善，常作粉團施人，求取即與之無倦色。一仙化爲道人，每旦索取六七團，母日日與之，終三年如一日，乃知其誠也。因謂之曰：「吾食汝三年粉團，何以報汝，府後有一地，葬之。子孫官爵，有一升麻子之教。」其子依所點葬之。初世即有九人登第，累代簪纓其盛，福建有無林不開榜之謠。積善植福，澤及子孫，此乃生報，後報也。〔註 146〕

3. 後　報

今生作善作惡，第三生，或第幾生，或十百千萬生，或至無量無邊劫後，方受福受殃者，謂之後報；宋將曹翰，屠城而累世變豬償殺債是也。〔註 147〕

二、因緣果報，絲毫不爽

（一）因果報應，絲毫不爽

就三世因果言，每一事物之發生與成長，有如是因，必有如是果。其結果之所以有早遲，（現生報，來生報，後世報），是由於因的力量有早遲及緣的力量有強弱，所謂「強者先牽」。準此，對於行善者未得善果，行惡者未得惡報者，當可了然。善人受苦報，是前世惡因今已緣熟，須先受苦果；而今生善因弱，善緣未熟，要待來生才得好結果。反之，惡人作惡，而得好報，其理亦然。但鐵則是「因果到頭終有報，只爭來早與來遲。」無有幸免，無法逃避。

（二）善惡之報，如影隨形

梁任公在其「業與輪迴」一文中說：「佛說的業果報應，是不准抵銷的（功不抵過），也不是算總帳的（隨時結算，報盡才了）。」〔註 148〕由於因果不滅，佛陀當年尚有「三月馬麥」之報，功不抵過，如能多做善事，多增善緣，便可使惡報由重轉

〔註 145〕《印光法師文鈔》（下），頁 683。

〔註 146〕袁了凡著《了凡四訓》「積德之方」。

〔註 147〕《安士全書・陰騭文廣義錄》，卷下，頁 20，「曹翰宿因（現果隨錄）」。謂：「蘇州劉玉受，諱錫元。萬歷壬子秋爲貴州房考官，道經湖廣夢一長面偉人告曰：「吾宋軍曹翰也。前在唐朝爲商，偶過一寺，見法師講經，發心設齋，一供隨復經半月，以此善因世爲小吏。從不失官，至宋，爲偏軍，即曹翰也。攻江州不下，怒屠其城，因此殺業世世爲豬以償所殺。往歲，曾爲豬於君之佃戶家，蒙君憐而活之。今君泊舟之所，即我將來被殺處。明日第一受宰者，即我也。有緣相遇幸乘哀救。」劉驚覺，窺泊舟之所，果屠門也。頃之抬出一豬，呼聲動地，劉遂贖之。（按）此豬放之閭門放生堂中，呼曹翰即應，萬人目擊。」

〔註 148〕梁啓超《飲冰室文集》（佛教之特色）。

輕、延後或提前。以重善因得善果爲例有宋庠救蟻中狀元之選。〔註149〕而種惡因得惡報者，如方孝儒斬十族之因。〔註150〕

　　吾人生於世，應懍於種瓜得瓜，種豆得豆，善惡之報，如影隨形之理。朝乾夕惕，念茲在茲，斷惡修善，以史爲鑑。《春秋經》、《史記》、《漢書》中，每有冤殺者作祟，蒙恩者報德，種種因果報應之事實，豈能視若無賭，不予置信。而不端正身心，斷惡修善，積德累功，更且非義而動，背理而行，其必自食惡果。

肆、因果效用

一、有益於治世修道

　　印光大師說：「因果者，世出世間聖人，平治天下，度脫眾生大權也。就世法言，現今世道之亂，實爲振古所未聞。推原其故，皆由自私自利之心所釀成。由其存一自私自利之心，則損人、利己、傷天、害理之事，任意競爲。……此皆自己後來之禍本。人雖至愚，斷無幸災得福，趨凶避吉者。……使天下之人，同皆知因識果；則貪、瞋、痴、心，不至熾盛，殺、盜、淫業，不敢妄作，愛人利物，樂天知命。心地既已正大光明，則前程所至，無往不見光明之域。」〔註151〕國者人積，人者心之器，國家治亂，繫於社會之隆污；社會之隆污，繫於人心之振靡。人心誠正、向善，社會和諧安康，則國治矣！

二、移風易俗

　　當周之初，文王澤及枯骨，不三四百年，殺人殉葬之風，遍於天下。天子、諸侯、大夫、士，均可隨其力殺人以殉，而其強有力者，盡各以人多爲榮。穆公，爲秦之賢君，當殺一百七十七人。而車氏三子，皆秦賢臣，尚不以爲國爲民而免。而

〔註149〕清・周安士《安士全書》卷首，頁19。謂：「宋，宋郊、宋祁兄弟同在太學。有僧相之曰：「小宋大魁天下，大宋不失科甲。」後春試畢，僧見大宋賀曰：「似曾活數百萬生命者。」郊笑曰：「貧儒何力及此。」僧曰：「蠕動之物，皆命也！」郊曰：「有蟻穴爲暴雨所浸，吾編竹橋渡之，啓此是耶？」僧曰：「是！」小宋當大魁，公終不出其下，及唱第，祁果狀元。章獻太后，謂弟不可先兄，乃易郊第一，祁第十，始信僧言不謬。」

〔註150〕清・周安士《安士全書》〈萬善先資集〉，卷二，「勿擊蛇」條。謂：「明方孝孺，父將營葬，夢朱衣老人。拜曰：「君所選穴，正我住處。幸寬三日，俟吾子孫遷，盡當有厚報。」言訖，復再三稽首，其父竊不信，竟令人掘，有紅蛇數百，進焚之，夜復夢老人泣曰：「我已至誠哀懇，奈何使我八百子孫，盡殲烈焰乎？汝既滅我族，我亦滅汝族。」後生孝孺，其舌宛如蛇形。官翰林學士，觸怒成祖，命斬十族，計被殺者，正如蛇數。」

〔註151〕《印光大師嘉言錄續編》，頁148。

各國有以數百數千爲殉者。自佛教闡明三世因果之理，而此風方得永息。否則人之得壽修而死者，蓋亦鮮矣！此之利益，若不深思，誰其知之。〔註152〕

勸善懲惡，是因果的積極作用，人人爲其所當爲，不爲其不當爲，樂天知命，民德歸厚矣！

小　結

儒家謂「天作孽，猶可爲；自作孽，不可逭。」又說「爲善降之百祥，爲不善降之百殃。」此種自作自受的因果觀念，與佛家是一致的。但佛家三世因果，更圓滿究竟。相信三世因果，想想從前，就能安心立命，不會怨天尤人；爲了未來，就能奮發向上，不敢怠惰放逸。

佛說：「欲知前世因，今生受者是；欲知來世果，今生作者是。」〔註153〕吾人面對萬事萬物，起心動念，天人交戰之際，能無慎乎！

程、朱等理學家闢佛，認佛說三世因果，六道輪迴，係騙愚夫愚婦奉彼教之據，實無其事。以人死形滅，神魂飄散，縱有地獄苦具，已無所施。〔註154〕導人敢予爲非，其爲禍也，可勝言哉！

〔註152〕《印光大師嘉言錄》，頁152。
〔註153〕鳩摩羅什譯：《因果經》，卷一。
〔註154〕印光大師著　徐蔚如居士編：《印光法師文鈔續編》（華藏圖書館印行），頁287。

第六章 結 論

　　從本文的論述可以發現，從書法與筆法的探討，兩《唐書》有各自的書面特色，甚至《新唐書》的風格影響到後世正史的編寫。故兩書比較的價值不僅僅是比較優劣的過程，同時透過研析確立事件、記錄、編修與修正錯誤之間的關係。故兩《唐書》的比較不但是知其然，更是知其所以然。

一、史料對兩《唐書》的影響

　　唐朝國史因安史之亂、黃巢之亂損毀嚴重，至後晉修《舊唐書》時，僅剩九朝實錄與一部柳芳《國史》，因此「國朝史料」的嚴重缺乏是編修兩《唐書》的共同問題。故引民間史料筆記是不得不然的方式，從本文第四章第一節「兩《唐書》引用筆記小說的情形」可以看出兩《唐書》皆曾引用筆記小說的材料，只是《新唐書》引用多而《舊唐書》引用有限。

　　因此，官修史書的迴護之筆與私人史料易誣的兩種情形便出現在兩《唐書》中，而以《新唐書》更爲複雜。因爲《新唐書》雖更正《舊唐書》迴護之處，但因本身的迴護之筆，加上大量使用筆記小說，使私人史料易誣的情形影響史料的可信度。

　　而可信度便與筆記小說的取捨有關，趙翼舉證《新唐書》採集筆記小說有嚴謹的取捨。但從《新唐書》客觀陳述外，亦雜有神怪之事，記夢中之言，如李行休尋父屍體，夢父告之。〔註1〕因此在嚴謹的態度外，《新唐書》難免有失誤之處。

　　既然兩《唐書》皆使用筆記材料，因此引用筆記小說的癥結不在兩書引用的有

〔註 1〕見《新唐書・太宗諸子傳》，卷八十一，謂：「始，琮與二弟同死桂林。開元四年，行休請身迎柩，既至，無封樹，議者謂不可復得。行休歸，地布席以祈。是夜夢王乘舟，舟判爲二。既而適野，見東洲中斷，乃悟焉。又靈堂鎖一夕莖自屈，管上有指迹，一奇二並。使卜人筮之，曰：「屈，於文爲尸出；指者，示也；一奇二並，三殯也。先王告之矣。」乃趣其所，發之如言，而一節獨闕。行休號而寢，夢琮告曰：「在洛南洲。」明日，直殯南得之。於是以三喪歸，陪葬昭陵，贈琮陳州刺史。」

無，而是修史者的篩選原則，使兩書引用筆記小說有懸殊的比例及引用史料的差異。雖然《新唐書》引用筆記小說產生不少問題，但豐富的記錄、鮮活的人物性格、生動的描寫，仍應予以肯定。

二、考論書法方面

（一）關於改元書法方面

　　兩《唐書》就改元類型可分六類，其中以正月改元可歸入按實改元或新年號書於歲首，彈性較大。《新唐書》改元書法以後改者書於歲首爲常例，故歲首應爲新年號。《舊唐書》則兼有按實書寫及後改者書於歲首兩類，且可以劃分前後兩期，故按時書寫時，歲首爲舊年號;後改者書於歲首時，同《新書》歲首爲新年號。

　　改元書於歲首是爲解決閱讀上的困擾，而非出於特殊意義。然《新唐書》六個舊年號歲首，除先天元年、至德元載外，個人認爲武德元年、神龍元年、景雲元年皆有其道理，故趙翼認爲景雲元年漏唐隆年號，實爲歐公命義如此，不合體例在所難免，若能於改元月首書其年號，則更清楚。

（二）關於朔日方面

　　《舊唐書》朔日紀事約佔本紀總數三分之一左右;《新唐書》朔日記事約佔本紀總數的十分之一弱。若就朔日記事的總數相比，《新唐書》刪掉近四分之三，約六百筆資料。朔日日食《新書》增補二十九次，而《舊書》錯誤較多，有書朔日期錯誤及漏寫朔日等。

　　《新唐書》注意日食書寫，除日食書朔日外，月首他事不書「朔」，是歐公仿《春秋》故日食書朔日，其餘月首記則不書朔。雖合於《春秋》記「朔」書法，卻不顧「朔日」的事實，是爲其欠周之處。

（三）關於籍里方面

　　兩書籍貫書法相同的比例高達88％，說明兩《唐書》書籍里有很高的一致性。而書祖籍與祖籍現籍同書者有二十四位，只佔 4％。至於相同籍貫而《新唐書》另註明祖籍者，爲宋祁推勘仔細之功。

（四）關於書「殺」方面

　　《舊唐書》本紀書「殺」例死因多按實直書，但來源不同，以致記錄方式有別。《新唐書》書法爲書殺且書官職者爲無罪而死，無官職者爲有罪不及死。有罪應死則書伏誅，戰死者曰「死之」。但就《新書》書「殺」與《舊書》相較，亦有《舊唐書》書「賜死」而歐公書「殺」者。

　　《新書》書「殺」有頗多例外之處，故王鳴盛言「其義例之參錯不一」。主因在書「殺」死時是否有罪、是否其罪該死。事實與書法不一、各書法之間互相涵蓋，

如本爲自殺，而書「死之」。這顯示歐公擬定書法，與書寫實際情形有所出入。有損書法建立褒貶是非之原意，且使事實混淆，多須參見列傳方知其全貌。

（五）關於兩《唐書》論贊方面

《舊唐書》論贊反映時代特色，如太宗、玄宗、德宗言用人問題，在憲宗以後多注意人物德行的問題。《舊唐書》論贊爲各時代史官的沈澱，雖「評斷精確」，但缺乏史觀的整體性。就《新唐書》而言，論贊較《舊書》應有更大的發揮與前瞻，同時將《舊書》優異處保留。綜觀相同處僅引韓愈言順宗事、文宗憂勤公牘及昭帝有志復興，困於乏才。故「自成偉議」即是歐公多與《舊唐書》論贊不同處。

《新唐書》論贊多由《春秋》大義延伸所下評價。正如王氏所言「自成偉議，高情遠識」。各紀論贊單獨看，雖「高情遠識」言之成理;但合而觀之，矛盾頗多，如中材庸主標準不一、僖宗時綱紀已壞，呈現歐公撰論贊論點是片面的，而非全面性。這是「自成偉議」最大的問題。

> 何澤恆引《明史議例》謂：「甚者謂贊語之作，多錄紀傳之言，其有所異，惟加文飾而已。」言《舊書》論贊爲紀傳重出，若以宣宗論贊爲例，此三事《新書》全無，僅書：「宣宗精於聽斷，而以察爲明，無復仁恩之意。嗚呼，自是而後，唐衰矣！」〔註 2〕僅注意明察聽斷，《新書》紀中不見其德行事蹟者，豈不爲歐公遺珠之憾。

三、考論筆法方面

由材料來源來看，國史、筆記史料、詔令等公文書或詩文，《舊唐書》多保留原貌，刪改幅度不似《新唐書》。因此《舊唐書》仍保留近於原始資料的面貌，《新唐書》則近一步修飾，因此產生幾種現象：

1. 以兩書各段落比較而言，同一件事《新唐書》使用字數比《舊唐書》少，顯示即字句精簡，涵義豐富，這是普遍的現象，鮮少有《新唐書》字數比《舊唐書》多者。

2. 《新唐書》所載之文，除韓愈、柳宗元之作，其餘文章多經宋祁改寫或節錄。而公文書牘的數量增加，詩、雜文的數量減少，正如趙翼所言「以見文人中自有名臣」。

3. 《新唐書》文筆雅潔，自勝《舊唐書》。文省的結果，使史料增加的意義降低，因爲敘述的時間、數量或人物的死亡時間，宋祁並沒有加以掌握，因此史料雖然增加，卻無事件的時間感。

〔註 2〕《新唐書》，卷八。

4. 趙翼所提出的文筆現象，有部份需要重新調整。如「爲王前馬」可見於新、舊《唐書》，並非《新書》專美。避俗就雅之字也往往兩書均有採用。《舊唐書》史料雅俗夾雜，而其中亦有雅致者，不應一體抹煞。

四、《新唐書》闢佛刪史影響

從兩《唐書》的比較可以發現，佛教事蹟的記載以《舊唐書》爲詳，《新唐書》爲簡。且這部份《新書》增加的記載比刪減的還少，故《新書》闢佛刪史是值得注意的現象。

因爲歐公尊王攘夷的經學思想，故對佛法採取反對的態度。這個態度可以分爲兩個部份，其一是敵視佛教，因而對佛法缺乏了解，顯現其缺乏佛學素養。其二是缺乏了解而強調佛教負面現象以強化敵視的態度。而這樣闢佛的態度除透過文論外，也可從歐公編修的正史看出。由《新唐書》的文書現象可以看出下列兩點。

1. 歐陽脩闢佛消極的表徵爲刪除或筆削文人學佛或文人與僧侶交往的記載，及佛教制度、僧尼管理的記錄。其重要處是不立高僧列傳，使佛教大師言行泯沒不彰。

2. 歐陽脩闢佛的積極表徵是保留佛教發展負面影響的記載。這部份包括有關佛教人物多爲從政僧人與背德背行者，易讓人誤以爲唐朝佛教影響多屬負面。

保留佛教負面事蹟並非構成闢佛之過，而是相對於《舊書》對佛教事蹟的好壞並陳，《新唐書》顯得刻意「隱善揚惡」，這實際透露出《新書》強烈的主觀取向及處理佛法事蹟的不客觀。

更重要的影響是史料取材呈現輕重失衡的現象，如《新書》記玄奘宣揚國威之事、而忽略玄奘譯經的成就。記王維捐宅爲寺，卻忽略他臨終時的預知時至及勸親友學佛習佛。這意味歐公闢佛使史料輕重失衡。抑有進者，因爲闢佛而缺乏佛學素養，失去以佛法教育人心，褒貶善惡的機會。

因此，當歐陽脩闢佛的思想源自對佛法的誤解及了解佛教亦與儒家倫常不相違時，受明教大師啓迪接受佛教乃爲自然之事。

故單純從書法或筆法來看，兩《唐書》互有優負。但從兩《唐書》佛教事蹟的研析，歐陽脩闢佛思想影響《新唐書》佛教史料甚巨，而治史失衡非遺憾所能道盡。

五、未來研究方向

未來研究方向可分爲兩《唐書》後續研究、唐代資料庫擴充性兩方面。

（一）兩《唐書》後續研究

目前完成的碩士論文僅完成《唐書》研究的階段性目標。以兩《唐書》引用筆

記小說爲例，僅以《大唐新語》、《明皇雜錄》、《東觀奏記》、《隋唐嘉話》、《朝野載》爲抽樣樣本。若全面考察其意義將是從現有證明兩《唐書》皆有引用筆記小說的層次，進一步分析筆記小說史料與兩《唐書》記載的交互關係。這包含國史與筆記小說互相滲入的現象、筆記小說神怪記載與兩《唐書》收入的關係等項目。故以筆記小說與兩《唐書》研究即可成爲專著考論。

（二）唐代人物資料庫

黃約瑟在〈近年隋唐五代史研究的回顧與反思〉提到「目前唐史研究極有需要的是《資治通鑑》的人名、地名一類索引。」〔註 3〕本文因籍里研究，而設計兩唐書人物的資料表，主要用途是摘錄兩書籍貫，共計有 1733 位。〔註 4〕未來可依據筆記小說、《全唐文》、《全唐詩》等資料將兩《唐書》未收入的人物建檔，成爲唐朝人物生卒事蹟的資料庫，即可完成唐朝人名的索引。

以唐朝人物爲思考方向，便有以下設計模式：

1. 人物生年、卒年、生平記事、出生地點、生平貢獻，建立唐朝人名索引。

2. 人物籍貫資料庫與《全唐文》整合，建立《全唐文》作者索引。

3. 人物籍貫資料庫與筆記小說整合，建立五十二種筆記人名索引。〔註 5〕

（三）唐朝史料資料庫

本文當初撰寫動機針對兩《唐書》比較研究，故將《資治通鑑》及唐朝史料筆記作爲輔助說明及查驗功能。以史料學的角度，以《通鑑》爲中心，將兩《唐書》及筆記小說整合，建立以《通鑑》編年體系的史料系統。

四、五代史資料庫

新舊《五代史》與兩《唐書》屬於兩本史書比較的形式。故兩《唐書》研究時製作的比較表格與架構皆可用於五代史的研究。

綜觀所有研究成果可以發現，兩書不分優劣的評價應賦予更多的義蘊，因爲兩《唐書》有各自的特色與時代背景，過於簡化的答案有損對唐朝歷史客觀的認知。作爲文學鑑賞，我們可以依喜好選擇美醜;但站在歷史的角度，我們期待它多元、詳實與客觀，更重要的是以歷史爲鑑。

〔註 3〕此文收於劉建明編《黃約瑟隋唐史論集》，（中華書局出版，1997 年 12 月）。
〔註 4〕以中研院瀚典資料庫關鍵字檢索的另一個問題是《新唐書》書字，以秦叔寶爲例，《舊唐書》書「秦叔寶名瓊」，《新唐書》書「秦瓊字叔寶」，輸入「秦叔寶」、「秦瓊」都只能找到部份資料;輸入「叔寶」或「瓊」便可以找到兩書〈秦瓊傳〉的生平資料。以「兩唐書人物資料表」輸入「秦叔寶」、「秦瓊」皆可以找到此人資料。
〔註 5〕《五十二種筆記小說人名索引》已有出版品。

參考書目

一、四部典籍類

1. 《周易正義》（魏）王弼、韓康伯注，（唐）孔穎達正義（影印清嘉慶 20 年（1815）《南昌府學刊十三經注疏》本，台北：藝文印書館）。

2. 《尚書正義》（漢）孔安國傳，（唐）孔穎達正義（影印清嘉慶 20 年（1815）南昌府學刊十三經注疏本，台北：藝文印書館）。

3. 《周禮注疏》（漢）鄭玄注，（唐）賈公彥疏（影印清嘉慶 20 年（1815）《南昌府學刊十三經注疏》本，台北：藝文印書館）。

4. 《春秋左傳正義》周・左丘明傳，（晉）杜預注，（唐）孔穎達正義（影印清嘉慶 20 年（1815）《南昌府學刊十三經注疏》本，台北：藝文印書館）。

5. 《春秋公羊傳注疏》（晉）范甯注，（唐）楊士勛疏（影印清嘉慶 20 年（1815）《南昌府學刊十二經注疏》本（台北：藝文印書館）。

6. 《春秋穀梁傳注疏》（漢）何休注，（唐）徐彥疏（影印清嘉慶 20 年（1815）《南昌府學刊十三經注疏》本（台北：藝文印書館）。

7. 《春秋集傳纂例》（唐）陸淳（商務印書館，1983 年出版）。

8. 《史記》（西漢）司馬遷撰（藝文印書館）。

9. 《漢書》（東漢）班固撰（藝文印書館）。

10. 《南史》（唐）李延壽撰（鼎文書局，1976 年 11 月出版）。

11. 《北史》（唐）李延壽撰（鼎文書局，1976 年 11 月出版）。

12. 《隋書》（唐）魏徵等撰（臺灣商務印書館，〈元大德刊本〉《百衲本二十四史》，1980 年 1 月台五版）。

13. 《史通》（唐）劉知幾撰（臺灣商務印書館，《四部叢刊》本）。

14. 《舊唐書》（後晉）劉昫等奉敕撰（臺灣商務印書館〈宋紹興刊本〉《百衲本二十四史》，1980 年 1 月台五版）。

15. 《新唐書》（宋）歐陽脩、宋祁等奉敕撰（臺灣商務印書館〈宋嘉祐刊本〉，《百衲本二十四史》，1980 年 1 月台五版）。

16. 《新舊唐書互證》（清）趙紹祖撰（收於《叢書集成》新文豐出版社）。

17. 《新舊唐書合鈔》沈秉震編，楊家恪主編，（鼎文書局，1972 年出版）。

18. 《唐書合鈔》沈秉震編，楊家恪主編，丁小鶴補（〈海昌查氏刊本〉書目文獻出版社）。

19. 《舊五代史記》（宋）薛居正等奉敕撰（臺灣商務印書館〈大典有注本〉，《百衲本二十四史》，1980 年 1 月台五版）。

20. 《新五代史》（宋）歐陽脩撰（臺灣商務印書館，《百衲本二十四史》1980 年 1 月台五版）。

21. 《宋史》（元）托克托撰（臺灣商務印書館，《百衲本二十四史》1980 年 1 月台五版）。

22. 《資治通鑑》（全十冊）司馬光著，胡三省注，（《胡克家翻刻元刊胡注》本，天弓書局印行，1988 年 9 月出版）。

23. 《文獻通考》（元）馬端臨撰（新興書局，1963 年 10 月出版）。

24. 《玉海》（宋）王應麟撰（大化出版社，1977 年出版）。

25. 《朱子語類》（宋）朱熹撰（正中書局，1962 年 10 月出版）。

26. 《冊府元龜》（宋）王欽若，明刻初印本影印，台灣中華書局，1967 年出版）。

27. 《唐會要》（全三冊）王溥撰（中華書局，1998 年 11 月北京第四次印刷）。

28. 《五代會要》（宋）王溥、朱彝尊等撰（《中國學術名著》，世界書局，1970 年 3 版）。

29. 《大唐新語》（唐）劉餗撰（《稗海》本，中華書局出版，1997 年 12 月湖北第 3 次印刷）。

30. 《隋唐嘉話》（唐）劉餗撰（《陽山顧氏文房小說》本，中華書局出版，1997 年 12 月湖北第 2 次印刷）。

31. 《朝野僉載》（唐）張鷟，（《寶顏唐秘笈》本，中華書局出版，1997 年 12 月出版）。

32. 《史通通釋》（唐）劉知幾著，（（清）浦起龍釋，里仁書局，1993 年 6 月出版）。

33. 《明皇雜錄》（唐）鄭處誨撰（中華書局，1997 年 12 月出版）。

34. 《東觀奏記》（唐）裴廷裕撰（中華書局，1997 年 12 月湖北出版）。

35. 《唐國史補，因話錄》李肇撰（上海古籍出版社，1979 年 1 月）。

36. 《澠水燕談錄》（宋）李闢之著（中華書局，1981 年 3 月）。

37. 《雲麓漫鈔》（宋）趙彥衛著（中華書局，1998 年 5 月北京第二次印刷）。

38. 《東齋記事》（宋）范鎮撰，汝沛點校（《守山閣叢書》本，中華書局出版，1997 年 12 月湖北第 2 次印刷）。

39. 《春明退朝錄》（宋）宋敏求撰（《百川學海》本，中華書局出版，1997 年 12 月湖北第 2 次印刷）。

40. 《唐語林》（宋）王讜撰（《守山閣叢書》本，中華書局出版 1997 年 12 月湖北第 2 次印刷）。

41. 《太平廣記》（宋）李昉撰（藝文印書館，1970 年出版）。

42. 《歐陽修全集》（宋）歐陽修撰（楊家駱主編，世界書局，1991 年）。

43. 《歐陽文忠公集》（宋）歐陽修撰（《《四部叢刊》本），臺灣商務印書館）。

44. 《直齋書錄解題》（宋）陳振孫撰（人人文庫版，臺灣商務印書館，1978 年 5 月台一版）。

45. 《容齋隨筆》（宋）洪邁著（洪氏刊本，上海古籍出版社，1996 年 3 月）。

46. 《石林燕語》（宋）葉夢得撰（藝文印書館，1996 年）。

47. 《廿二史箚記》（清）趙翼撰（杜維運考證，華世出版社 1977 年 9 月）。

48. 《廿二史考異》（清）錢大昕撰（樂天出版社，1971 年 10 月 25 日出版）。

49. 《十七史商榷》（清）王鳴盛撰（大化書局，1976 年 5 月出版）。

50. 《郡齋讀書志》（清）晁公武（臺灣商務印書館，1978 年 1 月台一版）。

51. 《日知錄》（清）顧炎武撰（人人文庫版，臺灣商務印書館，1978 年 6 月台一版）。

52. 《四庫全書總目》（清）紀昀，（影印文淵閣武英殿本，臺灣商務印書館）。

53. 《清風室文鈔》（清）錢保塘著（叢書集成續編，上海書店出版社，1994 年）。

二、一般專著

1. 《中國經學史》馬宗霍著（台北：商務印書館，1968 年 10 月）。

2. 《舊唐書本紀拾誤》嚴耕望著（新亞研究出版社，收於嚴耕望《唐史研究叢稿》，1969 年 10 初版）。

3. 《中國文學批評史》郭紹虞著（明倫出版社，1970 年 11 月出版）。

4. 《歐陽修的生平與學術》蔡世明著（台北：文史哲出版社，1980 年 9 月）。

5. 《中國哲學史》勞思光著（三民書局，1983 年 3 月）。

6. 《春秋宋學發微》宋鼎忠著（台北：友寧出版有限公司，1984 年 2 月）。

7. 《中國歷史研究法》梁啓超著（里仁書局，1984 年 10 月 25 日出版）。

8. 《歐陽修的生平與學術》蔡世民著（文史哲出版社，1986 年 9 月）。

9. 《中國天文學史》〈天象記事篇〉陳遵媯著（明文書局，1987 年 8 月）。

10. 《左傳文章義法撢微》，張高評著（文史哲出版社，1988 年 8 月）。

11. 《中國古代史籍校讀法》，張舜徽著（里仁書局，1988 年 10 月 20 日初版）。

12. 《中國文學批評史》，郭紹虞著（台北：明倫出版社）。

13. 《宋代史學思想史》吳懷棋著（黃山書社，1992 年 8 月第一次印刷）。

14. 《唐代墓誌彙編》周紹良主編，（上海古籍出版社，1992 年 11 月）。

15. 《唐代士大夫與佛教》郭紹林著（文史哲出版社，1993 年 9 月）。

16. 《兩漢思想史》（全三冊）徐復觀著（台灣學生書局印行，1993 年 9 月初版）。

17. 《宋代修史制度研究》，蔡崇榜著（文津出版社，1993 年 10 月初版 2 刷）。

18. 《隋唐五代史學》謝保成著（廈門大學出版社，1995 年 2 月第一次印刷）。

19. 《唐人事彙編》（全二冊）周勛初主編，嚴杰、姚松編，（南京大學古典文獻研究所專刊，上海古籍出版社，1995 年 12 月）。

20. 《唐代文學史》（全二冊）喬象鍾、陳鐵民主編，（人民文學出版社，1995 年 12 月）。

21. 《隋唐史新論》林天蔚著（台灣東華書局股份有限公司，1996 年 3 月 3 版）。

22. 《中國天文學史》薄樹人編（文津出版社，1996 年 5 月）。

23. 《歐陽修散文研究》，王更生著（文史哲出版社，1996 年 5 月）。

24. 《劍橋中國隋唐史》崔瑞德編（中國社會科學出版社，1996 年 6 月第五次印刷）。

25. 《中國史學綱要》王樹民（中華歷史叢書，中華書局初版，1997 年 9 月）。

26. 《新唐書宰相世系表集校》（上、下冊）趙超，（中華書局，1998 年 4 月北京第一次印刷）。

27. 《通鑑、新唐書引用筆記小説研究》，章群（文津出版社出版，1999 年 6 月 1 刷）。

三、佛教典籍

1. 《鐔津文集》（宋）明教法師著（收於《新修大正藏·史傳部》第五十二冊，頁 646～750，新文豐出版社）。

2. 《增修歷史感應統記》許止淨居士編纂（福智之聲出版社，1994 年 10 月）。

3. 《相宗八要直解》明·藕益大師解（台中市佛教蓮社，1997 年 7 月）。

4. 《印光法師文鈔續編》（上、下冊）印光法師著，徐如蔚編，（華藏佛教圖書館，1997 年 11 月）。

5. 《嘉言錄續編》釋廣覺，徐志一編（華藏佛教圖書館，1997 年 11 月）。

6. 《佛學大辭典》（上、下冊）丁福保編（財團法人佛陀教育基金會，1998 年 5 月）。

四、學位論文

1. 《歐陽修之經史學》，何澤恆（《台大博士班論文集》，1976 年）。

2. 《啖、趙、陸三家之《春秋》學研究》張穩萍（東吳大學中國文學研究所，1999 年）。

3. 《新舊唐書藝文志研究》楊果霖（《中國文化大學中國文學研究所碩士論文》，1993 年）。

4. 《歐陽修的生平及其文學》江正誠（《台灣大學中文研究所碩士論》文，1978 年）。

5. 《宋人疑經改經考》，葉國良（《國立台灣大學中文研究所碩士論文》，國立台灣大學文史叢刊，1980 年 6 月）。

6. 《歐陽修的文學與事業》黃美珍（《香港珠海大學中國文學研究所碩士論文》，1980 年）。

五、期刊論文

1. 〈新舊兩書史料價值比論〉嚴耕望（《新亞學報》第十八期，新亞書院）。

2. 〈韓愈與歐陽修〉何澤恆（收於《書目季刊》第十四卷，1977 年 5 月）。

3. 〈「原道」述評〉羅平之（收於《華學月刊》第一一七期，1980 年 9 月 21 日）。

4. 〈宋儒對韓愈原道篇批評及其迴響〉羅聯添（收於《書目季刊》第二十二卷第三期，1988 年 12 月）。

5. 〈舊唐書立僧傳之暗示作用〉曹仕邦（《港台學者隋唐史論精選》，三秦出版社，1990 年 5 月西安第一次印刷）。

6. 〈歐陽修對兩《唐書》的論證〉陳崇光（陝西人民出版社，收於《唐史論叢》第二集，三秦出版社，1987 年 1 月）。

7. 〈一部研治兩《唐書》的集大成之作〉謝保成（《唐研究》第三卷，北京大學出版社，1997 年 12 月）。